百分之五最幸運的人

見證中美歷程　戴鴻超回憶錄

戴鴻超——著

謹以這本書紀念
我的母親
戴張端潔女士

前言

我的生命旅程歷經中國、香港、臺灣和美國，其中經歷曲折起伏，在這書描述了：

我如何從一個懦弱無能和受盡欺凌的頑童，在經過空前戰亂，流離顛沛後，演變成堅毅進取的青年，進而任教美國大學，並在哈佛及史丹佛從事研究，獲得優異成績。

我年少時疾病叢生，以後採用六種保健活動，達到今日的九十高齡，根據連年體檢報告及人口調查資料判斷，我的壽命或可達到一百歲以上。

我出身在擁有煤礦的富裕家庭，卻一度淪落為白日挨餓夜宿街頭的難民。之後，我運用自行設計策略，在課餘經營事業，從一九九六年起，我們的家產淨值即晉入美國最高百分之五以內。根據有關壽命及家產統計資料，我可忝列入最幸福百分之五的美國人群。

也敘述了我如何在歷次凶險困頓遭遇中，沒有灰心喪氣、一蹶不振，反而發憤圖強，再接再勵，從坎坷的路途中，終於走入幸福境界。

我的經歷或許值得年輕人參考，如何避免錯誤、力爭上游，在學業、健康和財務方面得到進展；我的離奇際遇也可供年長的人思索，回顧我們走過的歲月。

在這部書的前一部分，我描繪出在抗戰和內戰的劇烈變動中，個人的身心感受，其中，有充滿悲痛的情節，也有愉悅的場合。後一部分，則述說在美教學的經歷，間接襯托出美國劃時代的社會變遷。

本書的主軸，是以我本人個性在不同階段的轉變為主題。因此，一些對我個人和事業相對比較重要，而與主題沒有密切關係的人和事，僅作概括性或選擇性地敘述。這些事情包括我的家庭關係、朋友交往，以及中美政治和經濟關係。

從另一方面來看，在書中我對某部分生活卻又有較多描繪，尤其在保健方面，陷於將希望當作事實的缺失。完美的生活故事不常見，完美的寫作也是如此，也就此作罷！不過，我希望這些經歷，能夠為我和我們的時代留下一些歷史印記。

寫這書稿過程中，陳仰白、許餘定、姜保健、周明真、劉薇玲和楊志達（以英文姓名拼音順序）時常給予我鼓勵建議，並且改正許多錯誤，在此衷心感謝！

出版過程中，王曉蘭完全代替我處理照片以及各種繁複程序，使這本書順利出版而且生色不少。她的協助以及所花費的許多時間，我無以文字表達謝意，只有永記不忘。

目錄

序章

生日宴會

我偶然間聽說，幾位朋友正在暗中籌備，要在二〇〇九年十一月十八日為我舉辦八十歲生日宴會；便不得不告訴他們，這一天我已安排要出遠門。後來，大家商定，改在三天前舉行好了，不過，他們說，這樣就失去了一次讓我驚喜的機會！

十五日是一個風和日麗的日子，我和妻子明真準時到達密拉瑪（Miramar）的蜀園飯店。密拉瑪位於美國加州聖地牙哥市東郊。當時，已有兩位朋友站在門口迎接我們，領著我們穿過擁擠的大廳，進入一個貴賓室。突然間，三聲鑼響，等候的朋友們一同站立，掌聲相迎！我看到眼前黑壓壓一片人，把房間擠得滿滿地，心中正覺奇怪，不是說，只有十五位朋友的宴會嗎？怎麼變成六十幾個人了？

這時，有位朋友，拍了我的肩膀說道，「我們失去一個給你驚喜的機會，現在補上一

2019,90 歲生日照

個！」我立即給他一個擁抱，再三道謝！

我們這些朋友，大都住在卡爾斯巴德市（Carlsbad），屬於當地的美籍華人協會（Carlsbad Chinese-American Club），我是該協會在二〇〇二年成立時的首任會長。絕大多數會員是從美國東部退休後搬來的，曾擔任過工程師、醫生、教授、政府或企業主管，都是學有專長，事業有成人士。卡爾斯巴德位於聖地牙哥北郊，因為蜀園頗具盛名，大家還是開了二十多哩路的車趕了過來。

這飯店的菜肴果然名不虛傳，一盤一碗地端上，大家大快朵頤。約莫一小時後，朋友們把些桌椅推開，騰出空間，開始詩歌朗誦、京劇清唱、短小鬧劇、四人合唱等等，大家興緻高昂的地表演著。之後吹蠟燭、吃蛋糕，齊唱「生日快樂」。這時大廳的食客多已盡散而去，四下寂靜中，我想，也該是我們盡興而散的時候了。

可是，徐俊南和曹湘梅兩位朋友卻上來，俐落的擺好桌椅，作好架勢，有如在約翰尼·卡森（Johnny Carson）電視節日，對起話來。他們追溯起我的過去，包括我在台灣時，三年之中一連四次考試得第一的事情，一直說到我在哈佛大學及史丹佛大學的研究成果。我沒想到他們會把過去一些私下聊天的瑣事搬上檯面，讓我多年沒有過的臉紅現象，再次重現在大家的面前。

接著，輪我講話。我說，我對大家如此花費心思，慶祝我的生日，非常感謝！另外，也有幾點感想，與各位分享！首先，我覺得能與各位朋友同在一處退休，互相照顧，實在是難能可貴的事。再說，各位身體健康，有好幾位也近八十歲了，到時候，我們可以再成立一個協會內小組，多多相聚，互談往事，交換保健經驗，共度快樂餘年。

卡爾斯巴德是出名的風景優美小城，東鄰丘陵，西濱太平洋，氣候四季如春，較佛羅里達（Florida）州有更多陽光，而沒那麼潮濕，到處是花圃公園，治安良好，教育進步，在美國各種最適宜居住城市調查報告中，時列前茅。

說到經濟狀況，大家在多年辛勤工作，節儉開支後多有豐厚積蓄。如今，各家都住百萬元房舍，有用不完的退休金。我作結語時說，「如果把以上條件統統計算在內，我們可說是美國最幸運的百分之五的人！」說完這話後，大家心滿意足，紛紛離去。

在飯店門口，一位朋友，莊建欽，一把抓住我，說道，「你講的一點都不錯，我們實在是有福氣的人！就整個生活條件來說，我們不一定比歐巴馬（當時的美國總統）或者比爾·蓋茲（微軟公司老闆）來得差。」她停了一下，笑著問我，「你說的百分之五的數字是根據什麼？」

當時，我並沒有回答她的問題。但是，我並非沒有依據的，而是因為她的一句話突然觸動了我的心思，「我真是常常有福氣的人嗎？」

當晚，我坐在家中起居室的沙發上，久久地凝視著關閉著的電視機，思潮卻波濤洶湧，一幕一幕陳年舊事逐次浮上心頭。童年時，曾經過著心驚膽顫，幾乎家破人亡的時日；中學時，曾經是曠課逃學的壞學生；在兩次戰爭中，曾經從死亡邊緣線上逃出性命，結果呢？卻淪落成夜宿街頭的難民，無家可歸的孤兒……。

我要不要告訴建欽和其他朋友這些痛苦的經驗呢？我心靈曾經受過的創傷，我為何沒有軟弱地倒下？而這些經驗又是如何成為激勵我上進，成為奮勇向前的力量，讓我在中國及美國生命旅程上，得到前所想像不到的美好境遇呢？

第一章

將軍報國

鄉土情深

在一九三八年我九歲的時候，有一天放學回家，急急忙忙跑到大跨院，想從馬廄裡牽出小白駒，騎上出去玩玩。可是我突然看到馬廄斜對面新搭的帳棚裡，有一輛汽車，停放在木架上。這輛深綠色汽車前面的護胎板有幾個銀元大小的洞；從遠處看，這車就像一隻大青蛙，它的車燈像鼓起來的眼睛，直瞪著看我。

我跑過去，瞄一下後座，很面熟。裡面有綠黃色的絨布套起的寬大橫椅，緊前面有兩個折椅。我驚叫一聲，這不是我父親的轎車嗎？從前不是大家都叫它「羅斯、羅斯」（Rolls Royce）嗎？怎麼會一動不動地停在木架上？

我清清楚楚記得，去年我和母親坐這車，在福建盤山公路上奔行。突然對面來了一輛軍車，向我們衝撞過來。我們的司機緊急剎車向左躲避，車子滑在斜坡上，左前方車輪，懸空在峭壁上。我嚇得抓緊右面的母親，不知如何是好。幸虧司機沉著，小心翼翼地把我們拖出來。羅斯、羅斯怎麼會在「這裡」出現？

這裡是我們老家，在河南省西部臨汝縣的一個村莊，叫做半扎。地處窮鄉僻壤的伏牛山區，四面八方沒有公路，只有牛車路和騾馬小徑。我馬上去找母親，問她這車是怎麼來的。可是，她串門子去了。

父親戴民權

我的父親是戴民權，一八九一年出生，一九二〇年代初期加入國民革命軍，跟隨蔣中正後來被稱為蔣委員長，參加北伐及江西等戰役，逐步晉升陸軍中將。他具有中等身材，面貌端正，不苟言笑。他喜歡一人閉目獨坐。當他下屬向他報告事情時，他睜開了眼睛；他的眼神往往使他們壓低聲音，長話短說而去。

在一九二七年到一九三〇年之間，他在河南、湖北及安徽邊區與紅軍作戰。曾與徐向前帶領的紅軍第一師幾度交鋒（徐向前在中共建國後，是十大元帥之一）。他深知共產黨游擊戰術注重機動性，便採取自己的一套機動戰術。他坐著羅斯、羅斯，帶兵出征。車廂兩旁站板上站著護兵；車外兩邊有他的手槍連，向紅軍鄉村基地進攻。他的士兵配備新式德國製盒子砲，叫做「二十響」。這種手槍，可一發一發射出子彈，也可以像機關槍一樣，連發二十顆子彈，威力大，射擊準。他的手槍連衝入基地後，四面掃射，打擊敵人後，馬上撤退。當對方還沒有喘回氣來，他的騎兵再進入掃盪。就這樣，他常常打勝仗；他的特有戰術，也就在國、共兩軍方面出了名。

有一次作戰時，他的羅斯、羅斯陷入泥坑，怎麼樣都開不出來。他叫站板上的護兵加入手槍連，一同追擊逃向一個鄉村基地的對方敗兵。他的衛士們不放心把他一人留在車內，遲疑不肯走。結果他眼睛一瞪，他們便快步追趕已經離開的手槍連。

哪曉得，紅軍乾脆放棄基地，向另外一個鄉村撤退。路上有幾十個紅軍士兵看到陷在泥坑的羅斯、羅斯。他們看到一人在內，馬上認出他是誰。他們常聽傳說，戴民權帶兵打仗，不知道為什麼時常穿便袍，戴呢帽。車內的人就是那樣穿戴。於是他們便開槍進攻。父親從車中跳出來，用車門作掩護，用他的二十響還擊。他發射一顆一顆的「冷槍」，一顆子彈就撂倒一個人；可是對方不退讓，打算從兩側包抄過來。這時候他槍膛裡只剩下一顆子彈，便停止射擊，把子彈留作後用，並且準備肉搏。在這萬分緊急當頭，手槍連的士兵因追不到紅軍，趕回來，才把對方擊散，解了圍。

一九三〇年，國民革命軍與閻錫山及馮玉祥帶領的軍隊發生「中原大戰」。紅軍趁機抄國軍後路，把蔣委員長圍困在湖北省花園、廣水一帶，非常危急。委員長緊急下令父親解圍。父親就運用他的特有戰術，衝破包圍線，把委員長救了出來。

次年父親在漢口宴會時，他沒有料到委員長來臨，一邊走，一邊說道：「端甫，你怎麼請客吃飯，也不找我？」（端甫是父親的別號）。

父親馬上說：「委員長太忙，不敢驚動。」

委員長接著說，「好，好。」他坐上騰出的位置，舉起筷子，左右搖動一下說，「大家吃，大家吃。」就在這一年，委員長任命父親為第45師中將師長，所屬部隊接受德籍顧問訓練。

一九三七年蘆溝橋事變後，第45師是第一批參加「淞滬會戰」部隊。中國的七十萬步兵，面對日軍精銳機械化部隊，加上有制空的戰機，旁有黃浦江軍艦火砲支援，三月鏖戰下來，完全潰敗。第45師是損傷殆盡，無以成軍。父親升任第39軍副軍長，但是已無兵可帶。

這時，父親交待把羅斯、羅斯運到半扎。這是母親回家後，告訴我的。她說：「你父親在上海作戰，像往常一樣，坐他的汽車，率領士兵衝向敵人陣地。但是對方的重機槍，把羅斯、羅斯打得遍體是洞，不能用了。」

「既是不能用，」我不禁問道，「為什麼運回來？」

「你不知道嗎？他用這車不曉得打過多少仗。有一次還用羅斯、羅斯擋著敵人的子彈，沒把命送掉。他對這車有感情，所以運回老家來。」

「可是半扎附近一點公路都沒有，怎麼運這樣的大轎車？」

「有法子，」母親點點頭說。「先用鐵路運到河南省，再用大卡車沿公路運到臨汝縣，到了半扎附近小路，各個村莊出幾十個人，用竹桿和木板，搭成一個大架子，把車放上去，抬到我們家。你是知道半扎周圍的人是多麼尊敬你父親的。」

父親雖然常年在外，總是忘不了家鄉。一有機會便回半扎停留一陣。等到他稍有錢財後，買了個小煤礦，聽別人的話，買了機器，挖取大量的煤；越做越大，僱了煤夫向各鄉鎮賣煤，著實發了點財，成為臨汝縣三十萬人中數一數二的富人。可是，這煤礦越挖越深，出了大量地下水，愈積愈多，無法排出。十年後只好關掉。

他用積蓄，開始置產。在半扎以北三十里的臨汝縣城內，熱鬧的中大街，買了一棟有幾十間的大宅院，在城南汝河河邊買了些田地。當然他最在意的地方是他出生的半扎。在這村莊，他興建一所座北朝南大宅院，比城裡的房子還大。有三進，每進是一個四合院，每院有十幾間房。各進之間有大廳。最後面是跨院，有馬廄及寬大場地。在緊隔壁他買了一所沒人住的房子，打算將來整修起來。他捐出五千銀元把原來的關帝廟改建成半扎小學。我就在這裡上學。逢年過節，他派人向鄉親們送禮；碰到大小災荒，總是出錢或捐出食物去「放賑」。

從天到地

父親在一九二七年與比他小十七歲的母親結婚。母親叫張端潔，居住在河南省東南角息縣管轄的烏龍集，距離臨汝縣好幾百里。她是張家三男三女中的長姊，面龐潔白，頭額稍寬，身材苗條，但無少女的明亮眼神。她的親戚們說，她聰慧而有主見，在家中唸書到中學程度，把淺顯的孔孟思想作為處世為人的道理。她當時對父親一無所知，結婚後隨他轉戰南北，變動當中，得了氣喘病。一九二九年她在天津生了我，一九三五年生了妹妹。

一九三七年春天，父親決定讓我們定居下來，不跟隨他過動盪生活；在杭州物色一幢花園洋房，打算在三月後辦妥手續搬進去。我們租了一幢房子暫時居住。這兩幢房子都在西湖旁邊。

人家說「上有天堂，下有蘇杭。」真是好地方。我沒到過蘇州，在這裡跟大人去過什麼「三潭印月」、「湖心亭」、「雷峰塔」，好玩不得了。尤其是在「蘇堤」和「白堤」的「柳綠桃紅」樹下鑽來鑽去，真是開心。但是更開心的地方是幾個連接的「湖濱公園」。我在那裡天天和小朋友們嬉戲，在攤舖裡喝汽水、吃冰淇淋、買甜食，結果時常牙痛和胃痛。母親知道後，不要我再去那裡。我不管，每天都溜去。甜在先，痛在後。吃了再說！

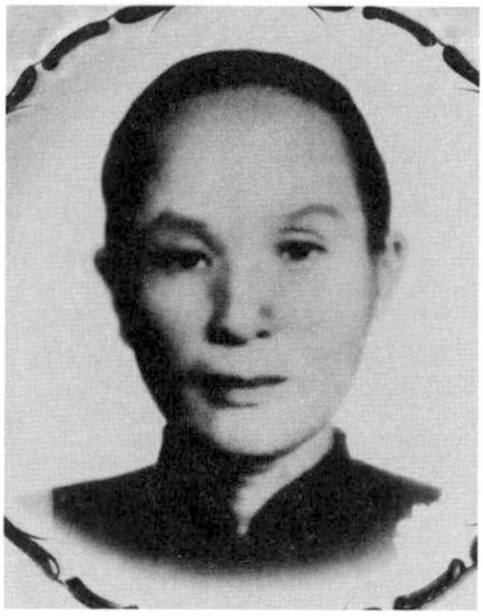
母親張端潔

幾個月後抗戰爆發。父親退掉洋房，決定把我們全家除他以外，搬到半扎去，比較靠近前線的杭州安全。我們到了以後，看到這個村莊嚇壞了。半扎有一道發黑發黃石頭砌成的圍牆。從東門到西門，只有一條兩三里長的牛車路。大部分的房子座落路北，面對頹廢的南圍牆。村裡有幾百戶人家，住的房子非常破舊，門窗被雨水浸得發黑。只有我們的大宅院有火燒紅磚牆，門庭廣大鮮明，與毗鄰的房子在一起，極不相襯，非常刺眼。整個村裡晚上沒有燈火，一片黑暗。這裡連一個商店都沒有。每隔半個月，在東門外灰土成寸的農場上，大家以羊換牛的法子去交易。

我們像從天上掉到地下！

母親和我搬到第三進主房的西開間，妹妹和她奶媽住西廂房，我們的佣人及護兵散住前院各間。這時我們第一次看到父親的第一位太太，叫作劉素玲，約摸三十幾歲，身高體壯，比父親高出半個頭，面貌微胖，講話很快，永遠板著臉，喜歡斜眼看人。她住在主房東開間，出來和我們講幾句話，回進去，再沒言語。

父親和母親結婚以後才告訴她，他有另一位太太。他說當年與劉素玲度過一段艱苦日子；後來她幫忙買煤礦和田地，全部由她經營，作得不錯。她生了一個兒子，比我小兩歲，小名叫「明」，大家都喊她「明他娘」。還有兩個女兒，叫「良玉」和「良珠」。

當我們離開杭州時，父親告訴母親，要跟明他娘和好相處；但是一定會出問題，有問題時，不要生氣，不跟她爭吵，告訴他，由他處理。但是他常年不在家。

母親馬上就碰到問題。明他娘要全家大小，包括我們的佣人和護兵，都喊母親「二太太」。母親很不喜歡這稱呼，更不喜歡吃飯時排的坐位。明他娘坐主位，這倒罷了；她的子女坐在她的左右兩側，母親和我及妹妹都坐在下側。我們要點菜，一定經過她去點。吃飯前必須等她坐定後，才開始吃。飯後，必須等她離開後，大家才可散去。

明他娘還立下別的規矩。母親要出門及回來後，都要告訴她。母親的現金要全部交給她，每月她再給母親月金。我們的佣人和護兵的工錢，每月由她發放。母親不接受她任何規矩。過些時，我們便和明他娘一夥人分開吃飯。平常很少見面。

有一天母親和我偶然在中院大廳，看到明他娘。她快步走過來，向母親吼叫，「你想你是見過世面的人，看不慣我們這裡。」她頓了一下，突然靠近母親面前，想打她的樣子，接著說，「你不喜歡這裡，捲起舖蓋回你娘家去！」我嚇得幾乎哭出來，趕快擠到她與母親中間。母親瞪著眼看她，一句話不說，一動不動。明他娘低頭看我一下，彎腰撫摸我頭髮，一股大蔥蔥味道竄到我鼻中；然後她挺直身體，高聲大笑，像大公雞一樣，昂首闊步而去。

掉入虎穴

一九三九年冬天，父親休假回半扎。白天常在明他娘房中談話，晚上在母親房中留宿。他非常喜歡我四歲的妹妹，時常和她在一起。妹妹很伶俐。她能在穿著軍裝的父親身邊轉一圈，準確說出他的鈕釦數目。有一次她在大廳全家面前，學著軍人踢正步、行軍禮，讓父親大笑起來。我們從來沒有看到過他這樣開心。妹妹愈走愈起勁，小腿抬得高高地，步伐就不穩了。明他娘趕快牽著她的手，一邊笑，一邊說道，「哎呀，寶貝，寶貝不要摔著了。咱們出去玩。」便領著妹妹出去了。

還有一次，她爬到父親坐著時的大腿上，捧起他臉，睜大眼睛說，「你牙裡有個玉米，趕快吐出來。」她假裝不知道父親的金牙。父親笑著咳嗽一兩次，緊緊抱著她；她向他的臉上親一下。明他娘趕過來，把她抱下來，向她說，「乖，乖，不要把你爸爸褲子弄髒了。」

父親在家的兩星期中，時常和妹妹在一起。當他去看望附近的姑姑時，也帶著她。妹妹跟在後面，用兩隻小手拉起父親皮袍後襟，不讓它碰到冰雪化水。母親很高興父親喜歡妹妹，但覺得自己處境很痛告。她含淚告訴他，她盡量忍耐，可是不知道明他娘還有多少壞主意對付她。

父親閉著眼，沒說話。稍過些時，他用溫和的眼光看著她說，「我知道。她就是想把你趕出這家門，不要讓她得意，你先耐心等等。」他稍停一下說，「我會有新職務。等命令下來，我派人把你接過去。保國（我的小名）和他妹妹留下來。你放心，我告訴她，絕對不可以欺負他們。」

幾個月後，父親果然把母親接到河南的西南部。他在那裡擔任豫南游擊司令（後來軍隊改編，出任第五游擊縱隊司令）。過了很久，一點消息沒有。明他娘沒找我任何麻煩，還讓我和明一起玩。我好喜歡他的一個藍色流線型玩具汽車。

一九四〇年春天，一個晴天霹靂消息，從南方傳到全臨汝縣。日軍從漢口北上進攻國軍防地，父親在河南省遂平縣戰場上，從馬上被敵人砲火轟下地面而陣亡。我們在半扎的家人，簡直不敢相信這消息。大家手忙腳亂，不知如何是好。

母親當時在遂平，幾乎昏倒；等她鎮定後，說要把父親屍體裝進棺材，運回半扎。她周邊的人都說這怎麼行。當時砲火連天，遍地敵人，如何運送棺材到幾百里以外的臨汝去。她說，父親非常念舊，連他損壞的汽車都要運到半扎。她無論如何，要把父親安葬在家鄉。於是她和幾個護兵，僱了牛車，放上棺材，一路提心吊膽，曲折北上，躲避日軍。

在母親離開遂平前，她的大弟弟張理中告訴她，走不通就回來。走得通，馬上安葬父親，絕對不要在半扎久留，及早搬到臨汝城中的房子去住。他在軍中跟隨父親多年，我喊他大舅；他知道明他娘如何陰險可怕。他對母親說，「你如果在半扎住下來，就像掉到老虎洞裡一樣。」母親不聽他的話。她說她既是戴家人，就要住在戴家正房裡。大舅沒辦法，只好派他的兩位隨從，與母親一道北上，並且要他們留在半扎一些時日。當中一位是張保民，大舅的遠房堂弟。

父親祭祀禮儀在我們家門前街道上舉行，搭上一個帳棚，當中的架子上放上棺材及父親姓名牌位，請來樂隊在客人祭拜時奏樂；然後在我們家前院，備上十幾桌「流水席」，隨時供應客人用餐。我們的親友，父親的長官、同事和下屬，前前後後來了幾百人。有的叩頭作揖，有的鞠躬如儀。整整三星期之久。

在這陣子，很多大人們常對我說：「哎呀，保國長大了，真懂事。」我起初不知道怎麼回事。後來從他們談話中聽出來，他們覺得在我們家的孩子中，我對父親的去世，最是哀痛，是個大孝子。

其實，我模模糊糊，大人什麼時候要我披麻帶孝，我就穿上孝衣；什麼時候叫脫下來，就脫下。什麼時候叫我向祭拜的人跪下叩頭，我就叩頭。我們在帳棚陪靈的家人，每天固定要哭幾次，我是戴家長子，每次都在。我跟著別人哭的時候，想起父親。他很嚴肅，很少和我講話。但是從來沒有發過脾氣。有一次他看我寫「戴」這個字，他說這字筆劃很多，不好寫。這字右面的筆劃是「戈」，是槍的意思。他說寫「戈」時，要把那一撇寫直，不要彎。這樣才像軍人寫的字，有力氣。我還想到妹妹和他在一起的情形。她再也不會跟他在冰天雪地裡走路了；她的一雙小手再也不會拉起他皮袍後襟了。想著想著就哭；不僅是哭，而是淚流滿面的痛哭。聲音特別大，有時壓過樂器的聲音。

在這段時間發生一件使母親痛心的事。明他娘告訴母親，要分家，而且馬上分。母親覺得這樣一定不合父親心意。怎麼能在「屍骨未寒」時候，作這事？她不答應，但扭不過明他娘。這是地方上規矩。我們兩面各請鄉親，代我們出面，商議如何分配各類財產。首先是土地，我們分到臨汝縣城南汝河旁的田地；另外，出水的煤礦也算是地，歸了我們。在半扎附近的田地，絕大部分給明；散落的小塊地算在我的名下。

其次是房產。按規矩，我是長子，應該由我繼承半扎的大宅院，來傳宗接代。明他娘無論如何不肯。她向代我們出面的鄉親吼道：「這房子是我造的！這房子是我一輩子住的！就是我死，別人也別想拿走！」結果，商議過來，商議過去，這所大宅院歸明所有，隔壁的空房和臨汝城內的大宅院，分給我。

最後是個人私產，兩方面都不願意列出清單，加以分配。母親曾經聽父親說，明他娘的房裡，有一個地窖，裡面有銀元，還有一箱一箱的二十響盒子砲。但是她不承認，在她房門口安置一個帶手槍的人，不經她允許，誰都不能進去。結果只好把這分私產的事情擱置下來。

到了出殯那一天，我捧著父親牌位，領著我們家人及近親，出半扎東門，帶上棺材，到設在我們家紅薯地裡的墳場。我們的佣人一部分留在家裡，把街上的帳棚拆掉，打掃乾淨；一部分到墳場安排下葬。等到太陽落西時候，大家斷斷續續回去。我和母親是最後一批。當我們走到家門口，都愣住了，看到街上拆掉帳棚的地方上，亂七八糟一大堆，一大堆東西。我們馬上認出來，是母親的衣物、皮箱，還有分給我們的傢俱、馬匹和騾子。

明他娘站在大門裡，一手插腰，一手劃空，對著母親瞪著眼說，「你現在就搬出去，統統都給我搬出去，一會兒都不能留。」她的身邊站滿了帶著長槍或盒子砲的佣人，作出架勢；如果母親和我們家人要進家門，他們就要把我們推出來。這時她又大聲對母親發話道，「隔壁的院子不是分給你們嗎？搬進去住吧！你不喜歡，你就到城裡分給你們的房子去住。」

我這時嚇得哭了出來。今天這樣晚，要在哪裡睡呀？隔壁的空房？絕對不能。我平常進去過這院子，知道怎樣的破爛。一扇大門斜掛著，有些釘子掉了。院裡有些房間屋頂塌得高低不平，上面生了草，還漏雨；有的牆上土坯脫落了；有一個屯存糧食的大房間，是空空的，只有蜘蛛網和老鼠屎；前院臨街有馬廄，也是空的，臭得很。只有後院一個寬敞房子，造得講究一點，擺滿生銹的煤礦機器。

母親掃眼看一遍地上的東西，擺擺手叫我不要哭。她直眼看著明他娘說，「我們就搬隔壁，你想讓我們搬城裡去住，你死了這條心，我們現在不搬去，將來也不搬去。」她立刻讓我們的佣人及護兵一件一件地把地上的東西搬進空院去。我偷偷看她一眼。她腳跟站得穩穩地，說話慢慢地，臉上沒表情。我很生氣，她為什麼要住這個破院子，不搬城裡去？我去過那裡，好熱鬧。那個大宅院，造得和半扎的一樣好，只是沒有這裡的大，可是仍然很寬敞。前一進臨大街的房子，租給一家布店作生意，每月有好多租金。那是再好不過的地方，誰都巴不得去住。

第二章

大難臨頭

無法無天

一九四〇這一年，父親打了一輩子的仗，在河南南部結束了。母親的大難在半扎開始了。她只有三十二歲，害氣喘病，過著驚心吊膽日子。可是她堅持在這個窮鄉僻壤地方留下來，還要住在可怕的明他娘隔壁。不但如此，她還立下天大的願望，沒有一個人認為她能實現。

我們搬到空院後，她領著一共七個佣人和護兵，整修打掃好幾天。她、我、妹妹和奶媽都住在中院的主房，其他人分住各個房間。前院的馬廄清掃好，把三匹馬和一頭騾子安置在裡面。在這期間，她時常喘氣，好像胖起來，感到累。我過些時才知道她懷孕了。大舅張理中的堂弟張保民，一再告訴她，不要領頭清掃。「你不能這樣忙下去。你的氣喘病會發作的。」

母親不聽，等到大門和漏的屋頂及其他要緊問題處理好後，才休息。

過些時，她僱來的工匠、木匠和油漆匠，把全部的房子整修一遍。鄰居們搶著說，「你看國他娘多能幹，她的房子像新的一樣。」可是母親並不開心。她現在才知道，這個村裡根本沒有公安人員。有些人家有盒子砲，碰到仇恨事件，用「打孽」（暗殺）了結一切。戴姓族裡有一個人，他在家裡開了一個小小工廠，用一個手搖轉的機器生產香菸。他時常姦污一個女工。她的丈夫忍受不了，說要到縣城去告狀。沒幾天，這人不見了，不久在半扎東門外一個橋溝裡，出現他的屍首，頭上有一個槍洞。這地方離我們小學不遠，有些同學放學在那裡玩，聞到臭味，嚷嚷鬧鬧講起這件事。

還有一件小孩不敢嚷鬧的事。一個十七、八歲男孩子，叫李三五，和幾個不務正業同伴，時常在街上遊蕩稱霸。他父親是跟我父親作過旅長，已經死去。他媽媽是他父親的第二位太太，和第一位太太分了家，都住在半扎，時常受第一位太太欺負。和我們的情形差不多。但是三五很不服氣，在街上說大話，誰再欺負他媽媽，他和他朋友就會對誰不客氣。他媽媽馬上受到威脅；有人對她說，「管管你那個不成材的兒子，不然的話……」她媽媽趕快告訴他，不要管大人的事。可是他仍然在街上逞英雄、說大話。不久，他不見了，一兩個星期蹤影全無。他媽媽氣急敗壞，僱人四處找他。不久她瘋了，見到人就淚流滿面地問，「你見到三五嗎？你見到三五嗎？」

別的「打孽」事情，並不經常發生。可是如果你與別人有什麼大的過節，你要小心走路。

母親在分家後，愈來愈擔心我們家人的安全，因為明他娘的佣人帶著槍，經常在我們門前街晃來晃去。我們雖然也有槍、有人，可是槍對槍，人對人，我們跟本沒法跟他們比。母親要我們家人少出去。我出去時一定由張保民（我喊他保民舅）帶槍陪著我。

一九四一年一個春天的下午，我放學回家，聽到一位客人和母親在她房間輕聲說話。我進去後看到是大舅。一九三七年我們從杭州來臨汝，經過息縣烏龍集的外婆家，見到他和他新婚的舅母，也見到他兩位弟弟，我喊他們二舅、三舅；母親的兩位妹妹，喊二姨、三姨。

大舅二十多歲，方方的臉有點像父親，比較黑，講話輕而快，穿著整齊，腰背挺直，軍人本色。他曾經到過半扎，帶我去臨汝縣城，上館子，去澡堂。他看到我身體瘦弱，要我多鍛鍊，注意衛生。我與朋友玩耍後回家，他一定要我洗臉，並且親自把我的手及指甲，用肥皂洗得乾乾淨淨。要我記住，玩耍後洗臉洗手。他喜歡給我講故事，尤其是父親軍中的大大小小事情。

這次見到他，好不高興，向他鞠躬，大聲問好。他揮揮手，要我小聲一點。他說母親去年運回父親棺材時，沒有一道來，讓她在路上擔驚受怕，很過意不去。可是他知道明他娘很可怕，如果他一同來，說不定她會把我們和他一網打盡，統統害死，所以他沒來；明他娘知道他是軍人，槍法好，對他有顧忌，就不敢對母親和我及妹妹怎麼樣。

母親說，「這還要你再說嗎？你去年在遂平就說過這話。可是你現在怎麼來了？不還是很危險嗎？」

大舅的臉色變得很凝重。他說，「這是為什麼我單身一人換便衣偷偷來的。」他向我拍拍他穿的長衫，說道，「我帶了兩把手槍，前面一把，後面一把。假如碰到他們那邊的人，憑他們那點本事，就是有十個八個的，都要給我躺下。」他說，他去年離開父親軍隊，到一個叫作軍統的別動軍擔任重要職務，在他家鄉的河南安徽地帶，也是日軍後方，與敵人周旋。有時也會到國軍後方出任務。這次就趁機會來看我們。當他聽到這裡無法無天的情形，他緊皺眉頭，告訴母親，「我沒有想到這裡治安這樣壞。你現在懷孕，實在讓人不放心。你等著好了，我一定想法子，要你們過安全的日子。」第二天他走了。

隔一個月，他派一個護兵陪送母親的二妹，和他自己的太太和女兒，都到半扎來。我喊母親的二妹「二姨」，很像母親；但很奇怪，看起來年紀反而大，不喜歡講話，身體結實，走起路來很快。我喊大舅的太太「大妗」（大舅媽），她圓圓的臉，很白，帶著笑容。他們的女兒叫書琴，年紀小，我忘了她幾歲。

事後才知道大舅這一著，是一場豪賭。他把這麼多的親人送過來，一方面是在母親產期有人好好照顧，另一方面讓明他娘知道，他把這些親人的命賭上，如果她敢暗害她們，便是與他結下了深海大仇，他要帶兵來征討，殺她全家。

兒女受害

當二姨她們住定以後，母親的產期也到了。大家緊張起來，因為明他娘跟有些人說，她懷疑母親要生的小孩，來歷不明。她說父親死了，誰能證明這小孩是他的。她實際上是擔心，如果這小孩是男兒，我們已經分家的財產，按規矩應該重新算過，要給他一份。她是死也不會答應，一定暗中計算怎樣對付這件事。

母親在生產前，從主房搬到後院存放煤礦機器的大房間，把機器移出來，清理好作產房，換上厚重木門，從裡面裝上鐵栓。母親和二姨、大妗都搬進去住。她們告訴護兵，特別小心，應付意外。

結果母親生的小孩，就是男兒。可是一連幾個星期，明他娘一點動靜都沒有。到了滿月那一天，我家在前院擺上慶生酒席。母親想，有幾十個客人要到來，人多大概不會有什麼事發生了。她還是不放心，自己沒到場，也沒把孩子抱出來讓大家瞧瞧，吩咐在席後分給大小客人一個紅雞蛋。

正當大家高高興興吃飯時，明他娘由大批帶槍的佣人，前呼後擁到我家前院。她高聲對客人和我們的佣人說，「我們分了家，可我還是戴家當家的。叫二太太來，抱著孩子，讓我瞧瞧。」有位客人說，母親在後院。她隨即交待她的佣人幾句話，在前院等著她，一人大踏步向後院走去。她看到後院房門緊閉，大聲敲門說，「我是來看孩子的。怎麼不開門？」她聽不到回應，就怒上心頭，用盡全力蠻撞房門，抓著前面門栓拚命地搖，門聲吱吱作響，幾乎被撞破，可是始終撞不開。她忿忿走到前院，又向客人大聲吼叫，「你們看看這二太太多不講理，我好心好意來看她生的兒子，她不讓我看。我還帶著禮品來。」她順手把一個小項鍊，摔到地上，馬上揀起來說，「她不要，我拿回去。」匆匆忙忙帶著佣人們一轟而去。許多客人唧唧咕咕說，「怎麼拿來的禮物又拿回去了？這算送什麼禮？」

當明他娘到我們家時，我一直跟著她，從前院到後院，看她幾乎撞開門時，我心跳腿發軟。後來，看她沒撞開，嘆了一大口氣，又跟著到前院，站在保民舅旁邊；他的手握在左輪手槍槍把上，直到她走開才放下。

等客人統統散去後，母親、二姨和大妗對我說，我們度過不得了的禍害。他們都說，明他娘如果進去後院房間，一定會傷害我弟弟。她身大力強，會用雙手掐死弟弟。當她們聽說明他娘帶來的項鍊後，她們知道那項鍊不是金的，是布做的，軟軟的，容易套在弟弟脖子上，一拉就斷氣，然後她會說是意外。可是她沒想到，如果我弟弟死了，她也活不了。二姨和大妗都準備好粗粗的洗衣木棒，一旦事情發生，兩人會痛擊她的頭。按當地規矩，除了產婦家人外，任何男人都不能接近產房。明他娘留在前院帶槍的男佣人，都不能救她。這件驚心動魄的事，到現在我都能一幕一幕地回憶起來。

好像這件事還不夠使我們痛苦，我妹妹隔了沒多久，在得病一天後就死掉了。她的身體發青發紫，鼻孔有血跡。母親、二姨和大妗嚎啕大哭，覺得有人下毒，但是又覺得不可能。妹妹從來沒有出去過，她的奶媽從早到晚都陪著她。

奶媽是再忠心不過的人。她來自福建；五年前妹妹一歲時，母親在當地挑選她作奶媽。她有兩個都在奶期的小孩，只好斷奶。後來我們要離開福建時，她捨不得妹妹，一定要隻身跟著我們到半扎。母親沒辦法，給她家一筆款子，帶她過來。妹妹斷奶後，她回不去日本占領的福建，仍然照顧妹妹。每天都替她梳頭，紮辮子，把小臉擦得紅紅的；還教已經是口齒伶俐的妹妹如何和大人講話，惹人喜歡。她愛護她不下母親，比母親更操心。

大家一問、再問、再三問奶媽，妹妹怎麼會突然死去。她說，頭一天妹妹不舒服，讓她好好睡覺，一夜沒事。第二天，奶媽出去一會，回來就看到妹妹斷氣了。每一次問她，她都是一樣的話。越說越傷心，大哭起來。她的眼睛好幾天都是紅的腫的。

母親和二姨都認為，這事一定與明他娘有關。她們說妹妹是父親最喜歡的孩子，招了她忌妒之心，把妹妹害死。可是父親已經不在了，為什麼不能放過她？這人真是太狠毒了。可是母親她們一點證據都沒有，每天只是傷心痛哭。我也時常跟著哭，想起妹妹常常搬一個小板凳，坐在大門裡等我放學回家。一見到我就笑嘻嘻地叫，「大哥、大哥」，伸出她的小手，要我拉著她，一蹦一跳地進到院子裡。現在我再也聽不到她的大哥、大哥聲音了；再也看不到她柔軟的小手了。

我弟弟和妹妹這兩件事，把我家蒙上一層陰影，一種揮不去悲傷和恐懼，時隱時現在每人臉上。可是不久，卻有一樁喜事到來。我們田地收成非常好，尤其是縣南汝河旁邊的農產有了空前豐收。因為靠近河，既產大米又產小麥。大米是白米，在河南西部是非常珍貴的食物，因為這裡很少水田。大戶人家往往把白米，盛在小碗裡加上白糖（也非常珍貴），把它蒸出來當高貴點心吃。小麥去殼輾成白麵粉，是五穀之首，是普通人家吃不起的東西。一般人家吃雜糧，像玉米、大麥、小米或者高粱。

我們家的佃戶們由一位叫作「小夫」的莊稼人領頭，套上好多輛牛車，把一包一包的糧食運到我們家來，比預計多停留一天，才卸完糧食。母親臉上出現難得一見的笑容，對我說，「保國，你看看我們有這麼多糧食。這只是第一批，等到秋天，還有更多糧食運來。我們只要用一點，將來賣出去其餘的，去買田地。一點一點買，一定要比她的田地還多。我讓她看看。」

我對收糧食買田地這一類的事，一點興趣也沒有。但看到母親高興的樣子，我也高興起來。她發給佣人和護兵裝著鈔票的紅信封，特別跟妹妹的奶媽說，她照常拿工錢，反正家裡有事讓她作。奶媽跪下來向她磕頭，她說她現在沒法回福建，想不到母親沒有責備她，還給她工錢，她一定好好作事，報答母親。說著說著，哭起來，哽咽地說，她想死了妹妹。又好看，又聰明。她教她如何討好父親，踢正步，行軍禮，數扣子，一教就會，不用第二遍。她沒有招呼好這樣可愛的孩子，真該打到十八層地獄裡去。母親也哭起來。停了一會說，「你好好作事就行了。」

領頭佃戶小夫，臨走前跟母親說，要她準備好，在秋天一定會運來更多糧食。他約莫三十來歲，臉曬的有如地一樣灰黑。人很和氣，很喜歡笑，一笑就露出他掉去的大門牙。秋天他回來時，卻失去了笑容。他向母親說，好多天沒下雨，收成少了，沒能運來如原來所說一樣多的糧食。母親說，不要緊。幸虧有地靠近汝河，還是有收成。不然，就更少了。

換了天地

小夫走後，母親找我說，不要在意糧食收得少了，糧倉裡還多得很。我奇怪她說這話。

我什麼時候擔心過糧食多少？她慢慢臉色一變，皺起眉頭，向我仔細地看著，使我很不自在。她說，「我們換個話頭講，我打算送你去城裡。」

「為什麼？為什麼送我到城裡？」我脫口而出。「我喜歡半扎。」我說的是實話。我知道她恨這地方，我剛剛來的時候也是一樣。這個上不粘天下不粘地的破舊村子，怎麼能住？我在夜裡會哭醒，要離開這裡，但是身子好像是被綁起來一樣，動不了。過些時，住慣了，忘記痛苦，而且慢慢地我有了自己的小天地。我養著一個小猴子，跟著我，牠的頭抬上抬下，眼睛一眨一眨看我，好像是聽命令似的。我有一隻松鼠，冬天藏在我棉襖的袖子裡。我有時把松樹子排在地上，成一條彎曲線，引牠出來一個個吃。我在街上或學校，和同學玩各種遊戲，什麼「打檯（？）」（木柴遊戲）呀，「拐手」（兩小孩各自站著一隻腿，用一隻手臂互相友誼搏鬥）呀。當然，大家最喜歡的是養蟋蟀和鬥蟋蟀。

夏天時候，我和很多小孩在村莊南門外的小溪中，相互潑水、追趕、嬉戲。玩夠了，跑到旁邊石砌的「龍嘴」，喝流出來的冰涼泉水，一喝再喝，總要喝個夠。陪我的保民舅說那是生水，不能喝，喝多了會生病。我不理他。有時候我和他跑到兩三里外的一個河灣，水比較深。我和別的村裡小孩們脫光衣服，一頭跳進河裡，去洗澡；實際上是游水。有時下雨，水混了，我們照跳不誤。我常常帶著饃，加一些鹽的青辣椒，分給大家吃。他們看到白麵粉做的饃，吃得格外開心。

下雪時我騎著小白駒，保民舅騎一匹馬，一同到野地裡，他帶著長槍幫我打兔子。打到了，帶回來，街上大人和小孩說，「保國又去打獵回來啦！」

我不喜歡唸書，更不喜歡寫大楷、小楷；從來不好好聽老師講課。有一次逃學，母親知道了，被罰跪好久。以後再也不敢了。她對我課餘活動由我興緻去玩。我玩一樣，又一樣，從不專心一樣，永遠開心。現在她突然要我離開我喜歡的小天地，去城裡一個人都不認識的另一天地，像小鳥被母鳥扔出巢去一樣地可怕。

「為什麼？」母親重複我的問話。「因為你小學要畢業了。你忘記你已經十二歲了嗎？我要送你上臨中（臨汝縣中學），河南省最好的中學。」

我聽到過這中學，非常難進去。很多鄰縣學生都來參加入學考試，十二、三個人錄取一個。學校管理學生非常嚴格。

「娘，這怎麼行？我怎麼能考進去？」我低著頭，望著我兩隻手，不敢看她一眼。

「我知道，我知道。你功課不好，我會想辦法。」

她進城找到臨中校長張恆光，請他接受抗日英雄的骨血。她說，只要他答應我進學校，有什麼要求，她都會接受。另外，她託縣裡有名望的親友，替我說情。就這樣，我騎著馬進城，糊裡糊塗參加入學考試。發榜時，我差一點從紅椅子上掉下來。（我被錄取了，倒數第二名。張貼在校外牆壁的榜上，列出錄取者名單，以成績高低為順序。最後一名的名字下有一個紅色「ㄥ」記號。）

回來後，母親高興不得了地說，「我們現在要好好作準備，送你秋天進城上學。」

我活了十二年，很少離開過她。我生性害羞。記得六歲在福建時，她要我去一個父親原來要主持的宴會，客人是45師軍官。她要我講幾句話。話詞是這樣：「對不起，我父親今天不能來。委員長臨時召見他。各位請好好用飯。」我結結巴巴說不清楚。練習了好幾遍，勉強可以。她讓一位副官跟我一道去。

到了餐廳，我看到黑壓壓一大片穿著「武裝帶」軍服的軍官，向我看來。我一急，臉色通紅，口乾心跳腿發抖，一句台詞都背不出來，匆匆忙忙鞠三個躬，就跑出來了，由副官在一片笑聲中替我講了話。我回家以後，母親聽到經過，指著我的頭說，「保國呀，你怎麼這樣簡單的話，都不會講！你什麼時候才長大呀？」

洋人醫生

從這以後，母親再也不找我去「演說」，可是我一直怕見生人。現在她要為我去臨中作準備，是不是要訓練我如何與他人應對。不，不是的。她說我身體衰弱，有好多毛病，要治療。夏天時，我在河裡混水裡游泳，常常「害眼」。早晨起來，眼睛被一層黃色液體封住了，什麼都看不見，要用水洗呀洗地，才能睜開發紅的眼睛。牙根痛，常出血。我從杭州時起常常肚痛。痛起來，像刀割一樣。又時常頭暈。睡在床上，看著屋頂在打轉；轉久了，就嘔吐。

母親認為肚痛比較嚴重，必須在開學前治好。過去，她找過很多中醫處方，逼我喝一碗一碗苦的不得了的黃湯，一點用都沒有。她打聽到城裡的一位外國醫生，說是治好不少人的病。

母親帶我進城，看這一位叫做「吳醫生」的大夫。當她在診所掛號時，我看到一位穿白色長衣的洋人從一個走道過來。我望著他穿的皮鞋，覺得好奇怪。中國人穿的皮鞋，走起路來，都是刮刮的響。他的皮鞋，卻聽不出一點聲音。抬頭一看，這人高高的，頭髮銀白，臉上有點笑容。他向我說道，「小朋友，你好。我是吳醫生。」

我平常見生人，總是結結巴巴講不好話。可是這洋人的咪咪笑容，化解我的不安。我說，「我是保國，你好。」

當母親走過來，他彎腰向母親笑笑，伸手指向後面，要我們和他一同過去。他仍然和我講話。「我是美國人，你知道美國嗎？」

這時我們進了診療室，看到處都是白白的顏色。我們坐下後，我接著說，「我知道美國林肯解放黑奴的故事。」

他眉毛向上一揚說，「好，太好啦！」他從桌子抽屜裡，取出來一隻新鉛筆，說道，「這個送給你。」

我接過來，看出這鉛筆的一頭裝有橡皮。我們學校用的鉛筆是和橡皮分開的。我很開心，以後用鉛筆寫錯字時，就不怕找不著橡皮來擦了。

吳醫生和母親像敘家常一樣，談了一陣。當他聽到我們與父親的關係時，站起來向母親微微鞠躬。他說只有像戴將軍這樣願意為國犧牲的軍人，才能擋住日本人，不到豫西（河南西部）來。不然的話，他們來了，他不能回美國，不知道怎麼辦才好。他話題一轉，問我們看什麼病。母親告訴他我的情形。他用手慢慢按一遍我肚子，用聽筒仔細聽一會，便給我們三包白藥粉。臨走時，他再三交待，要我每星期吃一包，必須吃完三包後再來看他。

第一包藥吃下去後，我大叫一聲。「這藥怎麼這樣苦呀！」比我吃過的任何中藥都苦，而且是火辣辣的，從嘴中一直到肚子。我的眼淚都流出來了。真沒想到這麼和善的洋人要我吃下這樣可怕的白粉。第二天早晨，我看到大便中三條三寸長像蚯蚓一樣、半透明的蟲，都死了，嚇我一跳。等到吃第二包藥時，我無論如何不肯吃。結果，母親站在我旁邊，要佣人把我嘴撬開，用水和粉沖下去。結果比吃第一包藥時難過多了，因為有些白粉捲到舌頭下面，拖長痛苦時間。後來在大便中發現一個一兩寸的蟲，還有一團一絲一絲的東西，一動不動。在吃第三包以前，我實在忍受不了，把藥包偷偷丟了。

母親發現後，非常生氣，要不是二姨的勸解，我要被罰跪了。她說，「好吧，這次算啦。過兩天，我們進城再要三包。」我聽了後，後悔不應該把那一包丟掉。可是，有件事發生了，我們不能進城。

有一天我們全家大小都聽到，妹妹的奶媽在村裡「叫街」。她帶著一個銅鑼，敲一下，對街上的人吆喝一句：「二太太不要我啦。」「她說我沒照顧好她女兒，讓她死啦！」「她不給我錢，讓我滾開。」「老天爺知道，我一天到晚都護著她。」「她病了，我有啥法子？」「我家在福建，沒法回去。」「我總得找個事養活自己。」

街上看熱鬧的人愈來愈多，母親叫保民舅把她抓回來。她看到他來了，丟掉銅鑼，跑進明他娘的大院中。

兩個手勢

「這個明他娘，真是壞死了。」大妗高聲濊怨著對母親說。「她又要出什麼壞主意？」母親叫她壓低聲音說話，兩人坐在母親房間內床上。二姨在椅子上，一句話也不說。她們在講奶媽跑走的事。我站在旁邊。

「她不會讓我們過平安日子的。」母親自言自語地說。她轉頭對二姨說，「你半天沒講話。有啥意見？」

二姨站起來走了幾步說道，「保國的妹妹死啦，保國的弟弟又差一點被她勒死。現在她為什麼叫奶媽去叫街？」二姨向我看一眼。

「你是說，她現在要害保國？」大妗問道，急急地也向我看一眼。

「我起先也是這樣想的，」二姨頓一下接著說，「後來聽大姊說起，明他娘是怎樣對待保國的，從來沒惡言惡語。我想她還是想害大姊。」

「為什麼？」大妗問。

「她不是始終想除掉大姊嗎？如果她得手，保國還不是要聽她的，分到的財產不就是她的了嗎？」

「那和奶媽跑到她那裡，有什麼關係？」

「當然有。你想想，她買通奶媽害死保國妹妹這事，不是再明白不過嗎？她不願意讓奶媽多待在這兒。待久了，會露出馬腳。」二姨回到她的椅子坐下來，又不講話了。

「那她這不是不打自招嗎？」大妗又問。

「她計算著，總比讓奶媽待在這裡好。再說，她要對付大姊，找奶媽是想探我們底細。」

母親說，「不管她怎樣對付我，我照樣對付她。」她看我一眼，繼續說，「我們暫時不去看吳醫生，過些時再說。」我聽著母親他們的談話，恨死了明他娘；但是很高興，不會馬上再吃那可怕的白粉藥。過了兩個星期，我更高興起來。母親看我肚子不再生蟲了，認為肚痛全好了，不需要再去看吳醫生。其實，很久以後，我還肚痛，只是很輕微，沒有告訴她。

一九四一年九月，我去臨中前，母親給我很多鈔票。她說可以盡量用，但不能浪費。接著，她站在我面前說，「我教你一樣東西。」她伸出右手，手掌向上，用大拇指對食指擦兩下，然後向前面伸出手掌。她說，「保國，你一定記住這手勢。」她用力點兩下頭說：「這是啥意思？意思是你手裡隨時要有錢。就是挨餓也得有錢。還有，將來你碰到至親好友有困難，需要錢，你要給他們。」我瞪著眼看她，心裡奇怪。我一直都有花不完的錢，怎麼會挨餓？我要給別人錢。誰呀？

她看我迷糊的樣子，說，「你不懂。將來會的。」她要我伸出右手。「學一學我的手勢。」我學了一下。她說：「再學一下。」我就再學一下。第三下後，她問我，「記清楚沒有？」

我也用力點頭，說「絕對記清楚啦。」

「還有一個手勢，也要記住。」她伸展兩隻手，掌心向上，連接起來，放到胸前，仔細地看。她說，「這是說要唸書，要用功的意思。」

我照樣學了三次。我心想，我只看我喜歡的書，臉上不覺有一點笑。

「不論唸什麼書總比不唸好。」她立刻說。

我趕快泯去笑容，一再點頭。

臨汝中學

到了臨中，新生規定要住校。宿舍在城南離學校步行二十分鐘路程地方；七十人住在一個沒有燈的大房間。我們每晚九點半，下完自習課由老師領著走到宿舍，第二天早上五點半起床，洗刷以後回到學校。我們夜裡起來，摸黑走兩三分鐘到空地的茅房去小便。天冷時，很多新生，包括我在內，不上茅房，就床方便。整個大房間酸臭薰天。管它呢！誰不瞌睡死啦？

到了二年級，我們搬進校本部宿舍。大家晚上去茅房，有如登天一樣的快樂，因為有燈，離的近，被褥不再濕了。可是我們的褲子，在每月的第一個星期一，卻常是濕的。原來，這個星期一，是縣城內幾個中學在大操場上開總理紀念會的時候。我們中學因為名聲好，每次紀念會，老師們把學生排好隊，堅持要像軍隊校閱一樣的整齊。我們站幾個鐘頭聽講演，一動都不准動，更不許講話。因為每天的早飯都是麵疙瘩湯，低班的學生聽講演久了，忍不住，順褲腿就尿了下去。冬天時，褲腿結冰，擦著肌肉，好不難受。

我們過的生活，像軍隊的一樣。早晨摸黑起床，冬夏都用冷水洗臉刷牙，整理內務。床上被褥要用兩塊小木板壓得平平的，四邊摺起來，有稜有角。放好盥具在床下。所有人的床位及盥具都要橫豎排列整齊，有如用線劃的一般，然後老師來檢查。我過去哪裡作這種事。時常在同學娛樂時間，被老師叫回宿舍，作內務。最初老師要我怎麼作，我怎麼作，一點都不在意。作了好幾次後，興趣來了，把自己內務作得平平正正的；有時還爬在床下，把別人沒依虛線排好的盥具，排好。

我們的早飯是麵疙瘩湯，晚上是湯麵條。只有午飯，才吃比較實在的東西。每個人發四個白麵做的饃，八人共一大碗白菜豆腐湯，月底加一點豬肉。我天天吃不飽。雖然有錢，沒辦法上街買東西吃，因為學校規定，除每月月底外，學生不准上街。後來和同學商議出一個法子，解決問題。有些同學從別的縣來臨中上學，家裡不富裕。他們過些時借給我一個、兩個饃，讓我吃。我們記下賬。等到放假回家前，我到飯店裡買饃，還給他們，作乾糧，在路上吃。

我們一天上八堂課，包括體育，另留時間吃三頓飯。晚上有兩小時的自習。有些課程，特別是國文，由學生輪流背；背不好，挨板子，輕的打手，重的打屁股。我兩處都賞識過。我並不是不唸書，而是唸書時，眼睛瞧著字，心不知跑到哪裡去了。

有一個學期，妙事發生了。我平常最不喜歡數學課程，可是我的幾何學期平均成績是八十幾分，全班四十幾個學生當中第二名。老師和我都奇怪，為何有這樣成就。我最怕這課老師。他臉胖胖的，冰冷無情。上課時用大拇指按著黑板，再用另外指頭夾著粉筆，轉一圈，劃出好圓的圓形。我眼睛隨著粉筆轉，就頭暈起來。我就這一次得高分，後來的分數都是六十幾分。

在這同一學期，我突然對美術課發生興趣。有一項作業，是用磁粉和成泥，作成銀元大小的錢幣，然後在上面刻出像「袁大頭」（袁世凱）一樣的人像。曬乾，塗上膠水，成為硬幣。結果，我作出了全班最好的作品。老師把它掛在課堂牆壁上，讓大家看。這也是唯一不再的事。

晚上，我們有兩個鐘頭作自習。第一件事是記日記。老師說，好的和壞的事都要記，以後自己還要多看看，對我們有好處。（這話在當時是耳旁風；這耳進，那耳出。多年後，這風吹回來了，永遠留下。）自習時當然要作功課，由老師看著大家寂靜無聲地去作。如果有任何同學說話，就被罰到牆角，站上十五分鐘或半個鐘頭。我當然有份。

總的來說，我的成績時好時壞。校長張恆光不教書，有時好像注意我的一切。有一次偶然聽到他和一位老師談到我。他說，「這孩子不用功。有點天分，記性好，就是沒耐性。」

一九四二年暑假我回半扎，看到一位來訪的譚青雲將軍。他是臨汝縣人，平常住城內，從前跟我父親作過少將旅長，也是我家的親戚，我喊他表叔，現在是一個游擊隊司令。他帶著軍隊，向別的地方開拔，繞道過半扎看望我們兩家。他住在明他娘家中，士兵在小學和我們兩家門前街道上紮營。他年齡四十歲左右，滿面紅光，說話聲音響亮。他的左腿因為護兵一次走火，打瘸了。身體復原後，仍然很矯健。他沒有責罵那護兵，但是常常告誡他隨從說，拿槍時絕對不可槍口對人，以免發生意外。他向明他娘敘了家常話後說，他幾次遭遇日軍，都因軍火不足，敗了下來。現在向上級請撥槍枝，還沒結果。他知道父親曾在家裡留有德製二十響，希望明他娘在這國難當頭時候，撥給他用。

明他娘聽到他講完話後，面帶怒容說道，「你把你的兵紮營在我家門前，來威脅你從前上司的寡婦。你還有沒有良心？」但是她沒有拒絕他；招待他吃飯，答應他第二天回話。

第二天一大早，表叔吃過飯後，斜靠在前院涼臺的躺椅上，在唸什麼東西。明他娘和明從前院大廳走過來。明的手中有一把手槍，到了他面前，說，「表叔，你要我們的槍。這裡有一把，給你。」他突然朝他連開三槍。

當表叔看見明走過來，手中有槍，就覺得不對。等明開槍時，他已跳到旁邊，統統躲過。明這時是十一歲，從來沒有拿過槍。他說不小心錯扣板機，趕快認錯。一下子，人聲嘈雜，大亂起來。過了一陣子，表叔帶著護兵，到了我們院中，看到母親和我，告訴我們剛才發生的事。他對我說，「我打明幾耳光。要不是為著你死去的父親，我會把他槍斃掉。」他和母親談一會話，帶兵走了。

當事情發生時，我聽到槍聲，我怎麼也想不到，明會開槍打表叔。事後聽表叔說出經過，母親和我都說，明怎麼是錯扣板機，能錯開三次？誰都不會相信。他也不想想，如果他把表叔打死了，表叔駐滿他門前的兵會不會把全家殺光。這一定是明他娘指使他幹的。她氣昏了頭，想出這個笨法子。

我們全家嚇壞了。明他娘在光天化日下，連一位帶兵的司令都想要打死，她還有什麼事不敢做來傷害我們？

禍福臨門

表叔來的那一年夏天，天旱情形愈來愈嚴重，擴展到整個河南西部。天天烈日當頭，幾個月一滴雨都沒有，田裡是一塊一塊裂縫的土地。種田的人跪在地上，磕頭舉臂向天求雨，老天爺一應都不一應。

各地老百姓痛苦不堪，卻又碰到另一災難。有一天，有很多種田人，慌慌張張跑出半扎東門，到他們的田地裡。我好奇，和保民舅跟在後面，看他們作什麼。他們帶著銅鑼，一面敲打，一面喊叫。有些人在田埂上放起鞭炮，劈里啪啦。有些人燒起樹枝，沖天煙火。他們聽說蝗虫要來了，已經在鄰近村莊田地，把莊稼吃得一乾二淨。他們要阻擋這飛來橫禍。

說時遲，來得快。黑壓壓一大片當地人叫做螞蚱的，鋪天蓋地而來，愈來愈多，馬上遮去陽光，像日蝕一樣。牠們不管鑼聲，不避煙火，衝到玉米田裡，「擦、擦」作聲，吃了起來。不等幾分鐘，吃飽之後，一大群一大群飛去。我們又見天日。田地裡剩下一棵一棵光禿禿的玉米桿，一片荒涼景象。

旱災與蝗蟲把河南西部幾十個縣份，害得田地荒廢，災民遍地。到了秋天發生了幾十年沒見過的大飢荒。災民吃樹皮，甚至吃有些石頭磨下的粉，說是有點養分。再過些時，餓死人的屍首出現街上，甚至在臨汝縣城內，都有人看到。

母親現在除了要防備明他娘外，又碰到這樣的天災。她想出了一套對付辦法，減少小夫的田租；他的收成雖然不好，但靠河的田地還能得到一些糧食。另外，完全免除別的佃戶田租。全家大小，包括她自己，吃粗糧淡飯：一天兩頓，用玉蜀黍粉做成麵條，加上紅薯葉，作成湯吃。紅薯葉很耐旱，她和二姨及大妗，親自到田地裡摘回這東西。二姨勸她不要去作這樣苦差事，怕她氣喘病發作。她不聽，一去就是幾個鐘頭。

說起母親的氣喘病，一旦犯起來，她臉色脹得通紅，咳嗽不停，用盡力氣吐不出來喉中的痰。在夜裡，她在床上，臉朝下睡，胸下枕著枕頭喘氣咳嗽，直到筋疲力竭才能入睡。我從小和母親在一個臥房睡覺，到長大一些，仍然如此。看到她痛苦情形，十分難過。她過去用德國藥打針，很有效果。現在買不到了，只剩下針筒和針。她吃中藥，沒什麼用。她一年總發作幾次，過些時就好起來。

有一次我放假回家，她照常去摘紅薯葉。我說我也去幫忙摘，她不准。當她回來時，我正在吃飯。她看到我嚥不下去她平常吃的飯，便把燒飯的叫來，當著他的面，拿起我的飯碗，摔到地上去。她對他大發脾氣，說，「保國身體不好，我不是交待過你，要給他吃好的。你怎麼忘啦？」

那燒飯的趕快把碎碗拾起來，一面賠不是說，「太太，咱們吃這種飯吃慣了。」他指指手中的破碗，接著說，「我就忘啦。我馬上給他炒雞蛋。」

我從來沒有看到母親發這樣大脾氣。這事發突然，可是卻觸動我的一點心思。母親一直好好地照顧我，但是她愛我嗎？我不能確定。如果是的話，她為什麼老要我做我不喜歡的事。在福建時，她逼著我替父親在宴會上講話。當時我發抖的情形，到現在都忘不了。當我十二歲時，她不管我在半扎有多麼愜意，硬要把我趕到一個人生地不熟的地方去。再說嗎，她要我吃吳醫生的藥，當然是為我好。但她為什麼一心一意，要我接連下肚三包苦不堪言的藥？後來她不是看到我吃了兩包，肚痛就好了嗎？

現在，她為何如此這般關心我吃的飯？我馬上聯想到，在如今大災荒中，我在學校裡不但沒挨餓，還是照常吃白麵做的饃、白菜、豆腐和肉，這不是太奢侈了嗎？在家裡我嚥不下去母親吃的湯麵條，這不是太不知好歹嗎？不一會，又轉了念頭。說母親喜歡我吧？我記不得她對我有過什麼溫柔體貼表情，甚至沒有像明他娘一樣，撫弄過我的頭髮，也沒有輕聲細語地說我有什麼好處。我越想越糊塗。

在這期間，母親沒有忘記父親在災荒時所作的事。她要佣人在我家門前支起大鍋，煮起她常吃的湯麵條，一碗一碗分給難民。她一直默默地作這種花時間、惹麻煩的事。在這時，她還要作一件千思萬想大事。這就是買田地。她認為田地是最可靠的財產，也是大戶人家的標誌。至於災荒嗎，頂多兩三年就過去了。自從我們分家以後，她立下志願，慢慢買田地，一定要比明他娘的地還多，不管別人說這是如何不可能的事。

現在，機會來了。我們積存的糧食很多，可以變賣去買田地。可是找不到賣主。臨汝的人認為田地是傳宗接代的家產，看不起賣地的人，說是「敗家子」，名聲比酒鬼、賭鬼都不如。有誰願意讓人知道，作這種對不起祖先的事？當然在這饑荒時候，人都快要餓死了，要田有什麼用？一定有些人心頭鬆動，要變賣祖產糊口。可是我們不是本地人，沒法找到這些人，更不要說如何討價還價了。

母親想來想去，想到一個辦法。她找我們族裡一位和我父親同輩的親戚，請他當管家，負責買地。這人叫戴約，對母親很和善。可是他怕得罪明他娘，怎麼都不肯接這差使。母親知道給他再多糧食作酬勞，也沒用，便送他一件他無法拒絕的禮物，是一把全新的、深藍色、閃閃發亮的德國二十響。他拿這槍到手中，摸過來摸過去，就像摸嬰兒一樣的愛護，二話不說，當了管家。他大概四五十歲，禿了頂，灰白頭髮夾在前額兩旁，眼睛窄成一條線，嘴上的鬍鬚稀稀疏疏。他喜歡笑，一笑起來，他臉的上下部位好像顛倒過來似的。我時常聽他講小故事，看到他的笑臉，就忍不住哈哈笑了起來。

他到我們家以後，立刻把糧食一包一包用高價賣出去，把大批的款子積存起來，沒有馬上買田地；經過親戚朋友的介紹，今天到這一個村，明天到那個莊，看誰要賣地，什麼樣的地；等到完全弄清楚後，檢好的、檢大的挑。和各個賣主比價、討價、還價，最後成交。我不知道他買了多少地，只看見他和母親兩人，笑容常開，一塊一塊買進來。

一九四三年，雨水來了，下了不知道多少天，解除了旱災。像汝河這河流，都發了水，河面布滿沖死的蝗蟲，不知沖到哪裡了。

一九四四年春天的一日，母親派人到我學校，要我請短假回家。原來，她用我的名義，在我家前院請幾十位客人吃午飯，十人一桌，上了很多菜（叫做四四：一次端上四樣菜，共上四次）。她介紹她的三弟張劍華給客人認識。他是我三舅，其實比我大不了幾歲，人看起來很老成，眼睛明亮，說話有條理，聽說很能幹（後來我知道，他寫得一手好字，臨柳公權的帖。母親要我向他學寫大楷）。他從息縣家裡來，辦理接二姨和大妗回家的事；由一位護兵送回她們，他自己留在半扎。

母親向客人說，災荒總算過去了，大家可以過點太平日子，想趁機說一說幾年來的心裡的話。自從父親去世後，著實過著痛苦和害怕日子，但是從來沒打算離開半扎，更不會跟別人一起生活。她說她從小聽父母的話，嫁到戴家就是戴家人，永遠都不會變心。

有些年長的鄉親點點頭，說道，這是為什麼我們村裡沒有破碎人家。男人是一家之主。他不在了，女人作主，孩子總有人好好照顧到成人。

母親接著說，他們的話真是說到她心坎裡了。她只要一息還在，要讓孩子們上最好學校，要家裡愈來愈富裕起來。這一次災荒，她盡力去救濟難民，也買到一些田地。戴約和在座幾位鄉親，幫忙成交好多筆買賣，她十分感激。

她叫我到她跟前，看我一眼，轉向客入說，「保國現在替我爭一口氣，初中要畢業了。學校裡說，他下學期不用入學考試就可以進高中。」很多客人都向我點頭微笑，有的走過來拍拍我的頭；我臉上發紅，但很得意，沒有躲到母親後面去。

當客人散去後，她發給佣人及護兵每人一個紅包，感謝年來和她一起吃苦。然後帶著我、弟弟及佣人到父親墳地裡去，擺上供，燒上香，叩了頭。她閉上眼睛，口中默默說了些話，四面打掃一下，領著我們回家。在路上，我們彎到她新近買的田地旁邊，看到大片大片結實的莊稼，她笑了又笑，停了腳步，抬起頭向天上的雲彩，又默默言語一會，高高興興地回家去了。第二天一大早，派人送我回學校。

第三章 悲歡離合

死裡逃生

一九四四年五月，我又從學校回半扎。保民舅陪著我騎馬，和一大群同學，走到臨汝縣城外以南，經過遍地皆是小麥的農田，豐滿的麥穗隨風搖曳，麥葉已由綠色變成金黃，在太陽下閃閃發光。我們看著這大好莊稼，正在開心時候，突然一陣狂風夾雜著一陣悶雷聲音，從頭上壓下來。我們抬頭一看，有好幾架飛機，低空飛過，迅速爬升而去。

機翼上有圓紅標誌。我們知道這是日本軍機。我跳下馬來，跟保民舅三步作兩步跑到麥田，一頭栽了進去。當我們還沒有趴好，飛機又呼嘯而來，飛得低，好像把空氣掃光似的，讓我們喘不過氣。一架飛機向下俯衝，另一架升起；接著一道一道刺眼白光，與子彈尖銳聲音，射向我們。麥桿東倒西歪，麥穗粉碎，灑到地上。我緊緊抓著麥桿根部，拚命往下鑽，就是鑽不進去。我閃電一樣想起，在學校看到日機轟炸的兩幅傳單。有一幅，描出幾個女人，滿臉驚恐無奈，抱著血肉模糊的孩子，緊緊不放。另外一幅，畫出被炸的人，他們胳膊和大腿都被摺上樹稍。我想，我們大家是死定了。

可是飛機掃射一陣後，都向西飛去，在不遠的地方丟炸彈。丟下一個炸彈，麥田就震動一下，那聲音要把我們耳朵震聾了。不知多久，什麼聲音都沒有了。忽然有人喊叫說，日本飛機飛走啦。我們從麥田出來，看到一個士兵站在不遠地方，身體直直地，手中拿著一隻步槍，在整個空襲期間，沒有躲起來。保民舅說他在監視有沒有漢奸，向敵人飛機打訊號。

我們看到不遠處，很多牛車被炸得破破爛爛。炸彈坑裡一堆一堆人和牛的屍體，流出的血染黑了一片片土地，有一種生鐵氣味。還有些破碎軍用物件，散落各處。我看到這場面，一句話都說不出來。保民舅說，這些牛車是被軍隊征用，運送物資。他牽著我們沒有驚跑也沒有受傷的馬，要我趕快騎上回家。路上他說些過去在戰場的故事，我沒聽進去，一直到家還在發愣。

前些時，日本偵察機，出現在臨汝以東的縣份，零星的難民逃了過來。可是，好幾天一點動靜都沒有。到了前天學校得到確切消息，日軍已經越過平漢鐵路，往西進攻到臨汝附近。學校趕快關門，要學生各回各家。

臨汝地處豫西的伏牛山脈中央，在抗戰開始以來的七年中，從沒見過日軍蹤影。近幾年來，這方圓幾百里，駐紮著大家叫作的「十三軍」，是許多軍隊的總稱，傳說有三十萬士兵；

總司令是湯恩伯（這個軍隊的士兵，平時反穿軍裝，到了閱兵時，穿上正面軍裝，表示乾淨整齊）。在這個軍區以東是平漢鐵路，再往東是黃泛區。當年國軍炸開河南北部的黃河堤坊，讓滾滾東流黃水直瀉幾百里到河南東南部，用積水阻擋日軍西進。淹沒了無數田莊，損失不知多少生命。

可是現在，日軍怎麼越過這黃泛區來到豫西？如果不是從東而來，是從哪裡來？沒人知道。我們回家以後，東方的戰事愈來愈吃緊，已經聽到隱隱炮聲。大家都說，十三軍一定會把日軍打回去。可是很奇怪，許多部隊，不但不向東開拔，增援前防，反而向西撤退。有些部隊經過半扎，東門而入，西門而出。一天，保民舅在街上觀看通過的士兵，認出他們的番號，屬於幾個師之多。他大罵起來：「這些孬種東西，和鬼子還沒照面，就嚇得屁滾尿流般跑了。」過些時，部隊匆匆而過，愈來愈少。

母親看到這情形，非常著急。既然不能靠十三軍去打日本人，那麼，要不要逃走？可是逃到哪裡去？再說，今年的莊稼有空前的豐收，白白不要了？可是，她絕對不願意在日本占領地區待一天。因為我父親為抗日犧牲，她怎能作敵人的順民。她想過來，想過去，決定把可帶的錢財準備好，隨時離開。

一天大早，半扎以北槍聲大作。保民舅聽得出，這是日軍的「三八步槍」槍聲，立刻告訴母親，趕快離開半扎。母親急忙喊醒我，準備逃走。可是我因為「害眼」，睜不開眼。平常都用水洗，現在只能用指頭擦開了。我穿上外衣，匆匆跑到後院，從牆上的一個洞裡掏出我在美術課上作的「硬幣」，跟著家人往南逃去。半個鐘頭後，沒再聽到槍聲，日本人沒追過來，就休息一陣。

母親問保民舅和三舅，要到哪裡去（戴約回家照顧他的老母，沒一齊來）。他們說，日軍的槍炮聲已經從東方轉到北方，只有繼續往南走。我們經過幾天崎嶇山地，在六月初到達河南西南部的鎮平縣，離父親陣亡的遂平縣不遠。當年日軍沒在這地區停留多久，退回漢口。現在還算安全，決定安頓下來。這時我們得知，湯恩伯的幾十萬大軍在伏牛山區，逃的逃，散的散，弄得片甲不留，是淞滬會戰以來國軍最大潰敗。

許多其他國軍部隊臨時集結在鎮平。譚表叔的軍隊也在這裡；他大小十幾口家人都來了，兩位太太，三個兒子，兩個女兒，和佣人。我們兩家臨時租的房子很近。表叔的大兒子叫譚光明，二兒子叫譚光豫。光豫對我非常親熱，比我小三歲，和我高矮差不多，臉色稍黑，眼睛閃著好奇的眼光。

我們定居後，家裡人口少了許多。保民舅帶著護兵到河南安徽邊界，跟隨在別動軍服務的大舅；有些佣人沒跟來。這時，許多河南靠北的學校搬遷過來，老師和學生們，脫離家庭，冒著戰火，奔波幾百里，搬到鎮平附近的縣份。河南大學搬到荊紫關，是河南、陝西、湖北交界的地方；三舅去那裡申請入學。母親打聽到，臨汝中學遷到鎮平以西的淅川縣鄉下。她對我說，「保國，你現在是高中生了，趕快回學校去。」

我怎麼都沒有想到她要我回學校。我活了十五年，從來沒有真正離開過她。在臨中時，她仍然隨時照顧我的衣食住行；寒暑假期有好幾個月，我都住在家裡。現在她要我一人去淅川，是什麼地方我都不知道。在這兵荒馬亂時候，我怎樣過獨立生活？如果日本人打過來，和她失去聯繫，我怎麼辦？在夜裡我偷偷地哭，但是不敢和她爭辯。

稍過些時，譚表叔接到命令，要調動部隊到陝西；他的家人隨同前去，路經淅川。母親正好託他帶我到臨中報到。臨行前一晚，她就像三年以前我初去臨中一樣，給我很多鈔票。她微笑著說，「你長大了，懂事啦！我讓人洗你的衣服時，從你口袋掏出剩下來的錢。」她順手把我的衣服往下拉平一點，又說道，「我想你還記得我教你管錢的手勢吧？」我馬上點頭。

「那好。」她皺起眉頭，停了一會說，「這一次跟你從前去臨中不一樣了。你要靠你自己活著。誰都不知道，這仗會打到哪年哪月，打到哪個地方。我縫幾個金戒指在你衣服裡。你緊急時可以變錢用。」

再度逃難

第二天早晨，我和譚家坐著他們租來的牛車，跟著步行的部隊，順著平坦小馬路向西行去。不到一個小時，表叔又接到命令，要他的軍隊，先往南走，出一項任務，再往陝西。表叔說，他只好讓我一個人去淅川。我下了車，蹲在路邊，手足無措。還有一天多路程，我根本不知道怎麼走法。累壞了怎麼辦？晚上睡哪裡？

想了一會，只好往西走。見到生人，我不敢講話，更不敢問路。倉促間，我看到路上一個行人手杖揚起的塵土。我抬頭一望，哎呀！這不是臨中校長張恆光嗎？他問我為何一人在這裡，我告訴他怎麼回事。他說，他出差到鎮平，和政府商量如何增加對學校的救濟，現在回學校，要我和他一道走。我拚命地向他鞠躬，又流淚又笑。在高興之餘，突然想出一個主意。我說譚家的兩個大男孩和兩個女孩都是初中生年齡，能不能上臨中？問題是，他們沒法參加入學考試。

校長說，「現在是打仗時候，還講什麼入學考試。你趕快追他們去。我等你，一同到學校去。」

第二天我們統統到了臨中。

第二年（一九四五年）春天，日本軍隊突然打到鎮平，往西進攻。我和譚家子女慌亂無著。說隨學校逃走吧？老師們說，在這裡還沒有停頓好，怎麼知道下一個地方在哪裡？說留下來吧？如果日本打過來，這裡無親無故，也沒有政府救濟，怎麼活下去？

正當我們走頭無路時，三舅忽然來到臨中。他想到我一個人沒法應付這樣危險局勢，打算把我接到荊紫關，再從那裡與河南大學學生一同去陝西。他認識表叔，看到譚家的四個子女，起了好心，索性把他們一起帶走。他對我說，「我來這裡以前，和一位河大同學商量好，要他等我一兩天，把你帶過去後馬上一起走。很多別的同學已經先走了。現在這麼多人，需要點時間作準備，怎麼辦？」他猶豫一陣，說，「這樣吧。你先去荊紫關，找我同學，請他多等下。我儘快和譚家孩子們趕過去。」

他看我低頭，悶聲不響，笑著問道：「怎麼樣，鴻超，你不是十六歲的高中生嗎？不敢去嗎？」（「鴻超」是我的學名，他在半扎時替我起的。我弟弟小名叫「柱國」，學名是「鴻越」，也是他起的。）

「好，我去。」我脫口而出。

「那就這樣。」他告訴我，他的同學姓顧，寫給我地址，然後把他騎來的腳踏車交給我，裝上我和譚家兩女孩的衣物。我搖搖擺擺走上五、六個鐘頭的路程。

到了中午，我累得滿身大汗，看到路旁一個農家院子裡有一口井，便彎過去，問裡面的人，能不能給我點水喝。我說話直截了當，沒有一點遲疑。喝完，謝謝人家後，乾脆把上衣脫掉，踏上征途。

不一會，有些路上人停下來，看到一個十幾歲男孩，覺得有點好笑：他光著上身，拚命用力踩車上坡。到了坡頂，他兩腳抬起，順坡而下，口中唱著「義勇軍進行曲」：

起來，不願做奴隸的人們，

把我們的血肉築成我們新的長城，

……我們萬眾一心，冒著敵人的炮火前進，

……前進，前進，進！

傍晚時分我抵達荊紫關，找到三舅同學顧先生。過了一整天，三舅一批人到齊後，上路向西北方行走，目的地是幾百里以外的西安。記不清楚走了多少天，只知道有好多崎嶇、蜿蜒不斷的山路。

譚家的老二男孩，光豫，喜歡跟我在一起。我倆把被毯打成一捲，裡面裝著衣物，套上右肩，斜掛胸前，倒不覺得沉重，常常跑在大夥前面，但是甩不掉遠遠的炮聲。在路上常常聽到別人講起日本軍隊殘酷事蹟，南京大屠殺、長沙大火、重慶大轟炸，又有姦淫燒殺各種壞事，恨死了敵人。我沒法出一口憤怒之氣，就在休息時，唸當時流行的《第五號情報員》。這本書描寫中日雙方間諜戰，我方的情報員如何英勇能幹，和日本間諜川島芳子和稻田芳子互相周旋。書中情節十分逼真，多少年後我還在打聽，有沒有第五號情報員這個人。

三舅時常走在後面，照顧譚家兩個女孩子。她們走不快，要休息。有一次大家停下來等她們，她倆到了以後，脫去鞋襪，撕塊布，把起泡的腳包起來。

光豫在一旁發話了，「你看看，這兩個洋學生還在纏裹腳。」

她們指著他的鼻子說，「這是什麼時候了？你還尋我們開心！」

大約是一九四五年三、四月，我們到了西安這座歷史古都，四周有高大城牆；市面的廣闊大道充滿行人、腳踏車、黃包車和牛車。還有第一次看到的「吉普車」，上面坐著美國大兵，不時向行人打招呼，豎起大拇指，高聲叫道，「頂好！頂好！」

我看到這種四輪敞篷，方方正正的深綠色汽車，覺得很新鮮。我告訴過譚家孩子們，父親的「羅斯、羅斯」大轎車；可是，我說我比較喜歡吉普車。

他們問我，「為什麼？」

「坐這車，不悶氣。兜兜風，多好玩！」我又加上一句，「這車好靈動，就像我玩的蟋蟀一樣。」

三舅很快找到表叔，從他那裡又找到已經到西安的母親和家人。她們臨時住在一個學校教室裡。我高興地哭了起來。母親說，「鴻超，我們在兵荒馬亂裡流浪幾個月。現在見面了，應該高興才是呀。」她馬上擦去我的眼淚。

我們很快聽到，日軍占領河南西部後，集結大軍往西進攻，已經到了陝西河南交界的潼關附近，離西安只有一百多里。政府決定把陸續來的大批難民，往西疏散。我們和譚家商量好，順著隴海鐵路，搬到西安以西大約二百里的地方，叫作虢鎮。我們各自租下房子，都很寬敞，離的很近。這地方市面非常熱鬧，到處都是商店飯舖。河南大學搬到我們以西一個火車站距離的石羊廟，是寶雞市的市郊。寶雞是大城市，隴海鐵路西端終站。三舅和顧先生都回到學校。

我們安置好沒多久，許多河南的中學，又是冒著戰火，搬到陝西省，分別安置在隴海鐵路南北兩側。這時母親打聽到，臨汝中學搬到岐山縣鄉下，叫周公廟的地方。在虢鎮以東幾十里，隴海路一個火車站的北方。我沒等母親講話，自告奮勇回學校。譚家兩個大兒子，光明和光豫，也決定和我一道去。

岐山縣和中國歷史淵源有很深關係。過去聽老師講什麼「鳳鳴於岐」、「周公吐哺」的典故，都出自這裡。周公廟是一座非常大的寺院，一幢一幢的廟宇，從山腳一直排到幾百尺高的山頂，這裡有許多河南遷來的學校，足足有一千出頭的學生，分占十分破舊的廟房。臨中分到最下面的廟房，有的房內已經失落神像，神壇上積滿灰塵。

陝西省政府撥給我們糧食，一天吃兩頓蕎麥粉做的湯麵條，大家天天吃不飽。各學校再三申請增添糧食，一無下文。我們師生都搭地舖，睡在收集來的麥桿上。過了些時日，跳蚤在夜裡一而再、再而三咬醒大家。沒辦法，我們起來捉。哪曉得這比米還小，深褐色小蟲，可靈活了，一跳幾尺高。三跳兩跳不見了。我們白天把被子拿到院裡曬、吹風，然後把房內打掃乾淨。這樣總可安睡一晚吧。沒用，牠們躲在牆縫裡，夜裡照常出來飽餐。記得有一位國文程度很好的高二同學，模仿《古文觀止》上唸到，韓愈所寫的「祭鱷魚文」體裁，寫了一篇「祭跳蚤文」：一一訴說跳蚤罪狀，但求善解。我等同學願沐浴淨身，以供一宿饗餐；嗣後倘再肆虐，當焚屋燒桿共盡之。

還是一點用都沒有。有一位低年級同學笑著說，這當然不行，跳蚤根本聽不懂古文。到天熱時候，大家乾脆在外面打麥場上睡覺，既不受跳蚤之苦，又涼快。哪知道，又出問題。睡到半夜，有些同學叫出像救命尖聲，然後馬上感染別的同學，剎那間，一塊地上發出的恐怖聲音，接連傳到另一塊，從山底傳到山頂，可怕極了。當各個同學醒來後，都不知道他們曾大聲吼叫過。這種事情，斷續發生好幾夜。老師們說，這是「夜驚」，通常軍隊在戰場傷亡慘重時發生，卻不知為什麼在這裡也發生。

我們上課時，都坐在被子上，大家吃不飽，睡不好，很多同學東歪西倒睡著了。我也是一樣，有時還打呼。我的頭暈症時犯時好，更沒有心思唸書。老師們沒精神，懶得管我們。臨中出名的嚴格紀律生活，在這裡盪然無存了。

我和光豫過不慣這種痛苦日子，隔些時我們逃學回家一趟。到了火車站，我們趁著一列貨車剛出站，攀附上去，只走一站就是虢鎮；到站以前，跳下去。最初，我們有時摔跤；後來變成身手矯健，上下自如。母親和譚家看到我們兩人骨瘦如柴，也不深究，只要過些時回學校就可以了。

童心未泯

我和光豫有時坐火車去石羊廟看望三舅。他有時跟著我倆到虢鎮，都住在我家租的房子。有一天，我們三人去一個大操場，看到好多人站著看戲。我們停下來，看到臨時搭起來戲臺上，唱的是叫做「秦腔」戲曲，聲音比京戲又尖又高，唱詞及表情比較生動。

我們看了一會，發現觀眾中有一位穿著西裝，神氣十足的人。他的衣服像剛剛燙過一樣整齊。我不聲不響離開三舅和光豫，擠在這個人旁邊，繼續看戲。稍過些時，我回到原處。那人抖一下褲子，看到濕了一大片。他走到我處，再三瞄著我，看不出所以然，就回到他的原處。過一會，光豫溜在他後面。他發現褲子又濕了一片，馬上伸著脖子向我看，覺得我站得遠，不可能弄濕他褲子。當他張望時，光豫溜到別處。這人一跺腳，不看戲了，滿臉怒容而去。我和光豫捂住嘴，悶聲笑起來。

三舅看到這一連串事情，問我們是怎麼回事。在回家路上，我告訴他，我在母親箱子裡找到她從前打針用的針筒，裝上水。我和光豫輪流把它放到袖口裡。在街上，遇到看不慣的人，挨在他旁邊，袖子一提，往自己身上一推，擠出一股水，射向那人身上。今天看到那個穿西裝的人，很不順眼。他不應該在這抗戰苦難時期，穿那樣奢侈衣服，給他一點教訓。

三舅童心未泯，說，「你們沒錯」。他兩手一伸，左右攙著我和光豫，大步而行，要和我們一起作一些「正義之舉」。

一天中午，我們三人爬上我家臨街的閣樓，看見外面一個半老的人，和別人尖聲講話，非常刺耳，好像很霸道。我把針筒對著他發亮的禿頭，射出一絲細水。他摸摸頭，瞪眼向晴朗的天空看去，好像奇怪怎麼沒下雨，他頭卻濕了。當他轉向另一面查看時，光豫連續又射出兩股水。他嘴裡嘟囔幾句，匆匆而去。我們三人大笑不止。

我們房東的母親是一個六十多歲慈祥老奶奶，滿臉皺紋，近視眼。她信佛，吃素，見到我們，講孫悟空隨唐僧取經故事。我們有誰還沒看過《西遊記》，但裝著第一次聽到這故事。她高興起來，叫我們三個人小猴子，接連不斷講經文，其實是佛經夾雜著當地風俗習慣。她很囉嗦，要我們跟著她背，不背完就不准走。

她每天天快亮時，從睡房起來，走到緊隔壁的小佛堂裡，在一個佛像前的條几上，點上蠟燭，燒上香，跪下磕頭，唸經文，隨後出來吃早飯。我們三個人在一天還發黑的早晨，偷偷進入小佛堂，把一個小鞭炮纏在蠟燭的捻子上，躡手躡腳走出房外，等著看。

老奶奶到佛堂後，摸索著找火柴，擦了幾次才把蠟燭點亮，照常燒香、磕頭、唸經，一點事都沒有。她出了房門，見到我們，笑嘻嘻地說，「我昨天晚上擦佛堂條几時，沒看到這小東西，也不知道從哪裡來的。」她伸開手掌，上面是一個鞭炮。她說，「你們拿去玩，等到白天，在院裡放了。」

我們互望一眼，大為奇怪。過些時，我們三人談起這事，光豫問道，「會不會是佛爺顯靈，保佑她？」

三舅搖頭說，「哪有什麼顯靈的事。一定是她擦火柴時，把鞭炮碰掉了。」

我變得很後悔，說，「幸虧，那鞭炮沒炸。要炸了，傷著老奶奶的臉，怎麼辦？」我問三舅，「你看，要不要告訴她我們做的壞事，請她原諒？」

三舅使勁地搖頭。「不行，不行。她會傷心死了。」

「我們總得有點表示。不然的話，我一直會難過。」我低頭尋思一會，告訴他倆一個辦法。他們聽了以後，連聲說道，「行，行。」

一兩天後，母親發現我們在飯桌上，統統不吃豬肉和雞肉，就連炒雞蛋也不碰，專挑青菜豆腐吃。

她很奇怪，問我們怎麼回事。我們說，現在是國難期間，應該節省一點。她不太相信，但沒追問下去。

當老奶奶從母親那裡聽到，我們只吃素菜，不動葷腥，她喜滋滋地向母親說，「你看，我不是跟你說過嗎？他們遲早會信佛。現在他們不是已經開始吃素了嗎？」

有一次我從周公廟回家，看到一位陌生客人，大約二十多歲，臉面光潤，鼻子直挺，兩眼炯炯有神，穿著整齊的中山裝。母親要我喊他朱舅舅，是大舅的新結拜弟兄，去年曾到過鎮平看望她。母親告訴我們，他在政府機關作事，將在我們家住一段時間，不要問他幹什麼。

這人有禮貌，說話不快不慢，很沉著，跟我很投緣。他有時帶我上小館子，吃牛肉泡饃。他知道很多關於抗戰的事，前方的、敵後的都知道。有天下午，我們坐在一個郊外的坡地上，我問他，「你看到天上那架飛機嗎？有兩個機艙。」

他點點頭。

「這種飛機叫『黑寡婦』，」我說

「為什麼這樣奇怪的名字？」

「你怎麼會不知道？」我扭頭向他看，接著告訴他一個故事：一位美軍飛行員與一位電影女明星結婚後沒幾天，參加太平洋的一場空戰，戰死了。這位女明星非常傷心，馬上從軍當護士，天天穿黑色制服，懷念丈夫。後來美國軍方知道這件事，設計這種飛機，塗上黑漆，在兩個機艙裡裝配機關槍，可以向四面八方開槍。這種飛機永遠是單獨飛行，碰到日本機群，衝入當中，砰、砰、砰把幾架日機打落在海中。

「你在哪裡聽到這故事？」他往天上飄一眼，問我。

「在臨中呀。」

「你相信嗎？」

「當然啦。你為什麼問？」我接著說，去年在臨汝時，我們同學排隊歡迎一位美國軍官到臨中訪問。他穿著綠黃色大衣，個子好高，透過翻譯官告訴我們，美國送到中國很多飛機大炮，一同打日本人。大家高興得又拍手，又鞠躬。那位翻譯官告訴我們這故事。

我還講起一些其他有關美國飛機的事情。有一次我看到幾架美國戰鬥機，從附近的寶雞機場起飛，經過虢鎮時，飛得很低，就像去年日本飛機在臨汝掃射我們時一樣的低（我告訴過朱舅舅這件事），和訪問臨中美軍軍官大衣一樣的顏色，有悶雷劈上頭來一樣的聲音。這次我當然不像被掃射時那樣害怕，還跟著後面跑幾步，看著那些飛機迅速爬高，向東飛，轉眼不見了。

「是呀，」他說。「美國飛機已經有制空權，把地面上日本坦克車炸的稀碎。」

「不，不是的。」我急著說。「我在周公廟聽同學說，美國飛機機艙下裝有鉤子，碰到日本坦克車，就把它吊起來，扔到長江裡！」

「你真會開玩笑！」他看著我，覺得不像開玩笑，就換了題目。「你說你去年看到美國軍官到臨中。他是你第一次看到的美國人嗎？」

「不是。」我說。臨汝的吳醫生才是的。這人又和善又可怕。

國慶家慶

我說起和吳醫生見面的情形，他是如何笑嘻嘻地問這問那，又送給我一隻鉛筆；和母親講話時，像鄉親敘家常一樣。哪曉得，他的白藥粉可把我害苦了。

「那你還是喜歡美國人吧？」

「是呀！我特別喜歡他們的飛機和吉普車。」

記不清楚那一天，朱舅舅帶我到寶雞，參觀附近的機場。我們看到各式各樣飛機，運輸機、戰鬥機、轟炸機。我問他，日本飛機時常轟炸我們陪都重慶，那麼這裡的轟炸機能不能飛到東京，炸他們首都？

他說大概可以。回程可能有問題，要在別的機場降落。

在回號鎮的火車上，我又問他，「你說，美國飛機控制整個戰場天空，能不能阻止住潼關的日軍，保護這裡的安全？」

他說，「這就很難說了。我們的武器比不上他們的，但是我們必須守住西安，這是中國西北的重鎮，如果失去西安，重慶就要受到很大威脅。」

他看我低著頭，沒有言語，安慰我說，「你知道嗎，日本人可以征服我們的土地，但征服不了我們的心。再說，我們軍隊比他們多的多。等我們統統裝備好美式武器，就會打得他們落花流水。」

朱舅舅所說的話，已經在緬甸應驗。我聽說中國遠征軍在那裡與日軍作戰，經過美國軍援，已轉敗為勝。到了夏天，戰場上的好消息一個接一個傳來。美軍在太平洋逐島作戰，逼進日本本土。國軍在中國西南境內打了幾次漂亮的仗。到了八月初，美國丟下兩個原子彈，毀滅了廣島、長崎兩個日本城市，震動全世界。

不過，我們怎麼樣都沒有想到日本會馬上投降。八月十五日傍晚，我在石羊廟三舅處，聽到街上人聲嘈雜，有人喊叫，日本投降啦。大家都愣著了，不敢相信。稍過些時，有人聽到重慶的政府無線電廣播，雖然聲音受到干擾，但是毫疑問證實這消息。一下子，不得了，大家都跑到街上，呼天喚地叫喊到半夜還沒完。到處都是鞭炮聲，還有人打鑼，一邊走一邊叫：「日本投降啦！日本投降啦！」

一個月後，我家和譚家坐上譚表叔的軍用卡車，充滿興奮的心情還鄉了。到了洛陽，我們兩家都停留一陣。譚家決定回臨汝；我們沒跟他們一同去。當時，大舅張理中在洛陽以東的開封，約我們到他那裡。他升任別動軍少將處長，在日本宣布投降後，隨軍接收這個城市。開封是歷史古都，河南省會，也是全省最現代化城市。大舅住在一個寬敞大院，容納下我家、朱舅舅、三舅和一些軍隊隨從人員。

一九四六年農曆除夕，大舅決定大肆慶祝多少年都沒有好好過的春節。大家整夜沒睡，吃了不知多少餃子。有人打麻將，有人玩牌九，擲骰子。我穿插其間，看看這，看看那，雖然不懂這些玩意，但是和大人一樣開心。到了午夜，鞭炮聲大作，大家互相拜年，在供桌前向祖先牌位跪拜。以後，大家繼續玩樂，大聲喜笑。

天亮時，不曉得是誰跑過來說，你們趕快到大門口看看，那裡圍著很多人。大舅、朱舅舅、三舅和我快步走過去，看到街上一大堆人，有的是鄰居，有的是路人，指手畫腳，盯著我們的大門看，連連說道，「真好！真對！」

門上貼了紅紙對聯，寫著斗大的十二個字：

中國捷克日本　南京重慶成都

我唸過來，唸過去，覺得沒有任何對聯，能這樣妥貼地表達舉國歡慶的兩件大事了。（當時國民政府還沒有從重慶遷回南京，但是這是決定好的事，年內舉行。）我問大舅，是哪一個人有這樣奇才，寫出這幅對聯？

他含笑向站在他旁邊的朱舅舅指一指。

大舅後來告訴我，朱舅舅出身安徽西部有文學盛名的世家，一度曾是當地的共產黨領袖。大舅費了很大力氣，把他說服，加入別動軍，聽受大舅指揮，在敵後的河南、安徽、湖北從事抗日活動。

「就像第五號情報員一樣。」我插了一句嘴。

「對，就像第五號情報員一樣。」

春節過後，母親急不可待地趕回臨汝。她不要我回臨中去，說在開封上高中比較好，留給我很多錢。她聽大舅勸解，決定不住半扎，搬到城裡去。這時譚家早已搬回縣城。大舅說，「大姊，你說這明他娘吧，她貪財陰險，但不是傻子。我在開封有重要職務，譚家又住在你家附近，明他娘不敢再對你怎麼樣，你放心好啦。」明他娘一家去年逃難，不知道跑到哪裡，現在已經回到半扎。

多年來明他娘籠罩我們頭上的恐怖陰影，總算消除了。這真是一件大好事。再說吧，兩年前把我幾乎掃射死在麥田裡的日本鬼子，被打回老家去，再也不敢侵害我國了。現在我住在繁華的開封，比臨汝不知道摩登多少倍。還有什麼值得更高興的事？

第四章

烽火再起

詞裡乾坤

開封在北宋建都時，國勢雖弱，文風極盛，士大夫精神高昂。濱臨當時稱謂的「水陸肥沃」汴河；「清明上河圖」描繪了當年昇平氣象。如今，仍然保有名都的雄偉氣派，四週有高大寬闊城牆，中有平坦方正街道，如西安一般。

在城北端座落著朱色的「龍亭」，前有廣場，及綠柳成蔭的潘、楊二湖。環湖周圍是排滿的商店、小飯館和雜貨舖子。還有就是古老石碑和猶太人曾居住過的房舍。這裡遊人如織，兒童成群，大舅的庭院在七、八分鐘步行距離以內。

開封除龍亭名勝區域以外，有幾個公園散處各地；河南大學在城東北角，校園內有古色古香的「鐵塔」（實際上，外層由深褐色琉璃磚砌成），各級公私立中小學分設各區，有一些紅洋樓在南關，曾是傳教士居住處所。入夜以後，電燈照明全市，轎車、吉普車、私家明亮的黃包車穿梭其間，有點車水馬龍氣派。

經過大舅安排，我進入私立濟汴中學，唸高二。聽說濟汴過去在城南關，是教會辦的學校。現址在城北部，距離大舅家二十分鐘步行路程；我是走讀生。濟汴管理學生遠比臨中鬆散。母親不在跟前，大舅事忙，我過著自由自在的生活。上館子吃黃河鯉魚、雞絲掛麵，還有牛肉泡饃；常看京戲和河南梆子。我結交一些校內、校外朋友，一有空閒，一同玩耍。功課從不放在心上；平生沒過過這樣愜意生活。

大舅有很多社交活動，和省主席劉茂恩以下的廳、處長都有來往。他認識一位叫楊錚（別號又錚）的朋友，很有地位，曾留學日本士官學校，是河南省登封縣縣長兼豫西十三縣聯防保安團司令。他到開封述職時，常到我們家，大約三十幾歲，人很嚴肅。大舅請他照顧母親，因為臨汝保安團受他節制，臨汝距離登封只有幾十里路程。當大舅把我介給他時，他拍拍我的肩膀，一句話沒說。

大舅常常在家請客，新近從他家鄉來了一位佣人，燒得一手好菜，由他掌廚。他二十幾歲，四方臉，留個平頭。喜歡悄聲和我說話，講些並不好笑的笑話；人沒見過世面，處處覺得好奇。一天傍晚，他忽然驚叫一聲，指著他剛剛跑出來的房間說，「那屋裡有鬼。」

有人說，「你胡扯，哪有什麼鬼？」

他急著說，「那屋裡一個人都沒有，可是我被打了一下，整個胳膊都發抖。」

後來經過半天解釋，才弄清楚怎麼回事。原來，大舅要他把這房內的電燈泡擦乾淨。他用一個絲巾去擦，不小心觸電，一看空無人影，嚇跑出來。

他通常在大舅請客時，在飯後端上水果。他會削蘋果，能把果皮一口氣削完，成為又薄又連接的一片。有一次把分瓣的雪白蘋果，送上桌面，客人吃到這在當地少見的水果，覺得合口，稱讚他的刀工。又一次，他端上一盤香蕉，這是中國北方更稀罕的東西。大舅看到後，告訴他，「這香蕉是青色的，還沒熟，不能吃。」

他立即拿回廚房；過一會，又端回來了。一盤軟巴巴的香蕉，上面冒著熱氣。他用蒸籠蒸了一下。大舅和客人笑得人仰馬翻。

有一天客人們談起，蔣委員長和共產黨主席毛澤東，去年十月曾在重慶舉行和談會議（這時蔣委員長已經擔任國民政府主席，但是大家仍用原來名號稱呼他）。他們說，毛澤東在重慶發表一首詞，叫做「雪」，引起政界及文藝界極大轟動，不曉得有多少評論文章在報紙上發表。這首詞傳到中國各大城市，包括開封在內。客人紛紛發表意見，有的說，重慶舉行的是和談，但是恐怕又要打仗了；有的說，毛澤東往自己臉上貼金，也太狂妄了。

我不懂他們在說些什麼。只覺得和談不是要討論和平建設的事嗎？為什麼談起詩詞文藝的事？又為什麼大家重視這一首詞？

我向大舅提出這些問題。他說你找朱舅舅，和他談談。

我隨即找到這首詞，拿去給朱舅舅看，提出我的問題。

「你問的好，」他說。順手把那首詞攤在小桌桌面上。「你知道嗎？很多人在抗戰開始以後，覺得共產黨已不是舉足輕重的政治勢力；也有些人認為共產黨根本不存在了。」他低著頭一行一行指著這詞的前幾句，唸道：

萬里雪飄，

千里冰封，

北國風光，

……

「這是說，」他解釋道，「毛澤東藉他的『雪』這一首詞告訴大家，共產黨在延安這一冰天雪地的地方，是存在的。」

他隔了幾行，唸道，

須晴日，

看紅裝素裹，

分外妖嬈。

他繼續解釋道，「毛的意思是，當天氣好轉的時候。共產黨人就會十分活躍。」他抬頭看我一眼，說道，「你當然知道紅色是代表共產黨的顏色。」

我點點頭。

「現在你看這詞的最後幾行。『惜秦皇漢武……』毛說中國歷史上一些雄才大略的皇帝都有缺點，也都是過去的人物了。最偉大的英雄人物要出現在今日。他暗示，他要和蔣委員長一爭天下。」

我聽完朱舅舅這一番話後，覺得他講的非常有理。我想起，真的，抗戰開始後，我沒再聽到有關共產黨的傳聞。我接著想，父親在和紅軍打仗時，他們有兩個領袖，朱德和毛澤東，國軍簡稱為朱毛，說他們是赤匪匪首，帶領著徒眾專門做「剝皮、活埋、燒房、奪地」的可怕勾當。在我心中留下不可磨滅的恐怖印象。

朱舅舅的口氣，好像和有些大舅客人說法一樣，國民黨和共產黨又要打仗了。我心中抱怨，我們才打完痛苦的八年抗戰，為什麼不讓大家過點太平日子？可是我沒有在意這問題多久，因為我自己正碰到一個更嚴重問題。我連年荒廢學業，成績壞到幾乎輟學程度，沒把握在一九四七年春季學期通過高中畢業考試。如果到時候不能畢業而留級或退學，這是多麼丟人的事！這且不說，母親不是教過我努力唸書的手勢嗎？她多少年來都盼望，我十八歲高中畢業，然後順理成章進大學。如果她的願望落空，將是多大的打擊。而且大舅將會非常難過，覺得沒有照顧好我，對不起母親。

大舅知道我的心情，請了一位家庭教師為我補習功課。這位老師滿臉和氣，身體微胖，穿著寬鬆的衣裙。她每星期晚間來我們家兩次，每次補習兩小時。她知道我不喜歡數學，一做幾何、三角就頭暈。她不管，耐心地教。關於英文，她認為我的字彙很差，更不要說造句作文了。她問我知道些什麼文法，我說：「我只知道 is, am, are 是和 he, I, you 相關的。」她聽後，搖頭笑了笑。

以後，她照常來教我；我照常沒進步。

大舅覺得這樣不行，把補習次數增加成四次。我也開始用心做功課，在補習時咬緊下脣，幾乎出血，阻止瞌睡。我千方百計問問題，增加興趣。

一九四七年三月，國軍與共軍真的又打起來了。不久聽到國軍大捷消息，占領共軍大本營的延安；毛澤東和其他共軍首領向陝北丘陵地帶逃去。有一位人士寫出一首詩，發表在報紙上，說變暖的天氣融化了毛澤東的「雪」。南京的國民政府傳出要三個月內消滅共軍的決心。可是內戰卻迅速擴大，伸展到華北和東北。

這一年初夏，我居然從濟汴畢業，還考取上海的大夏大學。我進這所大學主要原因，是三舅從河南大學轉學到那裡。

兩面作戰

一九四七年秋季學期我開始在大夏上課，雖然高中成績不如人意，我在這裡卻一連三學期的分數都是中等上下。我對國文及公民這兩課發生興趣；同時，不知道為什麼，喜歡起練習大楷來，臨的魏體與歐體（直到今日我寫的中文字，都顯示出這兩種書法）。

一九四八年暑期，我從上海搭火車，輾轉經過南京及徐州前往開封看望大舅。這時戰火已燒遍東北與華北，我經過的津浦鐵路及隴海鐵路，是國共雙方調兵遣將地帶，路程約一千五百里。沿途的土共，不是今天破壞這一段鐵路，就是明天那一段，阻止國軍交通。國軍動員民眾，今天修這一段，明天補那一段。而我的目的地呢？開封剛剛經過關內（也就是華北、華中地區）最激烈的一次戰役，守城國軍傷亡殆盡，共軍卻在占領後，完全撤出，讓國府收復失地。就在這樣情勢下，我不知哪來的勇氣，隻身登上旅途。

到了開封以後，看到南城的殘垣斷壁，有如第二次世界大戰以後的柏林一樣。這是先經過共軍大炮密集射擊以後，再經過國軍在共軍進城以後飛機轟炸的結果。原來平坦的各大馬路，到處都是炮彈坑，還有火藥味道。我坐的黃包車走了一程，再難通過，只好下來步行。城北部的住宅區倒是完整無缺，可是龍庭的前半部已土崩瓦解，後半部剩下豎立的碩大牆壁，密密麻麻布滿槍洞、炮洞；像發黑的骷髏眼框，瞪著嚇人。

大舅已經回到開封原來宅院暫住，現在是通許縣縣長，在開封以南不到一百里的地方。他看到我非常高興，尤其是我在路途上沒有遇到意外。他說共軍主力已自河南向東移動，這裡會有一段安靜日子。他告訴我戰事經過：共軍集結大軍包圍全城，主力在城南，有城內國軍數倍之多，用強大火力進攻。劉茂恩主席指揮守軍，無法抵抗，全部潰敗；他化裝為平民逃出城外。

當共軍圍城時，國軍一方面用空軍支援守軍，另一方面調動坦克車部隊，從東部增援，經過通許附近時，當地的土共用槍強迫一大批一大批農人圍起坦克車隊，阻止前進。車隊士兵開槍打不退，就把坦克車在人群中迅速打轉，結果血肉橫飛，還是衝不出去，而且外圍的人一波一波地席捲而來，愈來愈多，只有棄車投降了。

大舅說，「我從前聽說過人海戰術，這次真看到了。」

我聽完大舅講完開封戰事後，認為共產黨太殘酷了。怎麼能用農人去和坦克車拼命？後來我碰到一位高中同學，他告訴我一個同樣殘酷事件。不，不，而是更殘酷事件。

他有一位朋友，曾在抗戰末期組成的中國青年軍當軍官，在緬甸打過仗。不久以前他所屬的部隊調守洛陽。這位軍官告訴我同學，他的守城經驗。洛陽當時是國軍駐紮地區中，防禦工事做得最堅固的城市，四面八方築起水泥碉堡，前面有寬達一丈的戰壕。當共軍攻城時，他在一個碉堡中，指揮機槍手射擊來敵。可是他發現來敵不是共軍，而是拿著木桿、鋤頭的老百姓，被共軍逼著前衝，大聲呼叫而來。機槍手問他要不要開槍，他沒辦法，下令開槍。這一下，不得了，老百姓如潮水一般湧了過來，填滿了戰壕。老百姓身體堵住了機槍口，機槍手打不出去。持槍的共軍跟著衝來，包圍碉堡，守軍只好投降。別的碉堡都是這樣的遭遇。共軍占領全城後，遣散被俘國軍軍官，這位軍官輾轉到了開封。

這些戰場事蹟令我震驚之外，引起一些疑問。國軍不是比共軍人數多嗎？裝備不是比較好嗎？有飛機又有坦克車，為什麼從去年延安戰役後，一直打敗仗？再說，我聽到的共軍迫害老百姓打仗的故事是真的嗎？如果是這樣，為什麼共產黨占領土地愈來愈大，治下的人數愈來愈多？大舅和那位青年軍的言詞是不是過分誇大？他們兩位究竟是國民黨的人。不過，話要說回來，他們述說的戰場事蹟，都是親眼所見。說話時不是在公眾場合作宣傳，而是私人之間的談話，怎麼會誇大？

我到開封後沒多久，母親和家人也來了。她說我瘦的像竹桿一樣，臉色發黃，問我有沒有生病。我說我仍時常頭暈，偶爾肚痛。她非常不滿意，要我注意飲食，多運動，維持健康。

她說臨汝和附近縣份都落在土共手裡。他們打殺地主，奪取田地，分給別人。她無法待下去。可是她認為開封也不安全，共產黨隨時會再來，問大舅應該到哪裡去。

大舅說，現在國共戰場在華北，不如往南搬到上海去。那裡是政府金融中心，又在首都南京附近，政府一定會全力保護。母親非常贊成。她認為現在的上海像抗戰時的西安一樣。我們過去逃到西安附近，日本打不過來。勝利後，我們就回到河南。現在我們可以在上海暫待一時，等政府平定共產黨，再回來。他們就這樣決定了，要我回上海和三舅商議，找房子供他們居住。

一九四八年秋天，大舅、大妗、母親和弟弟到了上海，住在大夏大學附近租來的房子，這時兩家都沒有佣人和護兵。

自這一年春天起，上海出現動亂情勢，入秋以後更為嚴重。各個大學學生串連起來，發起「反內戰」、「反貪污」、「反飢餓」運動。最初在校園內聚會討論，後來到街上遊行請願。大夏和聖約翰大學鄰近，兩校的學生平常不相來往，這時熱絡起來，互相交流，共同上街，高呼口號。其他的大學如復旦、交通等大學的學生也都聚結街頭，高聲叫囂，要求政府採取措施，滿足各項運動者的願望。結果交通阻塞，造成警察與學生衝突。

在這期間，發生了通貨膨脹問題。柴、米、油、鹽的日常用品，每日物價上升，法幣（政府發行的貨幣）愈來愈不值錢。許多人到外灘的中國銀行去「擠兌」，希望把法幣換銀幣。銀行上午十點鐘開門，四點鐘眾人就擁擠在那裡；銀行開門後，只兌換兩個鐘頭，各人爭先恐後，有些人換到，大多數人沒有。他們不放棄，第二天再來，繼續擠兌下去。

有一天上午，我到外灘銀行地段看熱鬧。只見一大片人潮，人頭聳動，拚命向前擠動。

我一不小心捲了進去，無法脫身。剎那間我兩腿被架空，向銀行特設窗口蠕動，到了跟前，窗口已經封閉，大家一哄而散。我沒有馬上離開，看見幾個人站在銀行旁邊，靠牆而立，手中拿著兩個銀元，互相輕打，發出清脆之聲，口中唸唸有詞：「大小頭，買進，賣出」。他們是黃牛，用刻有袁世凱或孫中山肖像（前者頭較大，後者較小）的銀元，用高價兌換法幣，牟取小利。

通貨膨脹問題愈來愈嚴重，法幣幣值落速超乎想象。一天早晨，我到一個大夏附近小飯舖吃豆漿油條。店員問我，「你是飯前付錢還是飯後付？」

我問他，「怎麼樣？難道你先後有兩個價錢？你在開玩笑吧？」

他說，「不是的。從前是『早晚市價不同』，現在是隨時不同。」

我馬上把錢塞在他手中。

政府為著應付這樣嚴重經濟危機，發行金圓券代替法幣，並且通令全國，私人必須繳出所有黃金，兌換成金圓券，作為新貨幣的基金。結果黃金大批流入國庫，金圓券的幣值卻一直下跌。數不盡上繳黃金的人吃了大虧，全國怨聲載道。很多人說，政府得了黃金，失了民心。

這時，政府卻派一位不懂經濟的蔣經國，到上海處理惡化的貨幣危機。他依靠他父親蔣總統（一九四七年當選）的威望，強迫管制物價，對奸商巨賈發起「打虎運動」。可是當他碰到真正危害國家經濟政策的頭號人物，孔令侃，他失敗了，傷心失意離開上海。孔令侃是孔祥熙的長子，在經濟危機最嚴重時，利用他的揚子公司，屯積居奇，套用巨額外匯，發了大財。

這時作為孔令侃姨父的蔣總統與夫人宋美齡，縱容孔逍遙法外，讓他飛往美國去了。蔣這樣措施，一下子把經濟危機變成政治危機，是許多國人對蔣喪失信心的關鍵因素。就連我的母親與大舅，也不明白他為什麼作出這樣親者痛、仇者快的事情。

在上海發生的學潮與政、經危機，也在中國其他大城市波濤洶湧展開，國府陷入兩面戰爭困境。在戰場上與共軍交鋒失利；在城市裡苦撐政、經危機。

一九四八年至一九四九年冬天是蔣的寒徹心肺季節。他在遼瀋、平津和徐蚌三大戰役中全部潰敗；共軍則陳兵長江北岸，威脅南京和上海。蔣萬般無奈，在一九四九年一月從總統職位引退。母親和大舅返回河南的願望，隨之破碎；但是下一步到哪裡去，拿不定主意。碰巧，大舅遇到他的好友楊錚（原任登封縣縣長；一九四七年任國民大會代表，選舉蔣為總統）也搬家到上海。他倆都認為這裡不安全，應該及早離去。楊代表說，他決定搬到台灣。

大舅不贊成，他說：「你想想看，如果上海保不住，共產黨能不打台灣嗎？」他沒等他回答，繼續地問，「那裡四面靠海，共產黨來了，你無路可走，跳海嗎？」

筆墨之爭

到了一九四九年二、三月間，大舅和母親再三考慮後，決定搬到廣西桂林。那裡遠離戰火，比較安全。三舅和他的同學們去廣州，這樣可以分散危險。

我們在春末搬到桂林，租了房子住下來。這時有幾十位大夏同學也到了桂林。他們申請在城南的廣西大學，作寄讀生（寄讀生可以得到學分，仍維持原校學籍）。我跟著一同申請入校。當我們報到時，看見學校進門大道兩旁，貼出巨幅標語。上面寫道：「國民黨特務滾出去」、「反對破壞學術氣氛」、「打倒戰爭販子走狗」。這些標語上面墨跡未乾的大字，有點閃閃發亮，像似向我們怒吼一樣。

我們沒有氣餒怯步，立即搬進一幢活動房子二樓，作為臨時宿舍，準備第二大上課。可是，在晚間我們才知道這不可能，因為學生自治會掀起罷課運動；許多學生忙著在校園內外進行「反內戰」、「反貪污」、「反飢餓」抗議活動。

我們安置好以後，發現在每天傍晚時候，學校變得寂無人影。在校園的一側，另有一排宿舍，裡面沒有燈光，傳出吉他伴著的悠揚歌聲：

夜上海，夜上海，你是個不夜城。

華燈起，車聲響，歌舞昇平……酒不醉人人自醉……

換一換新天地，別有一個新環境，

回味著夜生活如夢初醒……

哪裡來的駱駝客呀？

沙里洪巴嘿唷嘿，

拉薩來的駱駝客呀，

沙里洪巴嘿唷嘿……每天晚上都傳出這些歌聲，都來自黑暗的宿舍，都是由看不見的人唱出。大夏同學覺得這些大家所熟悉的歌詞有政治意味，可能是寫標語恐嚇我們的人所唱的。

不久，有幾批東部來的其他大學學生，也到廣西大學寄讀。大家都為不能上課煩惱。大夏同學決定召開討論會，談談學校情形，歡迎任何學生參加。在會中我們提出幾個問題：如果國民黨與共產黨作生死鬥爭，我們為什麼要犧牲學業？我們痛恨貪官汙吏不下任何人，但這是罷課能解決的事嗎？有些同學提出「反饑餓」抗議口號，可是廣西有充分糧食供應，這抗議符合實情嗎？我們要求馬上復課。

出席討論會的同學是大夏和東部來的學生，本校學生沒參加。大家討論一陣，得不到結果。親共學生把持著學生自治會，沒有他們同意，什麼事都作不成。

大夏同學決定與我們看不見的反對勢力，進行文字上的辯論。不曉得為什麼，同學們要我領頭寫一篇文章。我花了兩三天時間，寫出一個兩三千字的草稿，然後由一位叫朱班遠的同學，謄寫成一張大字報，再由他哥哥朱鳴遠和其他同學張貼在學校布告欄上。

我分析共產主義不符合中國國情。指出這一思想基本論點是，共產主義要在工業高度發展國家，由工人階級領導革命而成功。這在各國共黨奉為圭臬的「共產主義宣言」（馬克斯與恩格斯所寫）中說得清清楚楚。中國是一個農業國家，工人人數非常少，如何完成共產革命？試看今日的中國共產黨，它的領導人物大多是知識分子，它的基層人員是農人。他們怎麼可能實現共產主義理想？我也說明自己的立場，我家與國民黨有深厚關係，但我不是國民黨黨員，而是一個不到二十歲，自信具有良知的青年。我過去沒有好好受教育，希望不再浪費唸書機會。

這是我第一次對公眾所寫的文章，在撰寫時，作了研究，多少也引經據典。可是覺得文章有點幼稚，不值別人一看，非常忐忑不安。卻沒料到，當大字報貼出後，布告欄前從早到晚都聚集著學生，有聲有色地討論，著實轟動一陣。第二天，這幅大字報，被人撕破，由另外一張大字報覆蓋在上面。

這張新大字報，表面說是要駁斥我的文章，實際上對我的論點，一無批評，而是謾罵國民政府腐敗無能，並且節外生枝，譴責美國帝國主義利用國民政府奴化中國。這後面一點令我驚奇莫已。美國在抗戰期間不是與我國併肩對日作戰嗎？不是給我們軍事和經濟援助嗎？我不是親眼在寶雞看到，美國的戰鬥機與轟炸機向日軍基地襲擊嗎？再說，美國有沒有像英國、俄國和日本一樣，占領我們的土地，租借我們的港口？

一個秋天上午，一件意想不到的事情在校園發生。約有一千上下的學生齊集大禮堂，聆聽華中長官公署白崇禧長官訓話。他講起與共軍前前後後打了一、二十年的仗，認為中共是蘇聯赤化中國的工具。現在雖然國軍在戰場上失利，愛國同胞的反共決心絕對不可動搖，一定要奮鬥下去。他在臺上講話激昂慷慨，臺下則是鴉鵲無聲。他的一番言詞一點不稀奇，因為他在別處多次講過這樣的話。稀奇的是，親共學生們為什麼讓如此許多人，靜聽一位國軍將領的反共言論？

我們與這一個隱藏在暗中的勢力繼續作筆墨之戰，雙方文章愈來愈多，用詞愈來愈激烈，經常撕破彼此大字報。我們感覺到恐怖氣氛籠罩在頭上，在校園行走時，處處提高警覺，從不敢落單。一日晚飯後，一位穿西裝的陌生人，來到宿舍與我們談話。他大約三十歲上下，有一個如電影明星劉瓊的四方臉；一付雪白牙齒；鬍鬚刮得乾乾淨淨。

他說他來過西大校園幾次，看到我們和CP作文字交鋒（我們後來知道CP是共產黨的意思），很佩服我們愛國熱忱和勇氣。當他看到我們一片茫然臉色，說道，「我是范子文，」隨即把他的名字的寫法，一一說清楚。「我在政府工作。如果你們需要的話，我可以負責你們的安全。」大家仍然不知如何接腔。

「對你們坦白說吧，」他掃視我們一遍。「我很瞭解你們的一切，所以我才把我的姓名告訴你們。總而言之，你們需要幫助時，通知我。」他留下一個電話號碼，走了。

過幾天，他列出一張八個人的名單，包括我在內，派人送到我們宿舍，邀請大家到一個飯店晚餐。等大家吃完飯後，他拿出證件，讓我們傳看。上面載明他在中央委員會調查統計局服務。他說，「我約請你們參加我們組織。」我們聽說過這組織，簡稱「中統」，是國民黨情報機關。他緊接著說，「你們好好考慮一下。如果不願意參加，沒關係；希望不要告訴別人我們接頭的事。如果願意參加，你們可以和他聯絡。」他指一指坐在一旁的隨員，隨即起身而去。

他的隨員很年輕，與我們差不多，穿著一套綠色士兵軍裝，旁邊放著他的鋼盔，與范的西裝，極不相稱。他喊我們圍著他坐，笑嘻嘻地問道，「你們看到我脖子上的一個疤了吧？」我們老早注意到了。在他的下巴下面，有一條四、五寸長、半寸寬，血紅血紅的疤。他說話時偶爾轉動脖子，那疤就像一條會動的蜈蚣一樣。看了令人噁心。

他一副不在乎的樣子地說，「我時常出差。最近到一個地方去，買不到火車票，就爬到車頂上坐下來。當火車經過一個市區時，我沒注意到一條橫跨的電線，摔了下來。我昏過去，醒來以後看到滿地都是血，混身痛得不得了。可是我高興我還活著。」

他停了一下，讓我們緩過來氣，說，「沒什麼。我們都是為理想奮鬥。」他又談了一陣，告訴我們和他聯絡方法，就讓大家回學校去。

終生難忘

我因個性內向，從不喜歡參加社會團體，就連學生聯誼組織，也沒有興趣，更不要說「中統」這樣的機構。我沒有加入，但是有四位同學加入了。

一九四九年十一月共軍占領絕大部分中國土地。只有西南的廣西、貴州、四川、雲南等省份尚在國軍之手。共軍的幾個龐大野戰軍，如洪水巨流一樣要淹沒國軍最後基地。這時，原來駐紮湖北一帶的華中長官公署部隊，不願螳臂擋車，經白崇禧長官下令，急速退往廣西。這部隊共有十五萬大軍，士兵多是廣西人。他們經過桂林，繼續往南方撤退，就像五年前湯恩伯的十三軍在河南西部撤退時，一樣的倉皇紊亂。共軍緊追在後，已逼近湖南廣西交界地區。

在這樣急迫狀況下，母親和大舅商量我們的去處問題。如果是隨白的部隊南行吧？他們不知道目的地在何處。大舅推測可能是廣西東南地區的「十萬大山」；或許白的部隊在那裡，借地勢之利與共軍進行決戰。另外一個可能去處，是異國的越南。大舅認為我們如果隨軍南撤到十萬大山，便會捲入一場生死大戰，是非常冒險之舉。如果去越南，誰知道這國家會不會收容我們。如果收容，以後的生活怎麼辦？他覺得還是留在桂林觀望一時再說。母親同意他的看法。

這時大夏同學們，也在討論去留問題，覺得留下來太危險。看樣子，共軍會很快占領桂林，到時候，西大的親共學生絕對不會饒過我們。隨軍南行是唯一出路，他們約我同行。

母親不願意我離開。她說在抗戰逃難時，多少有人照顧我，像臨中的老師們、譚表叔和三舅就是。這次我如果跟著一群年輕學生，在迫在眉睫的大戰中亂跑，不知道會有什麼下場。她實在放心不下。大舅不同意，覺得我必須走，只向母親說一句話，便使她改變主意：「不能讓共產黨把我們一網打盡。」

一九四九年十一月二十四日的晚間，我從學校到了母親的住處。她對我說：「鴻超，我不清楚國家局勢，只知道蔣委員長下臺以後，我們是群龍無首。現在困在桂林，走投無路了。」她不禁流下眼淚，我也跟著泣不成聲。

過一會，她擦乾眼淚，心平氣和地說，「你必須離開這裡。這次你要自己照顧自己了。」她順便用手指梳我的頭髮。「你現在就好像是斷線風箏，可是也許會落到比這裡安全的地方。」

她凝視我一陣，忽然說道，「鴻超，你是二十歲的人了，但是你身體還是這樣衰弱，我真擔心你能不能度過這一次大難關。」她說著、說著，臉上現出恐懼之色，放聲大哭起來，過了好一會才停止。

我覺得有點奇怪，她為什麼在這時刻，提起我年齡和身體虛弱問題，而且大哭起來。我說，「我不想離開這裡。你不是常說，我們一家人無論如何都要在一起嗎？」

「這次不一樣了，桂林太危險，你離開這裡，也許能保住一條命。戴家要靠你傳宗接代。」

「我擔心共產黨來了以後，找你麻煩。」

「那還用說嗎。你父親和共產黨打了十幾年仗，他們恨他入骨。可是我是一個婦道人家，你弟弟是個小孩子。他們會要我們受點罪，也許會讓我們活下去。」

母親把我們的情勢說得如此清楚，我無法和她爭辯。

她問我，「你還記得我教你的兩個手勢嗎？」

我點點頭。

「那好。記著，你永遠要唸書，手中永遠要有錢。」她閉一會眼睛，睜開後說，「我不知道你將來是什麼樣的人。如果你能逃出這次大劫，我要你用盡全力作一件事。你要成為我們臨汝縣三十萬人中頭號人物。你父親是這樣人物，你也要是。」

我一時錯愕，不知如何接下她的話題。我從來沒想過，將來要成為什麼樣的人，更不要說是縣裡頭號人物。

她不管我錯愕表情，說，「不論在什麼地方，要先唸完大學，然後留洋到美國。我不清楚那裡情形。過去我知道德國是頭等強國，現在不行了；美國幫我們打敗日本，人家說，這國又富又強，又有世界上一流教育制度。你去那裡唸個博士學位，對你的事業前途有好處。你一定要記住這話。」

她隨即拿出一個絨布包，要我帶走。她把裡面的東西拿出來，攤放在茶几上，撿起一樣

父親的寶鼎勛章，大約是1930年由中央軍事委員會授。

東西，向我說，「這是委員長頒給你父親的寶鼎勳章，嘉獎他一次打仗勝利。記著，你就是再危險也要保存好這勳章。」這是一個約摸有兩個銀元大小，五角型的金屬品，中間鑲有磁器圖案，閃爍發光。在茶几上，另外擺的是一些金製首飾：一對手鐲，一條項鍊和幾個戒指。再有，就是十幾個袁大頭。她說，「這些首飾夠你用些時。可是，這對鐲子，」她指了一下，噙著眼淚說，「你不到絕不得已時，不要變賣。這是你父親送我的結婚禮物，比你的年紀還大。」

她看到我遲遲不肯收拿時，便說道，「趕快拿著！有啥還比你更重要？」

我當晚住在母親處。第二天一大早，她倚靠著房間的門檻，一隻手按著我八歲弟弟的肩膀，一隻手向我揮揮，一句話也沒有，叫我離開。

我慢步走去，回頭看她一眼。她臉上毫無表情，就像九年前明他娘把我們趕出家門時一樣的鎮定。我在想，她為什麼有這樣的表情？是不是她不要我懷疑，離開桂林的決定是正確的？還是她在隱瞞著自己痛苦無奈心情？還是她撇開一切心思，堅信我們將來會團圓重聚？（二〇一六年四月二十三日，黎明前的四點半鐘，我偶然回想這六十多年前的傷心往事，悽然淚下，不能自已。）

第五章

不要TB

兵敗山倒

我回到學校與大夏同學們聚齊，整理好一個包裹，就像在一九四五年從淅川向西安逃難時一樣，用一條毯子捲起來，兩頭紮住，套在肩上，斜掛胸前。裡面裝著幾雙新的回力球鞋，是在上海通貨膨脹時搶購的；另外是我的幾本日記。在中學時，記日記是學校規定作業，早就不見了；到大夏後，是自動記的，帶了幾本到廣西。這包裹倒是滿重的。

幾十位大夏同學隨著軍隊，向西步行；公路上士兵擁擠不堪，再加上卡車、輜重車、牛車占滿路面，有時是寸步難行。到了桂林以西約二百里的柳州，我們發現華中長官公署司令部在這裡招考新生，參加即將成立的「軍政大學」。我們不知道這所大學的性質或者將來的校址，只聽說要隨軍南行。大家覺得如果考進去，有個依靠，總比自己亂跑亂闖好。這一著算對了。我們都考取了，立即食用長官公署供應的伙食，搭乘兩部徵用的民營卡車，向三百里外的南寧出發。一路行來，是無包一身輕，再無跋涉苦。

南寧是廣西南部大城。原來以為要在這裡休息一兩天，可是聽說共軍已經占領桂林，全部隊伍立即向東南撤退。由於路上士兵過分擁擠，無法行車，所有軍車及徵用民營卡車都暫停南寧，衣物留在車上，等路上出空後，再趕過來。大家走走停停，不到一個小時，回頭一看，南寧火光沖天，煙霧迷漫。過些時，傳來我們已經猜到的消息：長官公署下令，把集中在那裡的軍、民汽車統統燒掉。我想著幾雙還沒沾過地的回力鞋都沒啦，好可惜。但最傷心的是幾本日記，想已灰飛煙滅。幸虧我身上還有一個小記事本，就用它寫下我以後的行程。

我們走到夜晚，便人擠人地露宿在路邊。第二天（一九四九年十二月六日）走到下午，到達「小董」這個鄉鎮，離開南寧大約一百多里。大家一天多都沒吃飯，又累又餓。所有士兵在一個乾涸的河床上停下來。這時有幾位階級滿高的軍官，告訴大家，這裡是「十萬大山」邊沿。大軍的目的地不是這山區，而是六十里以東的欽州；那裡是廣東省的一個海港。白崇禧長官早些時搭飛機到那裡，集結大批船隻，準備大軍到達後，載運到海港對面的海南島。看樣子，白長官要在這島上建立基地，繼續反共戰爭。我們這時才知道，「軍政大學」是要在海南島培訓軍事與政治幹部。

過些時，所有隊伍仍然按兵不動。另外有一位軍官說，我們哨兵已經探查到，「前面有情況。必須打聽清楚，再採取行動。」「情況」是戰場術語，表示敵軍出現的意思。這真是怪事！共軍不是一直在後面追趕我們，從桂林到柳州，到南寧。怎麼跑到前面了？

到黃昏時候，士兵們把他們的步槍，交插支架起來，打算在這裡過夜。大夏同學摸索一陣，找不到一塊平地睡下來，只好半坐半躺地，擠在一堆石頭旁邊。大家東張西望，看到了平生沒見過的大場面；有人說至少有十萬士兵集結在這裡，從河床蜿蜒到幾里以外的山腰。我們聽到很多士兵輕聲細語交談，慢慢趨於寂靜。不知過了多久，許多燈光突然從天上照下來，我們可以看清楚彼此臉面，轉瞬間燈光不見了。這樣時亮時滅一陣子。有些士兵說，這是敵方斷續用照明彈射向我們。可是過了一會，又回寂靜。

正當大家驚疑不定時，機關槍從前面山頭向河灘射擊過來。士兵們趕快找凹坑作掩體或趴緊地面。槍聲愈來愈密集，子彈鋪天蓋地而來，擊起河床石頭，火星四射。所有士兵急忙站起，不拿他們槍枝，不顧他們衣物，往一側的群山狂奔而去。我們不及思索，跟著他們跑到山根，毫不停留，爬了上去，跳過溝壑，鑽過荊棘，朝著半黑的前方衝啊衝去。有些軍眷攜兒帶女，被踩被踏，尖聲呼喊求救，沒人理會。刺耳槍彈聲呼嘯而過，一批一批的人受傷或喪命倒在地上。我瞥見一位軍政大學學員，臉上中槍，疼痛哀叫，沒有再看一眼的機會，就被人群擠不見了。大家在狂奔時，就像排山倒海一般崩潰四散，夾雜著多少萬人口中發出一陣陣「咕，咕，咕」可怕的，不像人的聲音，籠罩遍野。俗語說，「兵敗如山倒。」想不到在我眼前出現了。

我們跑了不知多久，後面的槍聲聽不見了。大家停下來，面面相覷，簡直不敢相信剛才奔跑的情形。不是說，多少萬的士兵，還沒看到敵人，就落荒而逃。而是說，我們跑的如此快，如此久。就像野獸逃命一樣，把生命的極限能力都使盡了。

我們繼續向山中走去。到天色泛白時分，我查看四週，大夏和軍政大學同學統統逃散了。滿山遍野的人，一個都不認識。我心中發慌，要和哪些人走在一起？要逃到哪裡去？幸好不久看到朱班遠、朱鳴遠兩兄弟，拖著沉重腳步走了過來，我高興地要哭出來。班遠與我同年，同樣高，鳴遠長他一歲，稍高，不喜歡講話，有點老成。他倆是我大夏同學，又曾在廣西大學謄寫和張貼我寫的大字報。

我們隨著他人，茫無目標地走到天色大亮（十二月七日），知道已經踏入十萬大山深處。其實，這裡不是我們想像的高山峻嶺，而是連綿不斷，峰迴路轉的丘陵地帶，沒有一處的視線超過二百尺。我們三人走到一個土崗旁邊，看到許多士兵擠在一起，再往前看是另一土崗。兩個土崗之間串連著一條田埂，兩旁是農地。這些士兵說，不久以前，有些士兵在通過田埂時，有人在旁邊樹林裡放冷槍，好幾個人跑過去時受了傷。所以大家都不願冒險通過。這時後面來的士兵愈來愈多。他們說，昨夜走到一個村莊附近，被村民捉了過去，要他們繳槍，看到他們沒有槍，就剝光他們的衣服，奪去值錢東西；有人稍作反抗，就被痛打一頓，再放他們走路。再過些時，後面來了更多士兵，也說起遭人搶劫的事。

有人說，「這一下可要我們的好看了。後有追兵，前有土匪。」

有人等得不耐煩，飛快地從田埂上跑過去；一點事都沒有。我們便跟了過去，在轉彎的路上，看到三位大夏同學走了過來，他們是周學靈、李明誠和梁憲祖。學靈是我要好朋友，說的一口廣東國語；明誠，喜歡眼睛一眨一眨地望著人；憲祖是大塊頭，經常裂嘴喜笑。

我們六人相聚喜出望外，站在路旁爭著談起昨夜逃亡經過。突然有人從我們前方跑過來，口中嚷道，「共產黨來啦！共產黨來啦！」我們還沒有會過意是怎麼會事，有十幾個大兵拿著步槍，向我們衝來，接著雷聲震動，兩架國軍飛機轟的一聲從我們頭上飛過。那些大兵舉起槍，好像要向天上射擊，可是飛機已不見蹤影。他們破口大罵，「龜兒子，格老子不怕你。你有種，下來鬥一鬥。」這些大兵，看起來只有十七、八歲，穿著破舊黃色軍裝，頭上紮了一圈樹葉。再一看，他們戴的八角帽有「八一」標誌。我們馬上知道這是共產黨軍隊。「八月一日」是共黨建軍節。

當他們從我們旁邊經過時，我身不由己地向後退去，碰到鳴遠，不能再退。他們瞬時也不見了。接著是一位穿著整齊軍官模樣的人，大踏步走過來，向著我們六人以及後面聚集的國軍，滿臉笑容說道：「我們是第二野戰軍，已經解放整個廣東。大家不要緊張，我們不會虧待你們。願意參加人民隊伍，就非常歡迎；如果不願意，我保證給你們開路條，在戰場清理完畢後，讓你們回老家。」他停了一下說，「我們都是中國人。我原來在國軍服務，幾個月前在廣州解放了。」他拍一拍他手中的槍，「你看，這是卡賓槍，美式裝備。」

現在我們算是明白了。昨天在小董向我們射擊的共軍，是大家通稱的「二野」，他們已經占領欽州，從廣東往廣西推進。現在和後面追趕我們的另一野戰軍，合圍華中長官公署的十五萬大軍。

這時已有二百多位的國軍聚集在我們附近，這位軍官和他的士兵領著我們，到一塊農地旁邊，要大家排成一行，進行搜查。他說，我們需要交出所有公家物品，槍技、彈藥、文件等等，但是可以保留私人東西。我盤算一下自己所帶物件，馬上想起父親的寶鼎勳章。母親曾交待我，不管多危險，一定要保存下來。可是現在如果共軍查到了，一定沒收，也會問我這東西從哪裡來的，引起麻煩。我曾經告訴鳴遠這個勳章，輕聲問他怎麼辦。他一臉不自在的樣子，沒有回答我的話，轉首向農地，扭一下嘴巴。我遲疑一下，沒有照他意思作，把勳章順著褲筒，丟進旁邊草叢中。

共軍們很仔細地搜查每人，果真沒有拿走我們的私人物件。見到我的絨布袋內的手飾，一一點看，全部歸還。等到他們檢查到最後幾人，我趁他們不注意，把勳章檢回來，鬆一口氣。

他們立即要大家排好隊，每十人當中插進一個共黨士兵，開始行軍。不久，下起雨來，愈下愈大，地上泥濘不堪。如果有人不當心走出隊外或跌在地上，共軍士兵一聲不響，用槍托把他打進隊去。這裡雖是南國天氣，比較熱，但是我們衣服濕透，冷得發抖。一直走到半夜，到達一條河的旁邊，共軍要我們立即過河。大家說，已經兩天兩夜沒吃飯，走了這麼久，又餓又累，能不能休息一下，再過河？

「不行，現在就過！」我們看不見是誰發出這斬釘截鐵命令，只好向前移動。到了一個橋頭，看到這河大約三十幾尺寬，洪水滾過橋板，只有些木柱子，隱約露出水面。正當我們發愁，如何踏上這看不見的橋板走到對面，有兩個共軍士兵已踏入水中，用腳摸索著橋板，抓住一個一個橋柱，渡過這河。我們還有什麼話可說，只好照樣行動。當輪到我上橋時，看到一塊一塊染上夜色的急流，著實膽怯。突然一陣背痛，一個槍托把我推上前去，我一腳尋找水面下二尺多深的橋板，一手扶著柱子，居然走過去沒出意外。但有些人撲通落水，尖聲喊叫，一會連人連聲音都消失了。

過河後，我們重新排隊，繼續行軍，除了在野地裡解手外，就是走走走。十二月八日天亮前後我走進一大片紅薯地裡，四面由土坡圍著。現在共軍總算讓我們休息了。這時，只有細雨。大家不管雨不雨的，地上泥不泥的，倒頭就睡，如死了一般。大概過一個多小時，嗚遠把我們大夏同學推醒，急忙催促我們到紅薯地一側；那裡的幾個大鍋裡有粗米飯，大家用手抓著吃，裡面夾有沙子，大家哪還管這個。這是三天多來第一頓飯，但只吃個半飽而已。

等到我們回到原來位置，還沒有坐好，土坡上的共軍士兵們突然架起槍關槍，向大家瞄準，他們的手都扣在板機上。我們瞪著眼看他們的手，一片死寂無聲，不知道他們是要掃射我們大家還是槍擊有些犯什麼錯的人。稍過一陣，一位長官模樣的人，微微搖頭，兩手向左右一擺，士兵們就放下他們的機槍。大家鬆了口氣，一動不敢動，一句話都不敢說。

我有TB

大家驚魂未定，又上征途。行行重行行，不知多少路。紅薯地裡一個多鐘頭的休息擋不住襲來倦意。我與朱家兄弟想出一個辦法，稍解疲困：我們三人排成一行，後面兩人伸出兩臂各自抓緊前面一人肩膀，前後二人睜眼行走，中間一人閉眼跟著前進，過些時交換位置。

可是，三人有時脫節，拖拖拉拉走了一程。誰知突然大雨傾盆，一條條水線從我我脖子直瀉下去，濕盡我內衣褲，混身發抖。我的頭暈症趕著復發，肚子隱隱作痛，有幾次幾乎摔出隊外。我不禁痛哭失聲，一面走一面禱告：「老天爺呀，行行好吧！不要讓我再受這樣的罪啦！」雨聲仍然大作，遮去我的哭聲、禱告聲。

十二月九日傍晚，我們到達康德區公所。共軍告訴我們，要在這裡停下來。這個區公所有大片房屋，共有三進，兩進之間有一個露天小院。我們高興壞了，以為我們可以留在房內，不再受淋雨之苦。哪知道，被俘國軍已把這裡房屋擠得水泄不通。當我們這一隊人走到第二進時，只有院子裡有空位。房內想都不要想。我們六位大夏同學，看到幾個軍政大學學員，坐在屋簷下的地面上，和他們說好說歹，擠了進去，但是我們的大腿還得伸在露空院子裡，繼續淋雨。我們這樣睡了一夜，幸虧後半夜沒下雨。

第二天，十二月十日，我們吃了一頓糙米飯，不再行軍，可以好好休息；天也晴了。我想老天爺總算睜開眼，許了我的願。同學們不知好歹，居然高談闊論，喜笑起來。

次日早晨，幾位共軍從前院走過來，高聲對我們宣布，「歡迎你們參加解放軍！歡迎你們參加解放軍！」接著又說，「我們只要國軍的兵，挑好以後，你們到前門外操場上集合。國軍的軍官我們不要，留在裡面聽候命令。」

他們這樣的宣布，讓我們驚慌莫已。前幾天一位共軍軍官不是保證，我們不必參軍，還要給路條，讓我們回家。怎麼能說話不算數。同學們立刻商量怎麼辦；都拿不出主意。我想了一會，把頭髮弄亂，用泥水摸在臉上，然後把一隻手臂伸到袖子外面，作出叫花子的打扮。

我知道這是很幼稚辦法，但只能應急了。當一個共軍士兵到我面前，看了一眼後說，「你可以參軍，到前面集合。」我急切間脫口而出，「我不是當兵的，我是學生。」忘記了我裝著是叫花子。

這位士兵回頭，問隔在後面的一位軍官，「要不要學生？」

「學生正好。我們要。」後面傳來話。

「我有TB。」我不曉得從哪裡來的肺病這餿主意。管他的，說了再看。

那士兵滿臉迷惑之色，再問他後面的人，「要不要TB？」

「不要TB，絕對不要！」後面再傳過來話。

那士兵掃眼看我的同學們，猶豫一下問道，「你們都有TB嗎？」

「有，有。我們都有。」大家急聲回答。

「好，好。你們站在這裡。等我查完別的國軍，再和你們談。」

他回來後，告訴我們，都要被釋放了。我們高興得幾乎跳起來，但是誰敢這樣作？

等到十二月十四日，共軍帶著我們三十幾個人（學生以外還有別人），又開始行軍，雨也又下起來。幾個鐘頭以後，我們進入一個地區，仿佛有點眼熱。啊，原來這是小董！八天以前，我們就在這裡的河灘，被趕到十萬大山，轉了一大圈，又趕回原處。

二野在這裡設立軍事管理處，辦理釋放戰俘和家屬手續。我們被分到一個房舍暫住，行動上有點自由，可以到鎮上走走。有些同學變賣了一些東西：手錶、毛衣、首飾等等。大夥湊起錢買一口豬，經過鎮上人幫忙，把牠殺掉，開腸破肚，煮了一大鍋肉，晚上飽餐一頓，一覺睡到天亮。我頭不暈了，肚不痛了——上了天啦！

十二月十七日是我們一批被釋放的日子。管理處發給我們大夏六位同學，各人一張路條，寫上姓名，蓋上紅色印章，讓我們走了。這時，我回想起一九四四年在麥田裡被日本飛機掃射的情景，那時只有十幾分鐘，但是和這次在小董徹夜逃命一樣危險；兩次都死裡逃生，真是幸運。

當我們出了管理處大門，馬上碰到一個問題：茫茫大地，我們去哪裡？當然不是桂林。大家商量一下，還是先去南寧，看情形再說。從小董到南寧是一天的行程，但是記不清我們為什麼拖拖拉拉走了幾天。路上留宿時，碰到不少從前的國軍。他們說，這周邊很不安全，村民強悍，時常搶劫路人。絕不能放單行走。如果遇到「八一」部隊，跟他們後面走，就安全了。

我們到南寧後，找一個老百姓家裡住下來，碰到兩位國軍軍官，和他們交談一陣。當他們知道我們是學生，有路條，放了心，說出身分。一位是李銀安中校，曾任聯絡官，中等身材，皮膚較白，能言善道；另一位是于全真，曾任旅長，高個體壯，英氣逼人。他們說很想和我們結伴同行，方便掩護身分。他們穿的是便衣，一直躲避共軍查問，不想作戰俘。這樣，對我們也有好處，究竟他們見識廣，經驗多。碰到問題，可以拿主意，想法解決。

破釜沉舟

他們說動了我們，大家決定一起走。于全真問我們，打算到哪裡。

我們六位，你看我，我望你，不知如何回答。稍等一會，我說，「只要是沒有共產黨的地方。」

「老弟，你說說看，」他緊盯著我，「哪裡還有這樣地方？」

他看我說不出來，便掐著手指說：「我可以替大家算算。第一是海南島。可是，他們已經把廣東海岸線封得死死地，根本無法渡海到島上去。第二是四川。我們還有軍隊跟他們在那裡對抗。」他皺皺眉頭繼續說，「不是長他人志氣，我們軍隊不可能拖多久。第三嗎，是台灣。我們領袖蔣委員長，在那裡集結了幾十萬部隊。但共產黨已經把大陸沿海地帶封鎖起來，我們要穿過台灣海峽是難上加難。」

「那，你這樣說，我們是無路可走了。」鳴遠說。

于還沒來得及回話，我插了一句嘴，「香港呢？」

「香港？」于瞪著眼看我。「你有多少錢可以去那裡？」

他看我怔著了，又問我，「你想英國人能讓我們進去嗎？」

我更無法回答。他說，「算了吧，不要想去香港了。」他猶豫一下說，「我倒是知道一個地方可以去。前兩天我碰到一位同志，他告訴我，我們有一個完整部隊，鞏固了一個地區，正在收集我們的散兵。我想我們應該去那裡。」

「那是什麼地方？」班遠急著問。

「我不能告訴你，除非你們決定跟銀安和我一道去。」于拍拍班遠的肩膀。

「那你總得讓我們知道大致方向。我們不能像無頭蒼蠅，亂飛。」嗚遠攔下來說道。

「好，我告訴你。是在這西南兩三百里的地方。你們聽說過鎮南關吧？」

我們在中學唸歷史書時，知道這是中國和越南邊界上一個非常重要關口，在那裡曾發生過幾次戰爭；也聽說那裡非常荒涼，土匪出沒其間；現在又有強悍村民，趁火打劫，奪取散落國軍衣物槍枝。我們問于怎麼可以去這種地方。

「是呀，有誰會喜歡去這鬼地方？」于搖搖頭說。「可是，我們根本沒有別的地方可去。」他加重語氣說，「而且我們也沒有多少時間考慮去哪裡。」他轉頭望李銀安一眼。

「于將軍的意思是，」李馬上接著說，「共產黨軍隊不在乎他們俘虜過來的平民。可是他們的政工人員不一樣，會徹底調查你們的過去。如果發現有問題，多半會送到勞改營，受『再教育』。二野發給你們的那些路條統統沒用。」

我們聽說過共軍的政工是「嘴裡甜，心裡嚴」，極難對付的人員。如果落在他們手中，就別指望脫離共產黨的控制了。

「他們很快會來，」李說。「你們好好想想，要不要跟我們一道走？」

我們六位覺得，真的是沒有什麼選擇餘地，決定跟他們冒險一試。大家立即作了準備。每人花點小錢買個破舊棉被，當中剪個大口，脫光上身，鑽了進去，用帶子前後綁起來，再穿上外衣，把值錢的東西，貼在褲襠裡。我們彼此看一眼，原來餓瘦的身體，現在變成了大胖子，不覺好笑起來。我們準備好被搶，被剝外衣，希望能留下臭蟲染血的棉被來裹身。要是留不下來，認啦！我們拚命要在二天之內走完這兩三百里路，頂多三天。

十二月二十四日天亮以前，我們一行八人，踏上征途。這時灰雲密布，冷風凜冽；道路倒是平坦廣闊，兩旁盡是石頭野草，一棵樹也沒有。我們快步急走，不作休息，偶爾嚼一些黑硬乾糧。一路走來，一個人影都沒有。到了傍晚，我們進入一個村莊，一位佝僂老人招呼我們到他的小飯舖，也是他的剃頭店。他說只能煮點麵條作為晚飯。他充滿皺紋的臉，一隻瞎眼，擠出點笑容，算是答應我們的要求在這裡過夜。

他等我們吃完，把碗筷收拾到灶頭旁邊，過來搭訕，聽我們說是從桂林來，與家人失散了。他問起，「你們在找他們嗎？」

我們說，正在找。可能在鎮南關附近。

「什麼，你們要去那裡？」他睜大他的一隻好眼，瞪著大家，沒等回答就接著說，「那可不是好去的地方。連我們本地人都不敢去。」他講起當地土匪是如何的無法無天。他們作興時，把「外地人」脫光衣服，搶去財物；壞的時候，挖人的眼睛，讓人在野地裡嚎叫死去。他勸我們絕對不要去；不如在這裡待一下，說不定我們家人會過來。

我們當中幾位同學覺得，老人說話在理，不應該冒險前進。可是，其他人認為已經走了一百多里路，再走一天半就脫出險境；而且我們事先已經知道這行程是多危險，不能現在害怕了，中途而廢。我們決定還是上路。第二天，十二月二十五日，老人看著我們離去，一聲沒哼。

路上仍是毫無行人，雲低風急，吹沙走石。剎那間，一陣勁風捲起枯草，逐漸成球，滾到一處石堆，那裡赫然是一個屍首。我們立刻轉眼看向前方，加快腳步。不久，在路旁看到另一個屍首，幾個野狗（或許是狼），爭著搶食。以後，又看到幾個，各人再也不張望兩旁。

中午時分我們走進一個小村子。看到對面來了一個部隊，穿著整齊綠色軍裝，步調一致，簡直像校閱時一樣的邁步前進。他們後面緊跟著一群婦女。他們到了村內，統統停下吃飯；我們也坐在街旁，啃乾糧。

我們看出來那些婦女是國軍軍眷，和她們談了一陣。她們說這個部隊屬於共產黨的第四野戰軍，已經占領整個廣西西南部，包括鎮南關在內。四野在那裡留下一部分部隊，其餘的開拔到南寧。她們和丈夫們走失了，有些曾被村民捉去，搶去財物，甚至被奸污。四野部隊經過時，把她們救了出來。

當這些婦女知道我們來意後，她們說，太遲啦。前些時是有國軍部隊守著一個陣地，收集散兵。現在已經跨境到越南了。我們大夏六位同學聽到這話，都傻了臉，轉頭向南望去，一片灰暗肅殺氣象；大家沒有經過什麼討論，決定跟隨四野到南寧。于全真和李銀安十分不情願，但還是和我們一起走回頭路。

第六章

兩個世界

到了南寧，我們碰到老問題：到哪裡去？這時于和李跟我們分手。我再提出去香港的想法，作出一套說詞：香港是中國人住的地方，但是屬於英國管，共產黨不會占領它。我們到了那裡，告訴英國人只是借路，不會久留。可以去的地方很多。第一當然是台灣。國民黨有幾十萬大軍把守，我們不是國民黨黨員，但是大家都站在反共立場，他們會接受我們；至於共產黨攻打的威脅，我們應該團結一致共同抵抗。打贏了，我們安全；打輸了，只好認命。除了台灣，我們可以去東南亞許多國家，像泰國、菲律賓、馬來西亞、印尼等地。各處都有華僑，說不定會照顧我們。

同學們聽我這一番言語，還是有人不贊成。他們說不是從前已經講過了這其中的困難了嗎？我反駁說，你不試試，怎麼知道行得通不通？再說，李銀安不是說沒有好多時間可以考慮嗎？大家想了一會，覺得只好闖這一關。

我們又變賣了一些首飾財物。在一九五〇年新年這一天，搭乘長途汽車開始一千五百里的行程。首先到了廣西廣東交界的梧州，是一個靠河港口，從這裡搭船到廣州，然後到香港。沒想到，一個問題發生了。搭船的人需要繳驗到廣東通行證。二野發給我們的路條沒有載明廣東是目的地。現在既沒法申請新通行證，又不可能回到幾百里外的小董換路條。大家垂頭喪氣，一籌莫展。

我們同學，李明誠，平常不喜歡講話。他眨眨眼說，如果我們在這裡停留一些時間，他也許會想出辦法。大家無處可去，就在一家小旅社待下來；沒人在意明誠有什麼法子，他一人逕直上街去了。

一宿無話，第二天一早，明誠說他搞到了通行證。他拿出一張紙，上面寫明我們六人姓名，同赴廣東，在年月日上，蓋有紅色大印，由二野軍管處簽發。他看到大家驚奇臉色，便告訴我們怎麼回事。他昨天買到一些材料，把一塊四方肥皂，比照二野的路條，用刀刻成一個軍管處官印，在一張紙上填寫應有文字，蓋上官印，成了一個完整的通行證。大家傳看一遍，覺得那官印的字跡，不太工整，能不能用，大有問題。可是沒有別的法子，拿上用用再說。

我們到了碼頭，把通行證交給一個檢查站，排成單行靜等。各人垂頭低視，不敢出一聲大氣。怕的是不僅不能通過，而是因造假，會被抓起來。我看一位帶槍大兵，拿著通行證，好像一個字一個字在唸，不禁暗笑。他把通行證拿顛倒了。過一會，他揮揮手，讓我們登船。

一月十日，我們到了廣州，面逢最後難關：如何進入香港？大家不認識那裡任何人，除了周學靈以外，都不會講廣東話。這且不說，英國政府在幾天以前，也就是一月六日，承認中華人民共和國政府；這會不會更增加麻煩？

香港包括幾個地區，靠南是香港本島，過海向北是九龍，再向北是新界。這三塊地面，不是岩石就是丘陵，處於亞熱地帶，潮濕多雨，但缺乏水源。香港幾百萬居民便不得不依靠廣東供應農產品和自然水。這樣便讓我們想出一個法子入境。每人買一袋米，背在身上，混入常年販糧單幫，一同行走。

一月十一日我們從廣州坐上一列了無燈光的火車，在傍晚到達深圳，然後步行到一條河流岸邊，是中英邊界，河上有一條鐵橋。我們在橋頭等候檢查時，前面人聲嘈雜，人影聳動，一位英國警官在橋上拿著一個手電筒，急急往河中照來照去。一位販米婦人失足落水，很多人大聲呼喚找她。我們趁著混亂局勢，溜過橋去，沒遇到一個警察查問。想不到擔心多天的問題，就這樣輕鬆解決了。

我們隨即搭上火車，前往九龍。回想這一個多月性命交關，身心疲困的行程，總算結束了，不禁喜笑顏開。同學中有人裝闊少爺，買起英國製香菸和巧克力，有人高聲談論往事，直到其他客人要我們小聲一點為止。靜下來以後，我們回頭再看深圳一眼，是漆黑的一片天地。扭頭看一下前面的香港，是霓虹燈照明的另一片天地。這樣強烈的對照，留下永遠無法磨滅的印象。

免費住宿

我們在九龍坐上渡船，過海到達香港。但是，說也不信，大家碰到一個想也沒想的問題：在哪裡睡覺？

我們找到一家寒傖旅館，問到的價錢是，每人每天八元港紙（大約七元港紙合一元美金），六人共住一間。大家都嫌貴，就連剛才在火車上充闊的少爺們，也不願花這個錢。也難怪，誰知道要在這裡待多久；大家已經兩次變賣財物，現在是視財如命了。

我們在市面上看到許多難民，還沒有意識到自己也是難民，就跟從他們，去找地方睡。大家先在街上遊蕩，主要地區是皇后道及德輔道兩旁的狹窄小街。這裡是櫛比鱗次的三、四層樓房。底層是商店，前有騎樓，高層是店主住家或寫字間。到了午夜打烊時刻，大家在騎樓下，舖上舊報紙和拆廢紙箱，蓋上行人泥水足跡，打算睡到天明，稍解困乏。可是到三、四點鐘，一陣陣尖銳車輪聲，夾雜著晃盪木桶聲，把我們吵醒。我們迷迷糊糊看到幾個人，各推一個單板車，從旁邊轉彎抹角，挨家挨戶收集排好的馬桶內廢物，一陣臭味薰天，我們不能再睡，只好提早逛街。臨行前暗自罵道，這幾個人沒長耳朵和鼻子嗎？

第二天我們仍然如此這般度過一夜。

第三天早晨，我們正打算作例行市區遊覽，突然看到許多難民沿著街道牆跟，東躲西閃，像著魔似地奔跑。原來，香港警察在捕捉難民，押返中國。大家也就奮不顧身，急忙鑽進小巷，混入人群。到了下午，雖沒被抓走，仍是驚魂未定。大約傍晚時分，一項消息迅速傳遍街道上的難民群。警察在這一天，抓到了三百多難民，由英國警官押送到深圳，要求該地接收。深圳尚在軍隊管理時期，當局說英國人儘抓些衰弱殘廢人們，送回中國，是增加當地的負擔，拒絕接收。英國警官打算把難民強行推過深圳鐵橋；可是看到對面軍隊架上機關槍，準備開火，便不得不把難民帶回香港。

這一消息真使我們高興極了。從此不但沒有強迫「回家」的危險，而且可以自由自在地尋找比騎樓合適住宿之地。我們從市區中心，邁步走上半山腰，看到一棟一棟的花園洋房，每棟都有圍牆，大門口站著手持獵槍，面有髭鬍，頭有包裹的印度衛士，凶神一樣地看我們好像小偷之類的人。我們走到一個小型公園，四周樹木稀疏，中有亭園，覺得是一所安靜夜宿之地。可是這裡仍是凶神眼光所及之處，便作罷了。

不得已又回到市區中心，看到一所公寓門前夾道，上有屋簷，下有水門汀地。晚間便在這裡過了五、六小時沒人打擾之宿。第二天一大早，公寓住人，把我們趕走，警告不要再來。

從此我們展開尋求各處過夜之處：鬧市以外屋簷下走廊、兩個大廈之間的夾道、巴士停車站、麻將館接待室（這裡，來客可隨時等待，湊齊人數打牌，隨時可離去。便給我們假眠、真睡覺的機會）。我們練成如鷹一樣的銳眼，白天四面八方察看，找到妥貼可宿之處記下來，晚上來此就寢。

一天傍晚，我們看到一棟正在興建中的公寓高樓，大門敞開。這一下可好了，認定有房內睡覺機會。可是進去一看，不知道有多少人滿滿地擠在那裡。他們不能進入已經上鎖的房間，便占據樓梯的階級。各人以先來後到順序，每人一級，各具占領特權。我們六人不願放棄機會，說盡好話，從人群人中拾級而上，到了第五層才找到三個階梯，便成了我們的「領土」。夜間雖然無以作伸腿之眠，倒是不受風雨之苦。過幾日有人他往，我們慢慢升級，各人分為一級之主。

這一下，好運來了。我們逐漸升高到「屋頂花園」。這裡是很大一片水泥平臺，四周的半壁上有幾個殘缺不全的花盆。中間有五、六個帳篷，篷頂及四面由碼頭上撿來的油紙搭配而成。有一個帳篷出空了，我們六人，再加五位他人搬了進去。

十一個人在這帳篷住下後，雖然擁擠，可是有兩大好處，首先是，睡覺時可以伸直了腿，比較解乏。最值得高興的事，是從居無定所的遊民，升高到有「家」可歸的居民。不需要在街上遊蕩；大家有時唸舊報紙，有時闊論天下大事。

這時從大陸逃到香港的入愈來愈多，有的從桂林來，有的遠自上海。當中有五位曾經見過面，不十分熟悉，偶爾來屋頂花園聊天。其中的四位是劉孔立、曹中岳、廖平洲和胡彥雲，過去是青年軍，參加過緬甸遠征軍，隸屬孫立人將軍部下。他們比我們大幾歲，多點見識。另外一位是楊保球，上海富家子弟，人很靈活、年輕，但缺少經驗。

我個人還結識一位朋友，袁繼垚，是三舅張劍華的同學。他倆去年從廣州到達四川成都，在那裡加入陸軍軍官學校，編入軍隊，與共軍作戰時被俘。繼垚趁機脫逃，輾轉到了香港。我聽到三舅消息很開心，認為他也可能逃來相會。

我們屋頂花園的愜意生活在幾個星期後結束了。公寓大樓已經造好，供買主居住。這時大家並不在意再過無家可歸生活，因為我們尋找過夜之處的本領，已經是超凡入聖。處處無家，處處家。我們像吉普賽人一樣，行動靈便，四處飄零，倒也自在。

免費午餐

我們吉普賽方式的生活，解決了住的問題，可解決不了食的問題。香港是聞名於世的美食中心，中西大餐館、各色小飯店、咖啡廳、點心鋪、魚粥車販，不一而足。但是我們哪願意花錢進飯店，就連三毛港紙（合美金四分）一碗的魚片粥，都要考慮再三買不買。

當我們到達香港的第二天，也就是一月十二日，打聽到東華醫院是一個慈善機構，每日供應難民一頓午餐，便立即趕往。這醫院地處市中心，建築廣大，四周豎起鐵欄杆圍牆。成群的難民擠在上鎖的大門前，吵吵鬧鬧。

醫院僅供應午餐給已經獲有飯票的難民。到了中午大門開開，持有飯票的人經守衛人員檢驗後，分批進入圍牆以內。十人一組，蹲在地上，圍成一圈，當中有個鉛桶，裡面是米飯，沒有菜，沒有湯，各人吃完後排隊出去。第二批難民進來，照樣進餐，排隊出去。直到下午兩點鐘，整個程序完畢，大門重新關閉。這時沒有飯票的難民，包括我們六位同學，蜂擁而上，央求守衛人員繼續供應米飯。守衛人員說，沒有飯票的人太多了，擠得滿街滿巷，不可能再供應。他們把門鎖上，告訴大家，飯票本來是每月第一天，發給填好申請表的難民。現在醫院因為人數過多，已經停止發放。他們特別大聲宣布，沒有飯票的人第二天不要再來了，來了也沒用。

不管守衛人員怎麼說，我們六位第二天還是去了，睜大眼睛看到牆內用飯的人，不禁流露羨慕之色。當我們看到有些人，沒有把鉛桶內的米飯吃完，就請求守衛人員讓我們進入牆內，和那些人商量，把剩餘米飯給我們。守衛人員起初不肯，後來看出來是學生，動了同情心，讓我們入內。結果各人算是吃個半飽。說也奇怪，前兩天挨餓時，沒有人肯花三毛錢買一碗粥救急；現在半飽的肚子，反而迫使我們急不可待地去買粥吃。

這以後好幾天，我們有時吃到剩飯，有時吃不到，還是挨餓。

有一天上午我們登上靠香港東面的太平山，途徑兩旁，樹木濃郁，一片寂靜。走了一會，到達山頂公園，想是島上最高點。俯瞰下望，但見林立的摩天大樓儘在眼下，遠處湛藍色的海面，貨船、帆船、郵輪點綴其間。同學們停下來，或坐或立，觀賞這大好景色。我因頭暈，在板凳上睡了下來。不一會，班遠把我叫醒，說是一位遊人正和大家談話。他是一位稍矮、稍瘦，四十幾歲的人。他說我們好像是大學生，問從哪裡來。大家看他和顏悅色，據實告訴他，說是從桂林來，原來在廣西大學唸書，到了香港，沒有地方吃飯住宿，只好四處逛逛。

他馬上說，「什麼？你們是西大學生？我從前在西大附小教過書。」

我們看著他，著實高興。雖然從前不認識，倒有「他鄉遇故知」的感覺。談了一會，我們不免訴起苦來，說起這有時吃剩飯有時吃不到的生活，真不好受。

他睜大眼睛向我們說，「唉呀，只怨你們沒早一點碰到我。我在東華醫院工作，專門管理難民飯票。」

大家聽到這話，趕快圍攏著他，想問話，又怕說錯了，不敢問。

他知道我們的意思，就說道，「現在醫院已經不發飯票了，不過我可以調整。」他尋思一下說，「這樣吧，你們下午到我辦公室，我給每人一張臨時飯票，用到月底。下月一號，再發給你們永久的。」他說他姓廖，告訴大家如何去找他，就走了。

周學靈是我們當中唯一會講廣東話的人，說說笑笑地送廖先生一程；朱班遠把我從板凳拉起來，抱著我，幾乎要舉起來；梁憲祖伸臂向天，大呼大叫；只有朱鳴遠和李明誠不動聲色。

第二天中午，高個子的憲祖領著我們，舉著飯票昂首闊步走進醫院，那股神氣味，就像擁有了整個世界。從此，我們就是這裡的食客；有時看到沒有飯票者的期望眼神，就分給他們一點米飯。

不久，另一個好運來了。華中長官公署在香港設立救濟站，發放救濟金給逃港人員，包括我們一天都沒上過課的「軍政大學」學生。另外，在台灣的教育部也派專人，發放救濟金給逃港的大學生。我們每人在兩處各領七十元及八十元港紙，便用這「天上掉下來的錢」添置衣物及日常用品。每人花三．七〇港幣，在飯店飽餐一頓，又在澡堂裡泡了熱水澡。之後，我們走上海港岸旁，邁著輕鬆腳步，觀賞停泊的貨輪。見了其他行人就攀扯講話，不管他們懂不懂這些「外來人」的方言。

光明遠景

當我們一月十一日從深圳坐上前往九龍的火車時，看到香港的霓虹燈照耀著的高樓大廈，除了慶幸獲得自由之外，心中也孕育著一種光明遠景。但是在這裡待一些時日後，意識到這個遠景是錯覺，現在完全破滅了。除了在屋頂花園那幾個星期以外，我們白天夜裡都在找一棲之地。班遠說，我們練就一雙「賊眼」啦！既能找到街頭巷尾隱蔽之處，又能躲避警察視線。但是我們究竟不是吉普賽人，怎麼能長此遊蕩下去？

我們擔心一天一頓飯的日子會損害健康，有時狠起心來，花了五、六元港紙到飯店大魚大肉吃他一頓。結果呢？我們口中回味無窮，萎縮的腸胃卻受不了。大家腹瀉起來，惹上時常找尋公廁的麻煩。

各人不禁問起，我們的前景是什麼？

大多數的我們仍然不會講廣東話，沒有一技之長，被本地人看作寄生蟲，社會秩序的擾亂者。我們當然瞭解這些是他們瞧不起我們的原因。但是令人喪氣的事，是他們表露出對共產黨有某種程度的崇拜，而鄙視我們是不可救藥的死硬派。可是我們看來，香港與大陸處處站在對立立場：資本主義對社會主義，自由對獨裁，和平對鬥爭。他們的態度也大有問題。

我們是不是應該趁早捲鋪蓋，離開這裡？但是去哪裡？周學靈最不能忍受在這裡半生不死的生活，決定回海南島老家。我們極力勸他不要去，因為大家認為共產黨遲早會占領那裡。他說他情願和家人死在一起，也不願過這種叫花子都不如的生活。學靈走以後，我們想想要不要去東南亞國家，尋求那裡華僑社會的照顧。但仔細盤算一下，不行。這裡還有東華醫院照顧一頓飯，那裡的華僑能對待我們更好嗎？

當然，台灣是最理想去處。那裡有反共政府，又有幾十萬大軍固守，還對我們逃港的大學生，發放了八十元港紙的救濟金，表示出關懷之意。可是台灣設下我們無法跨越的門檻：每人必須具有入境證，才可以前去。根據規定，私人赴台必須由在台的家人辦理入境證；從前在政府工作的軍公人員，必須由在台的所屬單位申請。同時，家人或公家單位必須繳上文件，依連坐法保證入境的人與共產黨毫無瓜葛。台灣當局聲明，這樣規定是杜絕共黨分子滲入台灣，從事顛覆活動。我們沒有家人或政府單位替我們申請入境證，只有望洋興嘆份兒。

在現行的情況下，我們是身在一個自由繁榮的社會裡，卻成為無家可歸，無工作機會，無希望的難民。對於我來說，作為一個富家子弟，過慣了優裕生活，現在好像掉進一個爬不出來的深淵，有說不出的冷落痛苦。每天拖著身子去東華醫院吃飯，見了人呆呆地看著，失去了談話的興趣，在晚上胡亂找個地方過夜。

大夏以外的有些朋友們，不是這樣意氣低落。曾經服役遠征軍的劉孔立和曹中岳想在香港混下去。劉在一個報社裡當送報生；曹在這一報社拿稿費，以「巨輪」為標題，寫出一連串文章，描寫滿清末年以來的歷史變動。還有上海來的楊保球，他在一個新聞社作事。這三人算是有了工作；可是與另外兩位遠征軍，廖平洲和胡彥雲，發生很大衝突。廖和胡認為那三人是無恥叛徒，因為這個報社與新聞社都是共產黨在香港的代表機構。這五人打起架來。廖把楊的下巴打破，留下灰青痕跡，幾個星期都沒有消除。

我們大夏同學也看不起那三位替共產黨作事的人。因為跟他們不熟，只有敬而遠之。但我們也起了找事的念頭，鳴遠和班遠天天查看報紙上的「徵人」廣告；梁憲祖一天到晚找生的、熟的朋友，探聽工作機會；李明誠到一家一家的小商店，請求當零工。結果一事無成。

我碰到另外一位大夏同學，叫王鳴鸞。他知道香港在招募警員，待遇平平，但是可以從很多小商店中拿外快，一個月約摸有一兩黃金的好處。他說這可是不得了的大收入。現在有一位英國警官，抗戰以前任職山東威海衛，當時是英國租借地。他覺得當地人誠懇耐勞，想在難民中找出那裡來的人作警察。他會當地的方言，將用這方言首先面試應召人員的身世，再繼續筆試。

鳴鸞是安徽人，知道我是河南人。他說我們的方言和山東話差不多，有一線希望通過面試；筆試應該沒有問題。於是我們穿上乾淨衣服，直奔警察局而去。這位英國警官很和氣，先用普通話解釋如何填好報考表，然後向我們問了幾句話。鳴鸞和我互瞪一眼，回頭面對警官，回答不出一句話。警官搖搖頭說，「算了吧！你們差得遠。」他揮揮手要我們走，又加上兩句話，「你們不要想練一練再回來，威海衛人從不說謊。」

這一個黃金機會就此消失。

沒多久，憲祖給大夏同學引見他的一位朋友，叫張服天。這人從前服役中國海軍，在英國待過一段時間，比我們大四、五歲，看起來是一樣的年輕，人爽直，講話快，穿著講究，衣服燙的筆挺。他不和難民在一起，而是住在一條商船上。他在海軍期間結識一位商船海員，姓魏，過去有不少來往。去年張從海軍退役在香港和魏重逢。魏當時是招商局一條貨輪的大副，約張到他的船上同住。招商局屬於國民政府所有，可是這公司停在香港的幾條船去年一齊投共，引起與國府的官司。香港政府命令這些船隻各停原處，在訴訟結案以前，不得離港。

張服天告訴我們，魏是一位豪爽朋友，帶著大家去魏的船上見他。這人現在是代理船長，四十多歲，身高六尺，比憲祖還粗壯，穿著緊繃繃的衣服，說話聲低而沉著。他和大家一一握手，同時說道，「歡迎，歡迎！你們是服天的朋友，就是我的朋友。」

他帶我們在甲板走了一趟，水手們見到他都哈腰有禮，稱呼他「老魏」。他有一個寬敞房間，鋪著地毯，中間有一個大書桌，靠牆是他的床位，後面是與床同寬的鏡子。他一一問起我們的家世。當他聽到我的家鄉是河南臨汝，而在天津出生時，他拍一下我的肩膀說，「你跟服天都是河南人，你跟我都在天津出生。真是太好啦！我們是有緣千里來相會！」

他抓住我的雙肩說，「我認你是老弟。」

我遲疑一下說，「那，我叫你一聲大哥，這是我的福份。」靈機一動，我加了一句：「大哥能不能也認我的朋友們是老弟？」

「成，成！」他伸出手臂向大家一揮說：「這樣好啦。你們以後和服天一樣，三餐都在船上吃。願吃多久就多久。」

我們還沒來得及會意，他立即說，「我想你們都想找工作罷？行，船上的，岸上的，我都保啦？」

我們根本沒預料到這樣天大的好消息，尤其是他跟我們只見過一面，就要為我們找工作。

這一天深夜，我們同學睡在碼頭附近的街頭，看到臨海有一座飯店，樓上一排玻璃窗點綴著五彩繽紛霓虹燈，不時流動閃爍，引人注目。這是不是象徵著好的前景即將到來？

緊靠著我睡的是班遠，他說，「老魏給我們飯吃又替我們找工作，這都是你的功勞。」

「沒有的事，」我說。「我怎麼會想到他是這樣慷慨的人。」

「不管啦，大家總得謝謝你。」

「那，更應該謝謝服天和憲祖。」

「那是當然。」

我們談起老魏，不知道他究竟是什麼樣的人。說著，說著班遠睡著了。

我卻睜大著眼，想起和老魏的短暫交談。我說出，「我叫你一聲大哥，這是我的福份。」這類話語是從前聽大人講的，今天派上用場，覺得很得體。我一向與生人接觸很不自在。記得我十七、八歲在開封時，和大舅坐火車到一個什麼地方，要在車廂夾道中回到座位，被別的乘客擋住了，我滿臉通紅，不知所措。後來，大舅趕過來替我解了圍。

我想起別的事。去年在十萬大山時，共產黨的二野士兵強迫我們參軍，我突然冒出一句「我有TB」這樣的話，解除一個可怕危機。後來，我們在南寧走頭無路時，我一再建議到香港。他們都說我們進不來，現在大家不是腳踏在這塊土地上嗎？我們在這裡過著痛苦的生活，可是香港究竟不是共產黨治理的社會，這不正是我們在南寧的願望嗎？老魏不是要替我們在這裡找工作嗎？

過一會，起伏的思緒慢慢平靜下來。我感覺到，戰爭和噩運使我漸漸有應對動亂的能力了。

在以後的兩星期中，我們每天三餐都在船上用飯；伙食很好，有魚有肉。我們很少見到老魏。見到時，他親切的說，「諸位，請耐心等一下。我不會忘掉說過的話。」餓肚子的事，已成過去；工作的事就在將來，還有什麼話可說？

黯然神傷

兩星期後的一個早晨，我們上船吃飯，見到一位緊張兮兮的船員對我們說，老魏走了。我們問他到哪裡去，有沒有留下什麼話給我們？

他說，「諸位，行行好。不要多問了。」他掃眼一看大家說，「諸位是朋友，我們好聚好散。記著，以後別再來了。」

我們立刻找張服天，他也不見了。

我們回歸一天一頓飯的生活，覺得這日子比過去更難熬得過去。我這時不禁回想到一九四二年豫西大飢荒期間，我仍維持正常的飲食；即使在南寧逃難那一段日子，吃不飽、睡不好，也不過兩三個星期而已。而如今在這個繁榮社會裡，我卻要長期的挨餓。以後怎麼活下去？

母親給我的首飾已經大部分變賣了，只剩下她的一對金鐲子還在手中。我不止一次想換錢果腹，每次都想到這是父親給她的結婚禮物，比我的年紀還大，就打消這個念頭。現在到了山窮水盡的地步，沒有辦法再苦撐下去。

我由班遠和鳴遠陪同到一家首飾店，把手鐲從絨布袋拿出來給老闆，商議價錢。大家看到兩個圓型鐲子，一片閃光折射出來。老闆把玩再三，向我說道，「這是我見過的最純最純的東西。」他放在戥子上，量出是四兩重，說道，「我會給你一個好價錢。」

當他看到我噙著的眼淚，馬上問道：「你是真想賣嗎？」

他凝視著我，等了一會，看到我無奈地點點頭後，他用布包好鐲子，拿到後面的賬房。過了一會，他回來，一手遞給我一大堆港紙，另一手拿著鐲子放在櫃檯上。我一看，失聲大叫，「你為什麼把鐲子切開呀？」在我面前的不再是兩隻鐲子，而是四個彎曲小金條，被切處閃閃發光。

老闆慎重其事對我解釋道，「這位朋友，我必須知道這付鐲子裡面和外面一樣的純。」對我來說，這已經不再是一付鐲子了，我與這兩個打造精美圓環的感情，從此切斷了。本來嗎，我既然賣掉這鐲子，就不該管買主怎樣處理它們。可是在我的潛意識中，仍然假定它們將是原模原樣永遠存在下去。

我懷著痛苦與失望的心情，頭暈目眩地步出店門，忘記查點港紙數目。我沒有立即去買任何食物或用品。一個星期以後，我買給我和班遠與鳴遠每人一碗魚片粥。這是我來香港後最痛心的事，不能再在這裡待下去。

這時同學們開始積極尋找去台灣的辦法，給教育部寫信，詢問有沒有相識同學，甚至親戚到了那裡，設法辦理入境證。我記得去年在上海遇到楊錚國大代表時，他說他全家計劃到台灣，就寫了一封信給他，由國民大會（我不知道地址，但我想郵局知道）轉交給他，看能不能替我辦入境證。這是完全沒有指望的事，因為在去年戰亂的情況中，他說不定沒有去台灣；即使去了，我不是他的家人，他如何辦理入境證？

我們在香港停滿兩個月以後，當地政府宣布一個安置難民的試行辦法，選擇一些志願者，移送到摩星嶺。這是香港西部靠海的地方，第二次世界大戰時的炮兵陣地，已經報廢，大炮都已拆除，炮臺仍在，可供居住。每日政府供應兩頓飯，派卡車運送過去。我的大夏和其地朋友都覺得食、住都有定所，比起在街上遊蕩，每日一餐的生活是不可同日而語。所以我們都應召為志願者。很多難民認為摩星嶺是幾十里以外的荒涼地帶，去那裡像充軍似的，不願意去。

摩星嶺正如其名，是緊臨海洋的一片高地，上有青天浮雲，遠望碧海無際；入夜，繁星壓頂，寂靜無聲。下有如蘇軾所描繪的「亂石崩雲，捲起千堆雪」美景。我們在這裡，解除兩月來的身心勞困，不禁有一種出世超塵之感。

有一天來了一位稀客，張服天搭送飯卡車來看我們，說出了有關老魏的故事。大約二十年前，他在天津碼頭工人和跑船水手中混出了「老大」的身分。在以後的歲月中，一直以船為身家性命。他為人梗直慷慨，廣結人緣。在香港幾個月中，他又混出名聲，是一個最大幫派的「老大」，規定所有中國人經營商船走私所得，要給他分成。他說出的定例，一點都不能改。他出手大方，碼頭工人和水手遇到金錢上的困難，找他幫忙，要多少，給多少。碼頭上另有兩個稍小幫派，很不服氣，但是他們彼此之間常有爭執，沒有辦法與老魏一爭天下。

一天，老魏接到這兩個幫派頭子請帖，邀請他到一座海邊飯店吃飯。他馬上知道這兩個頭子已放下彼此嫌隙，要聯手對付他。他們在請帖中寫明，兩人作東沒有他人作陪；老魏則可邀請其他朋友一道來吃飯。

到時候，老魏還是一人前往，大家寒暄幾句話，老魏擇了一個背窗臨海位子坐下。幾道酒菜以後，兩位頭子說，想請老魏把分成定例，減少一點。

老魏說，「我過去說的話，沒改過。現在也不能改。」

兩位頭子，不再答話，各從腰間掣出兩個匕首，向老魏刺了過來。老魏站起來，原位不動，等到那兩人貼近以後，踢翻飯桌，順手拿出他的兩個匕首。三人六刀鬥了幾分鐘，老魏刺傷對方兩人，但自己受傷更重，一刀刺中他的手臂，一刀插進他的肋骨。他看不敵，用身撞破玻璃窗，跳進海裡不見了。

「那，老魏後來怎麼樣了？」我急切地問。

「不知道。在整個海港一點消息都沒有。老魏是個水中能手。」服天說。

「老魏明明知道人家要他的好看。為什麼一個人去飯店？」憲祖問道。

「我猜想有兩個原因，」服天說。「老魏時常說，『永遠不要讓你的對手看不起你。』」

過一會，憲祖又問道，「那，第二個原因呢？」

「老魏也常說，『永遠不能作對不起朋友的事』。當他接到請帖時，他認定輸了。他要我離開船躲幾天。另外，他告訴船上所有水手，絕對不要管這件事。」

我們非常惋惜失去老魏這樣的朋友，也欽佩他為人的原則。以後再也沒有聽到他和服天的消息。

三月底送飯卡車帶來兩封台灣的來信。一封是鳴遠和班遠的，他們父親朱老先生寫道，已經在替他們辦理入境證。他去年到台灣，從鳴遠和班遠的同學處得到這兩兄弟在香港的消息，這位同學是從教育部得到他們的來信。

另一封信是我的，來自楊錚國大代表。他去年果然去了台灣，現在正在替我辦入境證，要我立即搭船起程，等我到達台灣時，他會帶著入境證接我。我非常高興這意外的好消息，可是覺得奇怪，我不是他的家屬，他怎麼能辦好入境證？

我擲開這問題，打聽去台灣的商船。這時我有很多變賣金鐲得到的港幣；可是，不知為什麼香港青年會在得知我要去台灣後，出錢替我買了船票。於是一九五〇年四月七日，我在一個陰雲密布的早晨，搭上「永生輪」這一貨船，開始了兩天多行程。

朱氏兄弟要等入境證寄到後離開。我懷著沉重心情向我患難與共的朋友道別，不知道他們什麼時候，才能脫離香港苦難的日子。可是我自己呢？我的前途就像這天早晨灰霧一樣的混沌不清。

第七章

出奇際遇

一九五〇年四月九日清晨，永生輪開進台灣北部的基隆港。乘客一一在檢查站前出示入境證，陸續登岸。但是檢查人員不准我離開船，因為我沒有入境證。楊代表給我的信中說，當船到基隆時，他會把入境證帶來。我在離開香港前老早寫信告訴他我到達基隆時日。現在他卻人影不見；我沒有他的電話號碼，慌亂極了。永生輪第二天要返回香港，如果到時候他不來，我不是要隨船回去？幾個月追奔自由安全之土，豈不是功虧一簣！

我只有在船上住一晚。楊代表第二天早晨來了，他還是以往沉默寡言的樣子，要我看一下帶來的入境證，交還給他；同時叮嚀我，到檢查站時，一句話不要說，由他應付一切。我一看入境證，嚇了一跳，上面載明我的姓名——「楊鴻超」，與他的親屬關係，「兒子」。在檢查人員面前，他先出示自己的身分證件，再交出我的入境證。檢查人員，馬上從座位上站立起來，向他微微鞠躬，然後驗對我的入境證，讓我們登岸。

我們坐上他的吉普車前赴台北。現在我稱他為「又錚舅」（這是大舅去年交待我的稱呼；又錚是楊代表的別號），向他道謝，為替我辦理入境證一定產生許多麻煩。

他說，「是碰到一點麻煩，所以才遲到了。」他要我安心，在他家住下來，隨後會把我的名字改過來。一路無話，到了他的住宅，在台北市靠南地區的溫州街。他引見他的全部家人：他的夫人（隨後我稱呼「又錚妗」）；兩位兒子，炳麟和東麟；兩位女兒，貞麟和鳳麟。過去都曾見過。另外，還有又錚妗的哥哥，士林（大家稱他為八舅）在家幫忙燒飯。除了家人以外，有兩位長期住的客人，理明亞和高萬青，是又錚舅的朋友。這住宅是日式建築，有兩個臥室、一個客廳、一個起居間、一個廁所，一個小廚房；大部分地方鋪著榻榻米。我們共有十人，擁擠在不到一千平方尺的房子裡。

又錚舅結交廣闊，在擔任國大代表初期時，選出蔣主席為蔣總統。來台後他是一位河南同鄉會的領袖，曾與來台的各省同鄉會負責人聯絡，代表大陸來台的兩百多萬人，再加上政府各機關人員，共同聲請一九四九年一月引退的蔣總統復職。蔣在失去大陸的極端失望情緒中，於一九五〇年三月復職，對楊代表及其他忠心人士非常看重。

第二天，我按規定，向政府申請「身分證」。在這時，又錚舅已經把我的名字更改過來。在入境管理極端嚴格的台灣，他能如此迅速地辦好這件事，真是有了不起的本領。又錚妗說，我不必過問這件事。她問起我母親的情形，我噙著眼淚說，他們住在桂林，現在下落不明。

她說，「不要緊，現在一直有人陸續從大陸逃出來。他們遲早會來，你放心好啦！」她用手臂半摟著我說，「你把這裡看作你的家。願意住多久，就多久。你看吧，我會對你像對炳麟、東麟一樣。」

這是我去年十一月離開母親以後，第一次感受到家庭似的溫暖，就控制不住噙著的眼淚，流瀉下來。楊家的兒女，都比我年幼，態度友善夾著恭敬。炳麟上中學，希望有一天像我一樣，成為大學生。東麟很小，我有時抱著他到巷口的小攤舖買東西，覺得他就是我的弟弟。八舅對我很親熱，吃飯時在我的碗底裡加一塊肉。這是五個月以來，我第一次住在房子裡，和家人一樣親近地相處。殘酷、危險、落魄的行程終於結束了。

我慶幸自己永遠不在明他娘恐怖陰影下生活，不再受日軍欺凌和共軍威脅，不再受飢餓的煎熬。現在我總算生活在青天白日之下，我的反共決心，支持中華民國的熱誠，都將在這裡得到回報。政府會幫忙我復學；如果我願意工作，也會為我找一份事。在這種興奮心情下，我甚至想去晉見蔣總統。這並不是異想天開的事。大舅多次告訴我，蔣是如何感激我父親在一九三〇年中原大戰時救他於重圍之中，如何任命父親為第45師師長。蔣知道父親不是黃埔出身，卻把他納入嫡系的中央軍。後來，父親又聽受蔣抗日的號召，在河南作戰陣亡。就我自己來說，我打算把我冒險帶出來的父親的寶鼎勳章給他看。這樣，也表示出，我們兩代對他所領導的中華民國忠誠之心。可是，當我聽說蔣對曾受共軍俘虜的任何軍、民沒有好感，就打消這念頭。

一天早晨我正在吃飯時，聽到一陣雷轟聲音，由遠及近，接著戶外的鄰居，大聲叫喊道，「美國飛機來啦！美國飛機來啦！」

我從房間急忙奔出門外，瞬時間看到四架去而復返的飛機，從樹梢上擦空而過。炳麟也趕了出來，拿著我的鞋子，要我穿上。我看到自己光著腳，啞然一笑。我告訴他，幾年前在虢鎮看到美國飛機，也是像今天這樣低。不過今天的飛機好像快多了（後來知道，這是F-86軍刀機）。我說，抗戰時美國派飛機到中國，幫我們打敗日本，現在又派飛機到台灣，協助我們防止共軍進攻。這充分表示美國對我們的友誼。我順便提道，我很喜歡吉普車，可是沒坐過，一直到那一天又錚舅在基隆接我時，才如願以償。這車在路上有一點顛簸，但是和我想像一樣地靈活。

很快的，我進入舒適的生活常軌。白天，有充分時間看報，上午打一會瞌睡；下午在附近的台灣大學校園蹓躂一陣。夜裡，炳麟、東麟、八舅和我在起坐間搭起一個大蚊帳，大家躺在榻榻米上聊天，聊到睡著為止。

我到台灣兩個星期以後，朱家兄弟乘船到來，住在他們父親搭起的簡陋棚子裡，附近都是同樣的棚子，是難民村，在台北市郊的東北方。朱老伯開了一個油條舖子，用以為生。我時常和鳴遠、班遠在市中心的商業區逛街。這裡的店舖與香港的一樣，都有騎樓。我們習慣性地東張西望，看到哪一個角落可供一宿之眠，互相點頭微笑。

他們告訴我，有幾位香港難友也到了台灣。劉孔立、曹中岳、胡彥雲和廖平洲過去隸屬孫立人將軍部下。孫現在是陸軍總司令，替他們辦好入境證，指定他們到南部高雄的軍事單位服務。他們在南下之前曾和鳴遠見面。鳴遠特別告訴劉孔立、曹中岳，台灣當局非常重視香港來人的安全問題，叮嚀他們在單位報到後，向上級報告清楚他們在香港時，不得已在中共報社作事的經過。

朱家兄弟說起他們父親的油條店，生意不好，養活一個人就有點勉強，不要說三個人了。他們決定不復學，要找工作。班遠找到一個臨時寫鋼板（作複印用）的零工，一星期八塊新台幣（大約合美金兩毛；四十新台幣兌換一元美金）。他喜歡這工作，給他練字寫文章的機會。鳴遠還沒有工作。

他倆的話驚醒了我是依靠楊家過著優閒生活，必須趕快結束。在台灣大學復學是一條路，可是必須經過嚴格的入學考試。我現在是大學二年級肄業，在過去兩年中，沒有上過幾天課，在逃難的生活中，更是荒廢了學業。但是我決定試一試，報名三年級轉學考試。結果，我考到一半就退出來了，因為我看不懂有些問題，根本沒法解答。

我復學不成，立即找工作。台灣在一九四九年以前約有七百萬人口。這以後，大陸來台人口是二百多萬。除了軍公人員以外，絕大多數都在找工作。往往幾百人競爭一、兩個職位。我在學校、政府機關、報社、商店一個一個地詢問機會，一個一個地沒有著落。心中懊喪極了，學校進不去，工作找不到。天天是楊家的累贅，這如何是好？

有一天，朱家兄弟和我在重慶南路散步，我告訴他們，我實際上仍然是一個無家可歸，無工作機會，無所希望的難民，和在香港時情形差不多。班遠說他有同樣感覺。他望了一眼我們經過的深紅色總統府大廈，繼續說，「我覺得在這裡比在香港還難過。香港嗎，是英國殖民地，那裡的人可以看不起我們。可是，這裡是我們的國家，有自己的政府，對我們冒著生命危險前來的人，卻毫不關心！」他越說越生氣，脹的滿臉通紅。

嗚遠馬上接著說，「小聲一點。」他放慢了腳步。「我想我們還是來對了的地方。」

我一想，嗚遠的話也對。我最近接到母親和大舅轉了幾個彎的來信。她們今年初從桂林輾轉到漢口，在那裡住了下來。他們的生活可比我們的差遠了。天天提心吊膽，怕共產黨發現他們身分；為著生活，每人每天要糊好一千二百個火柴盒子，繳上去。不過，有一點還算好，共產黨准許他們寄信出來；而且聽說對一般人去香港沒有什麼嚴格限制。這樣的話，又錚妗說的話是對的，他們遲早會來台灣。到時候，說不定我們可以開一個小飯鋪，像朱老伯一樣，賣油條；另外再加上餃子，是很多來台的北方人喜歡吃的東西。

幽暗斗室

我和朱家兄弟相會後沒多久，突然接到三舅從香港來信。他去年在成都加入國軍，和共軍作戰，潰敗以後，今年輾轉到了漢口，居然在兵荒馬亂中找到大舅和母親。他在漢口住些時候，決定試探去香港。到了廣州，發現很容易找到走私販子，花一點錢，就可以進入香港。當地謠傳，共產黨故意不管人口走私的事，是找英國殖民地的麻煩，增加當地負擔。他說，他會想辦法接大舅和母親到那裡。

我高興極了，心想也許幾個星期之內就會和親人相見，也許更早一點。我借了一部腳踏車，飛快地奔向朱家，想請教朱老伯如何開飯鋪。到了以後，發現他的攤鋪關掉了，一人蹲在他的棚子裡，滿面愁容。我問他怎麼回事。

他說，鳴遠被安全人員帶走了。他和班遠四處打聽消息，找到一位在治安機關作事的朋友，弄清楚事情。原來，劉孔立和曹中岳在南部軍中報到後，沒有向上級稟報他們在香港曾在共產黨報社作過事，被軍中情報人員偵察出來，立刻展開廣泛調查，逮捕了許多人；並且把劉孔立和曹中岳押送到台北，作進一步調查。台北的治安機關得知他們與鳴遠會過面，就把他也抓起來。

我覺得這事情太荒謬了。去年鳴遠在去南寧路上告訴我，他為什麼反對共產黨。他的家鄉在江蘇北部的鹽城縣，因為家中有田地，成為共產黨鬥爭對象，把他們的田地奪走，分給別人。這倒罷了，共產黨還用酷刑對待他家人，甚至把他的母親虐待致死。他覺得共產黨不講理，沒人道。他家田地是祖宗留下來的，不是偷來的，搶來的。共產黨把田地奪走不算，為什麼還害死人？他和家人馬上離家逃走時，失手打死一位共產黨幹部。之後，他和父親及班遠先逃到上海；後來和父親分開了，和班遠逃到桂林、南寧、香港，最後到台灣。

鳴遠是這樣反共的人，政府為什麼不分青紅皂白，把他抓走？再說，他好心叮嚀劉孔立和曹中岳，向上級報告他們在香港的情形。結果，他的好心卻得到惡報。這太不公平了。我非常氣憤。繼而一想，如果這樣不合理的事會發生，那麼劉和曹會不會把我也牽涉進去？我馬上覺得這不可能，在香港時跟他們只是點頭之交，沒講過幾句話。

一九五〇年十月二十四日午夜，一群武裝軍警敲開楊家大門，壓低聲音說，要作例行的居民調查，每人必須出示身分證。當輪到我的時候，一位警官查對我與身分證上的照片後說，

「戴先生，請你和我們走一趟，幫忙弄清楚一件事。」

我感到一陣暈眩，隨即清醒過來，想到自己是如何的錯誤，認為劉和曹不會牽涉我，現在惹上麻煩。我轉過頭來對又錚舅說，「真對不起……我……絕對沒有作……」我感到嘴乾，說不下去，就跟著軍警們，上了汽車，在寂靜無聲的路上奔馳，這時的陣雨使得車燈暗淡無光。

我們進入市中心的軍警重地：保安司令部、憲兵司令部以及國防部都在這裡。車子到了一所圍牆高大的院子停下來；我們進入一間接待室，有兩位身著便裝的人，查證我的身分。我看到他們非常和氣，就試著問道，「請問這是什麼地方？找我來有什麼事？」

當中一位說，「對不起，我們不能告訴你這是什麼地方。我們請你來，」他望了他的同事一眼，「是因為你朋友的關係。」

「是劉孔立和曹中岳嗎？」

「是。還有朱鳴遠和朱班遠。我們想請你幫忙……」他沒有說下去。

我覺得很奇怪，在這種情形下，就他的身分而論，應該閉口不言，不告訴我任何事才對。好了，現在連班遠也進來了。那麼，我到這裡是不是因為朱家兄弟的關係，而與劉和曹無關？

兩位便衣人員帶我到一個上鎖的建築物，裡面是一個長走道，左右是一排排的房間，就像旅館一樣的格式。他們停在一個上鎖的房間，打開後讓我進去，鎖上門，走了。我看到的是一片黑暗，稍停，借著房門上監視孔閃進的燈光，看到這是一個小房間，地板上擠滿了穿軍裝的大兵，都在睡覺，一股汗味薰鼻。我站在兩個人中間，要他們讓給我一個空位，他們都說不要大聲講話，然後把我推到房間的後面，要我躺下。

我慢慢地看出這個房間的大小，大約七、八尺寬，十一、二尺長，沒有燈。裡面共有八個人（連我在內），分作兩排，腳對腳，睡在地板上。我看著房頂，最多不過七、八尺高，無論如何睡不著；想不通他們為什麼把我放在大兵一起。我想起去年在廣西過俘虜生活，也沒有現在這樣的壓抑。那時候，我至少還有身體活動空間，現在擠的連伸展四肢都困難。整個房間和裡面的人把我壓縮地透不過氣。

第二天早晨，房間裡的人告訴我，他們不是當兵的，穿軍服是這裡的規定。他們問我為什麼到這裡來？當聽到我的解說以後，大家一聲都沒吭。過一會，有兩位年紀稍長的人說，「老弟，你恐怕要在這裡待一陣子了。」

「這怎麼可能！」我說，聲音高了一點，引起他們揮手捂嘴，作出警告。「政府應該清楚我的身世，知道我堅決反共立場。他們說要我幫忙，我想……」我看他們沒有興趣聽下去，就打住話頭。

以後的兩星期中，沒有人來傳詢我，房內的人也不再言語。這真是怪事，治安機關興師動眾，半夜敲門，急急忙忙地把我找來，現在卻不理不睬，像沒事一樣。我恨透這個侷促昏暗房間，感覺到就像被繩綑綁著一樣。白天我坐在一個角落，看著別人就像沒看見；夜裡，我捂住嘴，悶聲在哭。

一天我被傳到一個辦公室。一位軍官，說他姓趙，客客氣氣地把我迎進去。他坐在一個桌子後面，讓我坐在他對面。他說，「戴先生，我們完全清楚你的一切。首先，請你諒解，你不是被拘捕，更不是嫌犯。請你來，是要幫忙調查一件事。」

我心想，你說的如此客氣，但對我行動上可不是如此。不過，還是鬆一口氣。他拿出一個記事簿，準備記錄，說道，「為著程序上需要，告訴我你的身世和任何你覺得我們需要知道的事。」

我告訴他我父親的事蹟和個人身世，敘述從上海到桂林和香港經過。他問了些簡單問題，給我的印象是，事先已經知道我的詳細情形。我特別告訴他，我們在廣西大學時與共產黨學生如何用文字激烈爭辯。當時，有一位政府情報機關官員，發現我們反共行動，要支援我們，並且徵募幾位同學到他的機關工作。

趙軍官停下記錄，問我道，「這位官員是誰？」

「姓范……」

「范子文，是嗎？」

「是的。」

「他也參加調查這個案子，已經報告過你們在廣西大學的情形。」他翻了幾頁紀事簿，看了一遍。「說起這案件，你大概聽說，是關於劉孔立和曹中岳的事。我們必須弄清楚，他們來台灣有沒有擔負任何對方的任務。我們已經調查很多人，包括你的朋友朱家兄弟。在沒有證明他們是完全清白以前，一個人都不能走。」

他放下紀事簿，說道，「我剛才講，我們清楚你的一切，特別是你的父親。我可以鄭重地告訴你，在審理這個案子時，你是我們信任的證人，必須好好保護。」他微微發窘，笑道，「我們可以安置你到比這裡好的地方，但是沒有這裡安全。我們會儘快讓你……」

我等著他說完話。但是他沒有說下去，要我走了。

我回到房間，心情輕鬆許多，可也沒有特別高興。我告訴大家與趙軍官談話經過。我說，過幾天他們聽完我的證詞，就會讓我回家。大家聽了我的話，又是一語不發，只有兩人互望一眼，微微搖頭。

希望要低

我瞅著那兩位，不知道我講錯了什麼。他們還是搖頭不語，而且有一點窘迫的樣子。

他們和一位二十幾歲的人，常住這房間，其他的人來來去去，經常變動。這兩位當中一位姓徐，五十來歲，比一般中國人高，四肢和胸膛枯瘦，寬大的臉面有一層薄薄的皮膚，幾乎半透明；他說話聲音像蚊字哼一樣低，笑起來有一點惡作劇表情。另一位姓蔡，四十歲上下，棕黃色的臉，一嘴被香菸薰黃的牙齒，比較嚴肅；在地板上坐著的時候，喜歡伸出他的兩條腿，上有傷疤。他說話聲音也很低，說這是規定。每個房間的人都必須儘量少講話，日裡和夜間都如此。結果，這所建築物聽說容納一百多人，就像沒有人一樣的寂靜。可是房內的人仍然時常互相談話，只是壓低聲音，讓那厚厚的房門檔著。

蔡和徐勸我，要捺著性子待下去。蔡說道，「在這裡的第一件事，是要有希望。不然的話，」他看我一眼，「會變成行屍走肉。可是，話說回來，要把希望放低。不然的話，會變成瘋子。」他頓了一下。「我就是這樣過著。你過些時也許會知道，你和我的情形有些地方差不多。」

蔡的最後一句話好古怪。我怎麼也想不出來，他和我有任何相同地方。關於他好心的建議，也許適用別人，我並不領情。我想趙軍官和我再談一、兩次，就讓我離開這裡。這不是希望不希望的問題；這是明擺著的事。

過幾天後，一陣痛苦嘶叫的聲音傳到我們房間。我立即從監視孔望外看，只見朱家兄弟被人攙著在夾道中，走過各房間。他們臉上紅腫，衣服透出血跡，哭哭啼啼不休。徐馬上把我拉到旁邊，說，「你不可以在那裡看。」

我非常生氣。朱家兄弟是和我一樣地清白，也許知道劉孔立和曹中岳的事比我多一點，可是也多不了多少。你就是打死他們，也逼不出來他們不知道的事。我氣著，氣著，看到眼前一片黑暗，頭暈目眩。我用力呼吸，慢慢鎮靜下來。蔡看到我的樣子，說道，「不要著急。他們不會這樣對待你。」

兩天以後趙軍官又傳詢我。臨去前，蔡再一次告訴我，不要緊，趙軍官不會對我怎麼樣。當我到達趙的辦公室，還是心跳加速，雙腿遲疑不前。我自問，他如果對我用刑，我能支持多久？可是他還是像從前一樣客氣。我想他是不是「先禮後兵」？

不，不是的。他只是要我補充上次談話，根本是不必要的瑣碎細節。

生活便落入常軌。每天早晨擦黑起床，各房間的人順序到室外場地，使用茅房及冷水盥洗。上午再順序，在場地作十分鐘體操。三餐飯在房內食用，月末有肉。我每天都認為要出去了，每天都回入常規生活。我的希望，是高是低，都落空了。我氣憤中，撕我的衣服，拳打牆壁，夜中從惡夢中驚醒。我甚至拒絕吃飯；事後饑腸轆轆，又後悔起來。可是他們為什麼這樣對待政府的證人，太不公平了。既然沒有話再問我，為什麼不讓我出去？

「你不可以這樣折麼自己。」蔡再一次地勸我。「遇到非常頭痛的問題，最好的辦法是從最壞處著想；這樣任何要發生的事情都是好的。」

蔡的話有道理。可是我想，還有什麼地方比這個暗無天日，不講是非，擁擠不堪的陋室更糟糕？

徐開始教我下「圍棋」。我最初對這個古代傳下來藝術遊戲毫無興趣，因為這遊戲太複雜。先要有一個棋盤，在上面縱橫各劃十九條線，構成三六一個據點。兩人對奕，分執白子及黑子，誰先占領一八一個據點，誰贏。最重要的規則是雙方所占的據點必須連在一起，如被對方攻破漏洞，就失去已經占有的據點。我看徐和蔡下棋時，他們擺出的棋勢，就像我們吃的麵條一樣，亂七八糟，一點頭緒都沒有。

徐不管，一步一步地教我。有一天，他故意把他占領的據點留下缺口，讓我攻前去，「吃」了他一大片地盤。他輸了，我的興趣來了；以後他幾乎每天和我下棋；一下就四、五個鐘頭。過些時，我進步了。他找蔡幫忙，仍是真的輸給我。他失聲大笑，說我學的比他教的快。他趕快搖頭，捂住他不合作的嘴。

正當我們興高采烈玩這個遊戲時，管理人員作例行檢查房間，沒收不應該收藏的東西，包括我們的棋盤和棋子。

這事真令人失望，下棋礙什麼事？違反什麼規章？為什麼不准我們有一點娛樂活動？徐和蔡卻不在乎；徐甚至擠眉弄眼，向我作鬼臉。

過了幾天，新的棋盤和棋子出現了。管理人員不知道我們的天機妙算。每人都發有便所用紙，把節餘的紙用稀飯黏貼接連起來，上面縱橫各畫一九條線，當作棋盤；又用紙捏成扣子大小一樣的幾百個棋子，把其中一半棋子用菜汁染色，算是黑棋子，其餘算白棋子，用稀飯塗上，涼乾。這樣就可應用了。過些時棋盤、棋子又被沒收了；新棋盤、新棋子照常再出現。這些黏貼功夫，都是徐一手包辦。想不到這個身高體大的男人，卻有繡花姑娘一樣的靈巧細心。

徐喜歡講故事和軼聞，多數與他無關。蔡比較沉默寡言。直到我快離開這個幽暗斗室，才知道他們是多麼傳奇性的人物。你如果第一次見到他們，絕對猜不出他們的身分。

難忘摯友

徐和我交談時，要我告訴他我過去的經歷，不是我如何從上海到桂林再到香港和台灣，而是小時候的身世。有一次談到我父親的「羅斯、羅斯」汽車。他問道，「既然這部車壞了，你父親為什麼把它運回你們老家去？」

我說父親一直用這車衝鋒陷陣，從一九二〇年代打共產黨開始，到一九三七年淞滬會戰日軍把它打壞為止。他看這車如性命一樣重要。

徐注意聽我講完這一段往事，問道，「你能不能告訴我你老太爺的大名？」

當他聽到我父親的名字，他說，「啊，你是戴民權的兒子！我聽說過他打共產黨的特別戰術。」

「你聽說過我父親？你見過他嗎？」

「沒有。」他注視我一會說，「告訴你吧，我從民國十三年就跟隨蔣委員長。在我們軍部中，誰不知道，你父親在十九年如何在湖北解救委員長出來。」

他遲疑一陣，說出他的背景。他是黃埔軍校第一期畢業生，當時委員長是校長。後來他擔任過許多重要職務，官居中將；共產黨建國以前任漢口市長。他說到此處，沒有講下去。

我一聽，不得了，我怎麼碰到這樣的大人物！黃埔一期畢業生不是像過去天子欽命的武狀元嗎！別的同屆畢業生，如胡宗南和杜聿明不是都帶過幾十萬人馬的將軍嗎！他怎麼會流落在這個幽暗斗室？

過了一段時間，我向他提出這個問題。他沉吟一會，說道，「算啦！還是告訴你吧。」他挑高眉毛，突然笑了起來，說道，「我被押到這裡來，是因為當年我要插『野雞翎』。」

他看我臉上迷惘之色，馬上說，「我是開玩笑，作個比喻。」他解釋道，『野雞翎』是京戲中大將軍所戴的裝飾品，是表示想造反稱王。他繼續說道，「事情是這樣子。我在民國十三年黃埔軍校時就參加共產黨。這以後二十幾年中，委員長完全不知道我的底細。」後來，他在民國三十九年（西曆一九五〇年）來到台灣，被情報機關偵察出他是共產黨員，上報給蔣總統。當時蔣為失去中國大陸，心情極為沮喪，認為任何落在他手中的共產黨，就是不可饒恕的罪犯。再加上他過去一直看待徐為他的學生，是他的心腹，可是徐卻背叛他，隱瞞達二十六年之久，內心有說不出的痛苦，下令將徐逮捕，聽候軍法審判。

我聽到他坦白說出這樣出奇事蹟，震驚莫已。我問道，「你想蔣總統會怎麼處置你？」

「不知道。我曾經請徐源泉幫我忙去見總統。我想告訴他，我從來沒有透露軍事機密給共產黨。我只是跟他們有同樣的信仰；結果沒有下文。」他說徐源泉與他沒有親戚關係，當過總司令的大官，也曾經是他的上司；現在是總統府高級參議。

徐從這次和我談話以後，更加友善，一看到我情緒低落，就講個笑話。有一次他問我知不知道「愚公移山」的故事。

我說在中學唸過。

「這位老先生還真有本領，連山都可以搬走。但是他實在很笨，轉個彎不就過去了嗎？」

一九五一年一月四日，命令下來了。我和一些這個院子裡的人，將在第二天移轉到另一處地方。晚間，我向徐和蔡說，這一去，不知是好是壞。

「你放心好啦。」徐微笑著說。「你到移轉站後，住幾天，就會到外面過正常生活。我祝你好運道。」他凝視著我說，「我不知道該不該和你說再見，只希望我也有好運道。」

蔡好像有心事，過了一會才開口：「你年輕有為，將來會有成就。我也不知道要不要和你說再見。不過我想我遲早會出去，根本不需要這裡的嚴密保護。」

在這之前，我已經得知部分蔡的背景，後來知道的更多。他比徐具有更特殊、更令人驚奇的身分。他不是別人，是共產黨在台灣地下組織領導人物。他姓蔡名孝乾，是中共中央在一九四〇年代末期，直接派駐台灣省工作委員會書記，擔負兩項重大任務：收集台灣軍事防守計劃情報，配合預定於一九五〇年夏天中共進攻台灣時，製造內部動亂。蔡迅速擴展組織，建立起四百多人的情報網。在極短時期內滲透國府國防部，直接從副參謀總長吳石手中獲取九項台灣絕密海、陸、空防禦計劃，由中共情報專員朱諶之於一九四九年，轉送中國大陸，到達中共最高領導中心。（根據多年後中共及台灣發表的資料，毛澤東曾看到這些文件，寫了一首詩，預祝中共攻台成功：「曙光迎來早，虎穴藏忠魂。碧波映天曉，驚濤拍孤島。」）

一九五〇年一月，國府情報機關偵破蔡的組織；兩月後逮捕了吳石、朱諶之和蔡孝乾。吳和朱拒絕與情報機關合作；蔡則供出台灣工作委員會活動情形，導致四百餘人被捕。吳、朱和其他中共人員被槍決。國府情報機關認為蔡是極重要的反共線索人物，加以二十四小時保護。最初就是把他安置在那個幽暗斗室之中，後來轉送到其他處所。

一九五一年一月五日，一部軍車把我們十餘人運送到台北市北區的一個處所。這當中有朱家兄弟，沒有劉孔立和曹中岳。這裡也是一個高圍牆的大院子，容納兩百多人。沒有嚴格管理；大家可以互相交談，也准許家人送來食物及醫藥。

我和朱家兄弟說起徐會之和蔡孝乾的事情。他們也已知道這兩個特殊人物的一切。我們都奇怪，為什麼徐會之能隱瞞他的身分二十六年之久？他身居國府高官多年，為什麼從來沒有後悔過，也沒有被國府情報機關及早發覺？蔡孝乾為什麼有如此超人能力，在極短期內發展出龐大地下組織，滲透國府軍事核心，獲得可以打垮台灣的機密文件？

嗚遠認為這簡直是奇蹟，不由得嘆口氣說道，「你也不能不佩服共產黨有這樣能幹的人！」他話鋒一轉，繼續說，「他們在被捕以前，是死心塌地信服共產黨；我們死心塌地反對共產黨。不論政府如何處置他們，應該立即釋放我們才對，還等什麼？」

「是呀，」班遠說。「我想我們很快就會回家。說不定是一、兩星期的事。」

可是，不是如此。我們天天盼望好消息到來，天天失望。一直到將近三個月之後，一九五一年三月二十九日，我們終於離開這裡。

這一年十一月的一天，我在吃早飯，看到報紙上一條新聞，幾乎嗆得說不出話來。徐會之被槍決了（多年後，台灣解密文件載明，軍事法庭判徐十五年刑期。蔣批示處決。）

我回想起和他相處情景，不禁悲嘆他這樣的下場。也連帶想起蔡孝乾，當時完全沒有消息。再過多年之後，得知他加入國府軍事情報機關，任少將副主任。

我仔細思索這兩人處世為人。他們之所以跟隨共產黨，很明顯的不是為名為利，只是為他們的信仰。我雖然非常反對他們的信仰，但不能不懷念他們的真摯友情。是他們的勸解，是他們的關懷，讓我度過我生命中的最黑暗時期。他們是有理想，有同情心的人，不像國軍所作的宣傳一樣，幹過殺人、放火、奪地土匪一樣的勾當。可是話又得說回來，共產黨中不知道有多少其他的人，是作過這些可怕的勾當。為什麼一個黨會容納這兩種截然不同的人？

第八章

發憤圖強

全心台大

一九五一年三月二十九日，我和鳴遠、班遠進行兩項慶祝活動。趁著這一天是青年節，我們齊集總統府廣場，觀看大、中學生舉行紀念儀式和遊行，我們隨著他們歡呼，「自由中國萬歲！自由中國萬歲！」我們更振臂高呼，「自由！自由！自由！」

之後，我們去一個澡堂，在一個熱氣騰騰的浴池裡，泡上二十分鐘，舒解身心勞困；再來個全套招待：擦背、修腳、挖耳、理髮和刮臉；拉起潔白被單在躺椅上睡他半個鐘頭。我們各自穿上新買的衣服和鞋襪，出了澡堂，到一個河邊，把已經捆好的所有舊衣物，統統燒掉。我們用水、用火把五個多月的「霉氣」消除淨盡。我們在飯店飽餐一頓後，各自回家。

一路走來，覺得頭腦清醒，精神飽滿，步履輕鬆。

可是，我一到楊家附近，一陣懊惱悔恨之意襲了過來，使我腳步遲疑，不知所措。我想，實在不應該來台後住在楊家；這次跟他們增添多少麻煩，造成多少不安焦慮。想了一會，我還是敲門而入，看到又錚舅對我點點頭，我一句話都說不出來。又錚妗走過來，牽著我的手到起居間，要我坐在一個角落榻榻米上。她說，「你好好休息，一句話都不要說。」就走了。

過一會，我聽到又錚舅在隔壁房間說，「我仔細看過鴻超的日記，老早知道他一點事都不會有。好了，現在總算結束了。」

「是呀，」又錚妗說。「這孩子也受苦啦；你看他多瘦。」

「他們應該把他安置在好一點的地方。當然，他們有他們的理由。」

我天天坐在那個角落的榻榻米上，胡思亂想，心神不定。我時常揣測，會不會再回到那個斗室裡，會不會另有案件，要我作證，過那種昏暗無望的生活？我一再告訴自己，不要作這種無益想法，但就是控制不住。夜裡時常從夢中驚醒，一身冷汗；看到我不是和大兵擠在一起睡覺，而是好端端地躺在榻榻米上，旁邊是炳麟和東麟，心中感到舒坦安慰，就睡著了。可是這種夢魘情形連續發生，直到多年後才不擾騷我。

我問自己，我的前途是什麼？我會不會如徐會之和蔡孝乾所說，過正常生活，將來會有成就？

在四月間我接到大舅一封信，當中有好的也有壞的消息。他經過三舅幫忙，由走私販子護送到香港，現在政府有一個機關替他辦理人境證，過些時來台灣。他將是我的第一位親人在台重逢；我興奮極了。可是我母親和弟弟在隨後赴香港旅程上，出了問題。他們已經到達廣州，因為害怕被公安機關盤問赴港目的，竟然返回漢口。真是功虧一簣，令人遺憾。大舅要我儘量籌集錢，寄給在香港的三舅，然後轉給母親。我非常為這事懊惱，但是遠在台灣，沒有補救法子，只有希望她下次能赴港成功。我把所有的積蓄八百元新台幣（約合二十美金），寄給三舅。

在這一月我接到另外一封信，是來自中華文藝復興委員會，宣布我得到文學獎第一名。去年我聽班遠說起，這委員會以競賽方式，徵求文學與藝術作品。我撰寫一個中篇小說，題名《夢中淚》，參加文學作品競賽。我根據一九四八年在開封時聽到的一個故事所寫成。敘述一個高中學生與他所尊敬的一位老師之間的關係，以及他老師被政治折磨致死之後他的悲痛心情。

委員會在信中說明，要發給我幾千元新台幣，詳細數目記不清楚了，但是這獎金在那時足夠買四兩黃金。這獎金與我去年在香港出賣母親的金手鐲完全等值。這真是奇蹟！我從來沒有中過獎；更不要說文學獎，連想都沒想過。事實上，我完全忘記去年投稿的事。

當獎金寄來後，我作的第一件事，是和八舅（又錚妗的哥哥，在楊家幫忙燒飯）一同到雜貨店買了兩袋雪白麵粉，每袋五十磅的美國產品。他說，「這一下可好啦！我可以做吃不完的饃呀、麵條呀、餃子呀。都是我們河南人喜歡吃的東西。」

得獎的事改變了我的態度，我不再灰心喪氣。三月二十九日我恢復自由時的那種神清氣爽心情回來了。我盤算著，文藝委員會的委員們一定都是極有成就的學者，如果他們認為我有文學方面的天分，我為什麼不朝這方面發展？我回想，在廣西大學時，我寫的一份大字報，造成小小轟動。去年我來台後，在《中央日報》上發表一篇「香港苦難的一群」的長文，呼籲在台同胞支援香港難民，引起廣泛注意。我是我們逃難同學中唯一在報紙發表過文章的人。

我反過來想。我毫無文學基礎，也沒有錢財支持我開展文學生涯，走這條路會吃力不討好。這時母親的兩個手勢浮現我的腦海。一個是管好錢財，一個是好好唸書。我思之再三，覺得還是重返大學唸書最妥當。我已經寫出三篇政治性的文章，受到適當的尊重，應該從這方面發展。但是問題來了。我去年考台灣大學徹底失敗，以後沒再唸過書。今年的考試就在兩個月之後，在這短短時間之內，怎麼可能作好應有的準備，通過考試？

但是我的文學獎金建立了我的信心，決定一試。我埋頭在書本裡，每天只睡五小時，有時省去午飯或晚餐，要全心考上台大。結果，六月考試的成績不如人意。我立即提醒自己，「把希望放低」。如果這次再不成功，明年來第三次，有一年的時間作準備。

孤兒自強

台大考完後沒多久，大舅抵達台灣，也住在楊家。我們互道別情。事實上，我們在先前通信中，已經講過主要情節。他提出一個小疑點：為什麼我給他許多信件，都不在信封上寫回程地址？我說，他知道我住在楊家，所以沒寫。可是，我給別人的信上，也不寫回程地址。這是因為我害怕，如果他們出了問題，我又惹火上身，再去作證。

「你這不是太天真嗎？」大舅向我注視後說。「安全機關要找你，不管你寫不寫地址，還能找不到你？其實，我知道你沒有跟很多人來往。出問題的機會太少了。不必擔心。」

我點頭無語，但決定還是不寫地址；這樣心裡踏實一點。

他問起我考試的情形。我說不滿意，已經決定明年再考。現在要開始買書，不再借書。這樣，我可以在書上圈點重要細節，也可以重讀每本書，不受時間限制。

「我看你是下定決心要上台大。行，我完全贊成。」大舅熱情洋溢地說。「但是，你能不能等台大發榜後再決定買不買書？」

「我不願意明年又沒有準備好。」

「鴻超，你變了。」他把兩手搭在我肩膀上說。「你一直是個好玩的孩子。在開封唸高中時不用功，勉強畢業。現在不了，你不但認真唸書，還知道操心事情——操心沒發生的事情。」

是的，我近來記掛的事情多著呢。我最放心不下的事，是困在漢口的母親和弟弟，什麼時候才能出來？目前我離她這樣遠，沒辦法和她聯絡；就連在香港的三舅，也不敢多跟她寫信，怕引起公安人員注意，造成麻煩。就我自己情形來說，這次考台大不順利，假定明年還不成功，是不是一直考下去？別人是不是看不起我這個不成才的人？我又如何早日養活自己，不再是楊家的累贅？現在大舅說我不再是好玩的孩子，而是會打算的人。是這樣嗎？

我慢慢地認識到，這樣操心煩惱沒用處，決定作兩件事。第一件，是制定工作日程表，在表中填上我應該作的工作，然後查驗進度和結果。這是我從來沒作過的事。目前的工作是，選擇那些書去買，準備來年考試。第二件，是恢復記日記。我在中學時，記日記是為老師記的；到大夏時，我才寫日記為自己看。這時我體會出，中學時老師所說記日記的好處，是增強記憶力。我在大夏及廣西大學的幾本日記，在南寧失落了。後來斷斷續續在記。現在我特別重視這件事，是因為看到雜誌上一篇文章，作者是韓欽元。他講出記日記四大要點：記給自己看，堅持一日不斷，忠實坦白和用語生動。我非常同意他的看法，以後就遵守這些原則。

一天早晨我經過台灣大學校門，看到旁邊圍牆前一大堆人，翹首提足看一張布告。原來是學校考試發榜了。我遲疑一下，要不要過去看，突然想到在臨汝聽到一句俗話：「醜媳婦總要見公婆。」就擠進人群，看到政治系三年級轉學考試及格學生有四名，我是當中之一。我馬上躲到旁邊草地，蹲下來，泣不成聲，半晌說不出話來。停了一會，我走到學校門前，盯著牆上嵌著「國立臺灣大學」六個大字，久久不能自已。這是改變我命運的地方嗎？能不能引導我到一條路上，不再過驚慌害怕日子，而專心向學，事業有成，符合母親願望？

一九五一年九月，我終於註冊為台大法學院政治系三年級轉學生，並且分配到第一宿舍的一個位置，不再依賴楊家為生，減去心中一大負擔。這宿舍是台大向大同中學暫時借用的，座落在新生南路，離台大校總區很近，但是與地處市中心徐州街的法學院，有步行二、三十分鐘的距離。政治系屬於法學院；我每天步行來回。

在宿舍遇到一位同班同學，叫張劍寒。他在一九四九年隻身來台，考進台大一年級。他和我同樣身高和年齡，也很瘦。家鄉在江蘇北部的沛縣，彼此說著類似方言。他看起來有點嚴肅，其實很和善，偶爾還講點笑話。

我們寢室住著八個學生，非常擁擠；室內只有一個電燈泡和一個窗戶。張劍寒的床位及書桌靠近窗戶，是個好位置；我的位置在寢室中央，離窗戶遠。他要和我調換位置，表示歡迎之意。我雖然不願意這樣作，因為他的堅持，就接受他的好意。在以後的兩星期中，他詳細介紹給我聽政治系的教授們和他們的專長。

他所講的話使我非常不安。他說有些教授曾在大陸上久負盛名的大學任教；他對我講起他們的教課內容——像「行政法」和「中國政治想思史」——說得清清楚楚，給我一種印象，他可以當我的老師。我懷疑自己能不能跟得上課程。

有一天我在寢室中告訴劍寒所擔心的事。他一面喝著香片茶，一面看著他的筆記本，說道：「鴻超，不要緊。你只要作好兩件事，我包你沒問題。用功，不曠課。」

我心想，你可說到我的缺點了。我不是不讀書，而是心不在書本上。我看到白紙黑字，是一個字一個字唸；但從來「不求甚解」，讀完後就忘記了。再說，從高中到大二，經常缺課；在廣西大學根本沒上過課，只有在準備考台大時，才死心塌地唸書。但是到台大後，學生們各唸各的，沒有老師督促，我會不會像從前一樣荒廢學業。

我把這些經歷統統告訴劍寒。他喝一口茶，面帶微笑問道，「你有沒有聽說過，有人把『大學』這個英文名詞翻成中文，叫『由你玩四年』？」他沒等我回答，就說，「有些同學在台灣有家有戶，或許他們可以玩四年。」他頓了一下說，「你我就不同了，我們是孤兒。在學校唸不好書，沒有家可以依靠，那就完蛋了！」

劍寒的「孤兒」這個用詞，使我非常震撼，比我在香港初次聽到我們是「難民」時還不舒服。

「就我看來，」他舉出兩個指頭說，「孤兒只有兩條路可走。」他搖動一個指頭，「一條路，是當乞丐，靠別人施捨生活。這當然不是我們要走的路。另一條路，」他搖動另一個指頭，面帶詼諧笑道，「是出家當和尚。你沒聽說過嗎？很多孤兒跑到廟裡當和尚，忘卻紅塵，專心唸經。」

他看我一臉迷惑之色，就接著說，「我不是真的要當和尚，而是作個比喻。台大是我的廟；書本是我的經。」

筆記爭勝

我在一九五一年秋季學期開始一月之後，去看班遠，告訴他轉學考試經過。

「我就知道你會通過的，」班遠瞪著眼向我說。「你拚命唸書，連你生死患難朋友都忘掉了。」

我向他彎腰點頭說，「對不起啦。我想你明年參加考試，也會通過。」

「謝啦。可是我不會參加考試，」他嘆口氣說。「事情往往跟我們想像的不一樣。我們為反共冒著生命危險逃出大陸，在香港過著乞丐一樣的生活，到了台灣。這裡的反共政府應該好好照顧我們才是，可是他們卻不聞不問，讓我們過著潦倒生活。這倒罷了，反而把我們關起來。這那有天理！最使我們痛憤的事，是他們明明知道不必要，仍然把我和鳴遠打的死去活來。」他又瞪著眼看我。「可是他們對你卻特別優待。啊，啊，好像認為你是他們一夥的人。」

我低頭自思，你說這話真不應該，難道我喜歡他們的「優待」嗎？他們要我幫忙作證，卻把我放在不見天日的地方將近半年之久，事後既沒道歉也無賠償。他們沒動刑讓我身體受苦，可是造成心理上的傷痕。我經常受夢魘之困，時時覺得不安全，憂慮擔心。

「鴻超，我不是責備你。只是覺得事情太不公平啦。」

我倆一時都無言語。

「你現在有什麼打算？」我問道。

「還有什麼打算？鳴遠找不到事，父親苦撐著油條店，我還作寫鋼板零工。」他拿來一些他寫的樣品讓我看。他本來大、小楷就寫的不錯，現在更工整了。筆劃均勻，字字方正。我拿走一些樣品，作臨仿對象。我走前，說起張劍寒所作的比喻，如何專心一志，用功讀書。他撇嘴一笑，意思是，這比喻說著容易，行著難。他說，「有些得道高僧，是精通佛經的大師。我要看看，你將來會不會成為精通政治學的大師。」

劍寒身體力行，幾乎把所有能用的時間，都花在功課上。在八點鐘以前走路到達法學院，上午連上幾堂政治學專科課程；中午吃便當，在教室裡書桌上打瞌睡；下午上選修課程，五點鐘走回宿舍；晚飯後自習兩小時，然後就寢。他從星期一到星期五都是遵守這個日程；星期六和星期天自修。平時沒有娛樂活動，在我認識他最初一個階段，他連電影都不看。我們最多不過是在新公園後面的攤位上吃一碗當歸鴨，或者在信義路上一家店鋪裡吃一碗陽春麵。

我試著遵守他的日程，覺得應付不來。我不是怕上課，而是課堂之間的空檔太長，有兩三小時之久，用不完作自習。夏天時趴在教室裡燙人的書桌子上午睡，不一會混身是汗；等到上下午課時，衣服黏在身上，很不好受。在空檔時，我常想上街買點茶水或零食，怎麼都說不動他和我一道去，也就罷了。

過些時我習慣了他的日程，完全照他的規矩行事。我沒有曠過課；到了第一學期末，我倆是班上三十幾個學生中僅有的兩位，從未缺過一堂課。很多走讀生可不同了，他們偶爾來上課，好像看教授的面子似的。教授們呢？從不點名，也不計較。只有在月考和期終考試時，才看到同學們把教室擠得滿滿的。

教授們不點名便罷，也不採用教科書。這是因為他們都是從大陸來的，過去寫的教科書，沒有帶過來在台灣發行。事實上，在那個動亂年代，台灣沒有書局可以印行教科書。只有一位教「國際法」的雷崧生教授，發給學生講義。所有其他教授上課時，就是口頭講話，黑板上寫字。我們當學生的，就要記筆記。劍寒交待我，什麼叫作用功？用功就是一字不漏地記教授所講的，所寫的。然後讀筆記，讀之再讀，參加月考和期終考試。考試以一百分為滿分，六十分為及格。同學中拿六十分以下的人，非常少；拿八十分或以上的更少；九十分或以上幾乎是沒有。

一九五一年秋季學期，也就是我的第一學期，我依照劍寒的辦法，儘量充分記筆記，得到七十幾分的成績。到了第二學期，一時心血來潮，改變了記筆記辦法，不再一字不漏地記，而是經過思索，把教授所講的主旨寫下來，不記無關緊要部分。這樣，不但可以增進瞭解，也可用多餘的時間，把筆記寫得清楚整齊。

過了兩個多月，很多同學都說我是班上的第一筆記能手。是誰這樣稱讚我呢？大多是平常不太上課的朋友們，在考試前需要向我們經常上課的同學借筆記，作準備。他們發現有些借來的筆記，字跡潦草，胡亂更改，不易瞭解，只有我的筆記容易唸。這些朋友們在考試前，開夜車，互相傳遞筆記，拚命抄寫，考試時照常通過。

可是怪事來了。有一位借我筆記的朋友，考完「中國外交史」月考時，得到八十分。我呢？七十八分。在這同一學課期終考試前，另一位朋友借我筆記，他喜歡猜各項試題，把各個答案抄寫在一小片一小片的紙上，以便覆習強記。他考完繳卷時，把一片抄來的答案不小心繳給這課的教授。他事後發現了，可急壞了。用「夾帶」去考試是舞弊行為，違反校規。輕者，除考試不及格外，要記大過；重者，開除學籍。

他和幾位同學好友商量怎麼辦。當中一位說，他們一道和他到教授家裡求情，要他一句話不講，由別人替他解說。到時候，他對教授恭恭敬敬鞠一個躬，站在一旁，默不作聲。當其他同學還沒開始解說前，教授責備他道，「你怎麼時常曠課，以後不可以這樣子。不過，我看你這次考試很努力。寫的很多，考卷不夠用，你還另有紙作補充。」他的問題就這樣解決了。

如果我的筆記對別人有幫助，對我自然有更大好處。我考試答覆問題時，簡單明瞭，字體工整；而且我像有些同學一樣，能夠準確猜題。我考試成績在某些學課上——譬如「國際法」、「中外條約」——能夠得到難得一見的九十幾分。就我在台大兩學年來說，學期平均分數，在第一學期七十幾分；其他三個學期，沒有低於八十分。有時到拿到「書券」和五十元獎金。在一九五三年畢業考試時，我的分數是八一．六六，全班第一。

畢業後，我體會到自己是唸書的材料，很想繼續進修，但是無從實行，因為台灣沒有研究院，授予學士以上的學位。去美國唸書吧，像我母親所盼望地去修博士學位？根本不可能。

豬油炒飯

一九五一年秋天，我在宿舍裡收到一個大包裹。打開一看，是一件又重又厚的黑色大衣。把它攤在床上，看到領子上鑲著棕色光滑柔軟的貂皮，內層是金絲猴皮，皮毛三寸長，呈金色與橘紅色。在寢室燈泡下，已是閃閃發亮；在斜西的陽光下，更是鮮豔奪目。這是我父親的大衣，在我出生以前訂做的，從前見過。真不能相信，現在出現在面前。

這件大衣是母親在一九四九年，交給三舅保管。當時他去廣州，不與我們同去桂林。母親的意思是，把父親的貴重物品分開保管，比較妥當。三舅這一年，從廣州到成都，就帶著它。十二月他與共軍作戰時，把它放在包裹裡，背在身上。在一次戰役中，他翻過一個山坡，把包裹丟掉了。他非常猶豫要不要翻回去；這時共軍已緊追在後，他還是冒險回去。當時機關槍聲大作，把山坡石頭打得粉碎四飛，在性命呼吸之間，撿回大衣。三舅在漢口見到母親時，把大衣交還給她；可是當他去香港時，母親再一次要他帶走，囑咐他有機會見到我時，轉交給我。他隨同包裹給我一封信說明一切。

當我看到這大衣時，不禁悲從中來。三舅幾乎為它送命，也連帶想起母親。她與父親感情深厚，可是她把父親給她的婚禮手鐲和父親的寶鼎勳章都給了我，現在又給我這件大衣。她手中可能沒有任何值得紀念父親的貴重物品了。（我退休多年後，曾為如何處理這件大衣，大費周章。本來打算交給兒子怡康，作為傳家之寶。他沒有興趣。再三思索，想出一個主意。二〇一七年聖誕節時，怡康全家從芝加哥來訪。我把這個大衣金絲猴皮毛的鮮豔顏色，形容給怡康的十歲女兒戴安麗聽。我這孫女，果然心動，看了以後，摸來摸去，「愛不釋手」。我就送給她，帶回芝加哥。我們皆大歡喜，了卻此事。）

三舅在信中說，母親知道我已經復學，非常高興，要他轉告我，復學表示我記住了她教我的一個手勢，就是時常唸書。但是不要忘了另外一個手勢：如何好好處理錢財。我經過香港和台灣初期這一段生活，深切體會到這手勢中的兩個道理：手中有錢，你能獨立生活；手中沒錢，你依靠別人生活。對你看重的人，要幫忙；正如別人看重你，幫你忙。

一九五二年初，我檢討一下自己的財務。每月有兩個固定進項：撫卹金（陣亡將士子弟補給費）和政府公費，共計二二四元新台幣；還有零星進賬（存款利息，書卷獎金，總統給予遺族的春節獎金），平均每月一百元。每月費用，一八五元；節餘約一四〇元。我還有進台大以前的現金三千七百元（約合九十元美金）。就這樣財務狀況來說，我在同學中算是有錢的人，接濟了十幾個人，包括兩位舅舅、朱家兄弟和其他難友。大部分人在一、兩年內歸還借款。三舅在香港找到工作，除還我錢外，還運來英國製的三槍牌腳踏車讓我使用。

一九五三年春季學期，我經理財務的能力受到考驗。當時，政府為著賺取急需的外匯，在國際市場米價高漲情形下，超額出口食米。結果台灣食米供應不足，跟著漲價，連帶造成其他食品價格上漲。我們住校的學生，在宿舍食堂用餐，現在挨餓了。原來的三餐改為兩餐。每餐只有少量食米，伴著一碗湯，內有醬油及幾片可憐兮兮的菜葉，和可以數得出來的花生米。我這時挨餓的情形遠沒有香港時嚴重，但是在飢腸轆轆情形下，不能專心上課；上午瞌睡的現象和頭暈症都重新出現。我有錢，可以上街吃幾塊錢一碗的陽春麵補一補；但還是免了，因為我不知道缺米的情形會持續多久，要留著錢應付更糟糕的局面。

可是這是我在台大的最後一學期，總不能讓餓肚情形阻礙我畢業。我和劍寒想到一個應急辦法。我們每天把分到的少量米飯，帶到法學院食堂，每人給廚師五毛錢，買兩匙豬油，和飯一齊炒起來吃。那滋味勝過山珍海味，在上課時，仍是口有餘香。過了一兩個月，政府減少食米輸出，市場恢復正常供應，饑餓問題就消失了。

第九章

永遠第一

辭去要職

「快一點，快一點呀！」他彎著背對我吼叫，鐵板一樣的上身向我欺壓下來。「你還有兩分鐘要把這片地割完！」我拿著一把鐮刀，混身大汗，蹲在野草叢生的一片地裡在割草。看到前面還沒有割完的地方，幾乎暈過去。不要說兩分鐘了，就是一天的時間也割不完。我急切間在想，這位馬士官，是要把我折磨死在這裡嗎？我沒有作錯任何事呀，為什麼偏偏虐待我？

一九五三年夏天，所有台灣各大學及專科學院畢業生，集中在台灣南部鳳山的陸軍軍官學校，接受一年預備軍官訓練。這一屆的畢業生，大約一千多人，屬於預訓班第二期。當我們到達軍校的第一天，立即剃光頭、換軍服、排隊別。我屬於第二中隊，第九班。因為我五尺十寸的個子算是高的人，做班頭。下午，所有學員分批被領到校園內一塊幾十畝的半坡地，各班分別劃定區域，各人發給一把鈍得不能再鈍的鐮刀，去割野草。

當我們工作一個鐘頭後，每個人都累得筋疲力竭。突然一聲軍號，各人得令立即返回軍營。我正喜不自勝，丟下鐮刀，要與大夥一起離去。卻不知馬士官為什麼指定我一人留下，在我班劃定區域內繼續工作，由他一人監督。我大汗淋漓，有氣無力工作一會，他又吼叫道：「停止，停止！還不趕快跑回宿舍。六分鐘後，集合點名。」

到了宿舍後，我拿起臉盆，倒入冷水，從頭到腳澆了兩三次。我準時參加點名，我的軍帽和軍服還滴著水。

這天晚上，我回想起剪草的事。這與共軍在十萬大山，要我們疲勞行軍是一樣的道理。這是下馬威，確立紀律。我想到，以後碰到這樣情形，不要反抗，也不要抱怨，直截了當執行命令。正如徐會之所說，不要像愚公一樣去移山，走遠一點，轉過去，也不就好了嗎！我進一步想，軍隊裡，不是講情理的地方，最好的應付辦法是，預測出什麼不合情理的命令，竭盡所能去遵從。

管理我們的軍官們，時常譏笑我們大專學生，像散漫的「老百姓」一樣，不講紀律，不守規矩。我們當然不敢辨駁。但是我們作軍人，不是要保護「老百姓」嗎？為什麼看不起他們？私下裡我們說，這些軍官們是要把我們弄成「頭惱簡單，四肢發達」的人，才稱心如意。

在營房裡，我們的生活日程受嚴格規定。五點鐘起床，立即整理內務，用兩塊小木板把被毯夾得平平整整；然後冷水盥洗，把洗刷盥具放在床下，排列整齊。我回想十年前在臨汝中學，也是這樣整理內務。當時作得很好，很得意。現在又作起來了，我要作得更好。每天早晨我早起五分鐘，用心作內務。有時白天抽空跑回營房，把鋁製面盆洗擦乾淨，擺好，再把皮靴和皮帶銅扣擦亮。

一件事情發生了。我們第二中隊隊長易明熙中校，有時從遠處注視我；第二隊其他軍官，當走近我時更是評頭論足。不久，易隊長宣布我是中隊一百多學員中的模範儀表學員。他說我的軍服整齊乾淨，軍帽端正，皮靴和皮帶銅扣鮮亮；而且我不論坐著或站著，永遠挺出胸膛。

這當然是一項榮譽，卻有一種不舒服的後果。當一個星期天舉行總理紀念週時，預訓班由各個中隊選出的十五位模範學員，一字排列在大操場的講台上，供下面一千多位學員觀賞模倣。我們以立正姿勢，聆聽軍校校長及其他軍官訓話，歷時一個多鐘頭。當時炎日當空，我汗流浹背，鋼盔火燙，有如孫悟空緊箍咒一樣，頭暈目眩，銀星直冒。禱告再三，千萬不要昏倒，否則就是易隊長和我平生難忘的鮮明敗績。

好在這個笑話沒發生，但是另外有幾乎致命的笑話，發生在別的學員身上。我們接受訓練，有戰場實彈演習這一項目。在演習前，軍官們仔細講解步驟，一而再，再而三警告大家，絕對不可有任何越規行動。演習的第一步，是用大炮轟擊安置在地下隧道的我們，聲音震耳欲聾，灰土布滿全身。

接著大家從隧道出來，作匍匐前進。這是第二步。每位學員雙手持槍在面孔之前，身體伏在草地上，用兩肘和兩膝，在高約一兩尺的鐵絲網下，爬著前進。這時，機關槍鋪天蓋地在鐵絲網上方向我們射擊過來。正當大家儘量壓低身體前進時，一位在高地的軍官緊急叫喊：「停火！停火！」他看到一位學員把步槍丟在地上，從鐵絲網空隙中站起來，拿著照相機，攝取他認為值得記憶的鏡頭。事後這位軍官抱怨說，如果他不是事先命令機槍手把射擊彈道，定在鐵絲網的上方，比規定的高度提高幾倍，這位學員一定會被擊斃。

另外還有一個有關投擲手榴彈事件。軍官們在實彈練習以前，在課堂上講解示範：投彈人先拉開引信小繩，等一兩秒鐘，對準目標，投擲過去，趴伏地上，避免爆破鐵片飛射過來。就是這樣簡單程序。

當我們進入演習時，每一個學員由一位士官陪同，走進一個戰壕，前面有一個陡坡，投下的手榴彈，就會滾下去，沒有一點危險。有一位學員在拉開引信繩以後，剎那間驚惶失措，不小心把手榴彈丟在腳下，他馬上蹲下去，用他的上身遮蓋著它。陪他的士官嚇壞了，急忙把他推開，拾起手榴彈，丟出去，在空中就爆炸了。所幸兩人都沒受傷。事後士官問起這位學員，為什麼用身體把手榴彈掩護起來。學員說，他怕士官發現他的動作不合規定，會被懲罰，所以趕快遮掩它。士官後來告訴他的同事說，他不害怕閃避敵人丟來手榴彈，而怕幫大學生丟手榴彈。

一九五三～一九五四年之間的三個月，我和兩百多位其他學員，到台北市的政工幹部學校接受分科教育。在這期間，有一些安全保密的課程，由政府機關派人授課。有一天來講課的官員不是別人，是我在一九四九年見過面的范子文，他曾經約請我的幾位廣西大學同學到他服務的「中統」去工作。後來，一位辦理劉孔立和曹中岳案件的趙軍官也對我提起過他。

他現在是處長，老樣子，沒什麼變化：四方臉，一付白牙齒，稍微薰黃了一點，說話鏗鏘有力。他在課堂上像說故事一樣，講出幾個共產黨間諜滲透國民黨軍政機關案件。他口齒清楚，用詞生動，情節高潮迭起。我們聽得津津有味。他說起他的一些親身經歷。有一次他擲出一隻匕首，從二十尺外的門縫中通過，殺死一位壞分子。他還提到，他曾經向上級建議，讓他到美國辦理一項重要案件。當時卸任的台灣省省主席吳國楨，在美國各地巡迴講演，極力批評國民政府。范說他可以隻身前往，把吳除掉，不留給美國聯邦調查局任何線索，全身而退。結果上級沒有批准他的建議。

又有誰會想到，在我預訓班結業以後，聽到一個消息：范子文被偵查出，是一位潛伏國府多年的共諜，經過軍法審判，被處決。這消息是班遠告訴我的；他是從一位在安全機關作事的親戚得知的。

一九五四年夏天，我在預訓班結業後，被分配到台灣省政府主席辦公廳機要組工作。這是很多大專畢業生夢寐以求的職位。我之所以能得到這樣重要任命，是因為我在一九五三年台大畢業後，參加高等考試行政科及格；不但及格，而且是錄取兩百多人中的第一名。（在六三年後的二〇一六年，在美國任教退休的歷史教授李大陵，在一封給我的電子信中，居然還追憶到我的這項榮譽；他也是當時高考及格的一人。）

我的辦公室，是在市中心的省政府大樓，緊靠省主席嚴家淦辦公廳。我的任務是收發嚴主席與國府高級官員來往文件。看到不少蔣總統對公文的批示，像過去皇帝的御批一樣，是紅色的（他喜歡「紅藍鉛筆」，僅用紅色的一頭），文詞簡短，署上「中正」簽名。我每天用工筆小楷登記來往文件，作得整整齊齊；訂成專冊，以備查用。對外人絕不開口談工作內容，深得機要組組長陳家聲讚賞。

我有幾位同學，包括張劍寒，也在省政府大樓工作。早上到達大樓門前，他們都要出示證件，由衛士核對進入。我則有不同待遇：衛士不查證件，向我彎腰致意，側身讓我進去。這些同學們在大樓內看到我時，好像變了個人似的，點頭微笑，從不多話。可是在外面遇見時，就像平常一樣有說有笑。

工作三個月之後，我提出辭呈，不幹了。陳組長非常意外，問我道，「你為什麼要辭職？你當然知道你的位置有多麼重要。」

我說我剛剛考取國立政治大學研究部，想在那裡進修。我馬上接著說，「我知道我的同學們都非常看重這位置。如果有機會，他們會搶著要。但是，我覺得我還要唸書，取得比學士更高的學位。」

「是呀，高學位很重要，但是你將來可以唸。現在你才開始工作，經過一段時間，增加經驗，對你的前途會有很大幫助。」他看我不作聲，問道，「你有什麼心事嗎？」

「沒有，沒有特別心事。我只是記得我母親交待過，一有機會就唸書。她甚至想要我到美國去唸個博士學位。」

「可是，在美國唸書是很貴的，你剛剛大學畢業，哪有錢去那裡？」

「是的，組長。這是事實。但是新成立的政治大學授予碩士學位，是國內最高的了。我覺得這是機不可失。」

四個第一

一九五五年十一月的一天，天氣還算暖和，羅龍和我吃過晚飯後，作例行散步。我們赤腳穿著木屐，走在政治大學附近一個石板小街上，發出一陣踢躂、踢躂之聲。前面有兩位大學一年級新生，見到我們過來，停了言語，站在一側，讓路給我們。我們走過去後，聽到一位新生輕聲說道，「他永遠考第一。」我回頭一看，只見兩人望著地，嘻嘻在笑。

政治大學在一九五四年秋天，經過教育部部長張其昀推動，招考第一期研究生。我考進外交研究所。我們所稱之為的政大，地處台北市南郊的木柵鎮之外，有幾幢新建的活動房子，依山而立，旁有小溪及農田，附近有一條小街通往市面商店。研究生有五十幾名，全是男生，一律住校。兩人共住一個寢室，衛生設備一應俱全。每人每月有三百元獎學金，半數用作膳食。學校設有廚房及飯廳，服務人員侍候研究生有如對待客人一樣殷勤。

張部長在開學典禮時宣稱，他創辦政大研究部的理想，是依據美國霍普斯金（Johns Hopkins）大學的經驗，只設研究部，供給最完善環境，使研究生專心一志，盡力作出最佳學術貢獻。我想學校有這幽靜的自然環境，又有完善的食宿設備，如果張部長有他那樣的辦學理想，我就要努力實現他的理想。

羅龍是台大同學，也就讀外交研究所，是我同寢室友。他個子比我高，有一張電影明星的面孔，態度文雅；法文好，英文也好，政治學及法律學的知識淵博，他是我的模範研究生。

我擬定日程表以「國際法」和英文為我的中心課程。開始唸在台大未曾唸過的參考書。就「國際法」來說，我選中 Openheim's International Law（ed. by H. Lauterpacht）為閱讀對象。這一部書有兩鉅冊，共有一千多頁，是「國際法」學科中最經典性的英文著作。可是我的英文程度非常差。每天唸不完一頁，用英漢字典時時查生字。生字往往有多層意義，不知道哪一個對；而且，有時記住一個意義，忘了另一個。就這樣像蝸牛一般，要爬百尺竿頭。

我認為這樣下去不行，便想法子改變現狀。我在日程表上列出要唸的頁數，慢慢加多。如果一天沒有完成任務，第二天早晨羅龍或其他同學就發現我賴在床上，不起來。他們催我起床吃早飯，我說太累了，就不吃了。其實，我是懲罰自己，沒唸完指定頁數，就不吃早飯。一次沒唸完，一次沒得吃。我記不清楚持續多久；也從來沒告訴他們其中的究竟。

關於英文自修，我採取兩個辦法。一個是記生字：從一本簡易英漢字典，每天選出十幾個難字，寫在一個小冊子上，找一個沒人的地方去背誦。有一天我坐在學校附近的田埂上，死心塌地在背，一條毒蛇無聲無息爬了過來，直到腳前才警覺到。我跳起來就跑，再也不回這田埂了。

另一個辦法是練習寫作：隔一兩天抄寫和背誦英文報紙上的一段字句，大多以 **The China Post** 為依據。如果不滿意一天的工作，就從公費中扣除一部分錢，積存起來，放在「會」中（私人之間的借貸組織），取得利息。每月公費節餘很少；這辦法只是用以督促自己。

政大研究部與台大的教學辦法基本相同：注重教室授課，還是沒有教科書。有些課程有指定參考書，圖書館只有一本，大家須要輪流借著看。在這裡，我記筆記的本領得到充分發揮，考試成績從未低過八十分；有些課還在九十分以上。

政大請來兩位美國教授，一位是 Donald Lach（University of Chicago），另一位 Carlton Culmsee（University of Utah）。兩位教授都告訴我們，美國大學生必須自備教科書；研究生還要唸幾本指定的參考書。所有學生除參加考試外，要作出學期論文。他們鼓勵我們將來到美國唸博士學位。

我聽到他們談話之後，覺得更沒有希望去美國唸書了。過去只知道，我在經濟上負擔不起。根據美國領事館規定，外國學生進入美國學校以前，必須出具銀行證明，有二千四百元美金存款，以供在美第一年費用。這折合九萬六千元新台幣。我當時的積蓄只有四千元新台幣元。就是我二十年不吃不喝，也積攢不出這筆款子。現在我又知道，如果在美國唸書，在學業上沒法應付。試想，我現在花一個學期的時間，連一本英文的書都唸不完，如何像美國研究生一樣，唸完幾本？如果當了他們的同學，跟不上，退了學，不是羞愧死了嗎？

既然到美國深造不成，便需要計劃一番一九五六年畢業後的前程。我不打算回省府機要室工作；現在唸的是外交研究所，到外交部工作是順理成章的事。於是便登記一九五五年秋天舉行的外交人員考試。在秋天之前，張其昀部長宣布另一項有關高等教育計劃：實施公費留學，列出十幾門學科，每門經過考試錄取一名，由錄取者自己選定一所歐洲或美國大學研究院就讀。這在學術界裡，是非常震動而興奮的消息。不但是大學畢業生，就是大學教授，都希望留學。因為沒有錢，不能成行。現在，政府在外匯極端拮据情形下，提出款項，支援學子去歐美深造，是多麼寶貴的機會。

政治學是教育部選定的學科之一。我考慮了很久，決定不參加。雖然我在台大和政大的成績都很好，可是當我聽到 **Lach** 和 **Culmsee** 教授談起美國大學教學情形之後，覺得在那裡會跟不上。再說，登記政治學科考試的人有一百多位，其中有兩位是大學教授，一位還任教台大政治系。我怎麼能和他們相比？小雞能跑過母雞嗎？

可是有幾位台大和政大修習過政治學的同學，雖然明知困難，仍然報名參加考試，因為公費的數目是太誘惑人了。每人可得五千元美金，供兩年留學所需。這恰恰等於當時「愛國獎券」的頭獎，二十萬元新台幣。我在登記考試截止前幾天，改變主意，決定一試。心想，如果教授級的人員，不顧名聲，願與學生一爭天下，那我還怕什麼？

考試的項目分為兩類，一類是共同科，如「中國歷史」、「國父遺教」等；另一類是各學科的專科。在政治學方面是「國際法」和另外一門課程。我考試的結果是，共同科方面是不可原諒的糟糕，不得不放棄錄取的希望。有兩位同學，**JT** 和 **FJY**，在共同科和專科方面都有非常良好表現。在發榜之前，很多同學推測，錄取者必是他兩人中之一。

一天，十幾位政大同學得知，公費留學考試在當晚發榜，由廣播電台宣布錄取者名單。大家到時候圍著一個收音機，聚精會神在聆聽。他們事先有一個約定，如果誰在政治學科方面被錄取，誰就請所有在場的人吃冰鎮西瓜。等到宣布到政治學學科錄取者時，一陣噪音繞過，沒法聽清楚。大家非常掃興，正要散去時，**JT** 說他可能是錄取者，願意出錢請大家吃西瓜。如果第二天報紙登出來是別人，那人還錢給他。結果呢？不是他，不是 **FJY**，也不是兩位教授中的一位，而是我（大家聽廣播時，我不在場）。

JT 知曉這樣演變倒也罷了；**FJY** 則非常懊喪。他知道他的共同科成績比我的好，同時也探悉，他的專科——「國際法」，有非常優異的成績。他曾去看望在台大教過他「國際法」的雷崧生教授，而雷教授正是「國際法」出題之人。**FJY** 聽雷教授說他的考試得到八十多分，是最高分數（考卷是密封的，但是雷教授認識他的字）。他進一步從主考機關打聽到，他和我考試總分（共同科加專科成績）幾乎是不可能相信的同樣分數，三八三分。這其中，我的專科成績比他的高。而專科所占分量較重，所以我被錄取。但是 **FJY**「國際法」的得分不是最高的嗎？他怎麼可能在專科成績方面輸給我？

原來，**FJY** 去看望雷教授時，雷教授還沒有看到我的考卷。當他看完我的考卷時，他給的幾乎是滿分，九十八分（我聽說，原來是一百分。主考人員覆看，減去兩分）。我為什麼有這樣高的分數？因為我也是雷教授的學生，當我在考場中看到他出的三道考題時，心花怒放，我完全猜對了，就慢條斯理地以工筆小楷，根據雷教授講義，一字不差地回答出來。（直到今日，我還記得一道考題：在十九世紀美國內戰期中，英國船隻載運戰爭禁運品到南方叛軍的港口是否違反國際中立法？法院是怎樣的裁判？）

這件事一時風傳台大與政大。一九五五年政大決定成立大學部，考進的新生都有所聞。他們還聽到有關我的其他事情。這一年十一月的一天，我在飯廳吃早飯時，突然有一群人從外面一直叫喊過來：「戴鴻超又考取了！」進來的人是幾位研究部同學，說剛剛看到報紙，登出這消息，我是一百一十五位參加外交人員考試者僅有的一位被錄取者。緊接著湧進來一批大學部新生，大家都圍著我，恭喜這樣難得的成就。

一會兒，他們提出兩個問題。有一位同學掐著手指頭算道：一九五三年我在台大畢業考試得第一名，高等考試行政科第一名，一九五五年公費留學考試政治學科第一名，現在外交官考試又是第一名。為什麼我在三年之中得到四次第一？究竟有什麼本領？這是第一個問題。第二個問題是：我既然考取了留學考試，還考外交人員考試幹嗎？誰都會決定去留學。

我回答不出來第一個問題。至於第二個問題，我的答案，引起一陣聒噪，他們根本不相信。

明星送別

「鴻超，你簡直開玩笑，」李序僧聽到我對第二個問題的答案後，拍著我的肩膀說。我告訴大家，我之所以參加外交人員考試，是因為我害怕不能去留學。我跟他們說，我想到美國留學，從前沒有錢成行，現在有了。可是，根據美國領事館規定，留學生必須符合衛生標準，不能有沙眼和肺病。我曾害過沙眼，肺部也感染過肺結核病菌。現在都在查驗治療中，但是沒有把握能夠治好。

「你真是太過慮了，」序僧搖著頭說。「多少留美學生不是有同樣的情形嗎？有哪一個沒治好，拿不到簽證？」

我希望序僧說的對。他是教育研究所研究生，在預訓班時與我結成好友。他和我一樣瘦，稍高，說話時聲音大，笑起來，聲音更大，自信心很強。

但是我還擔心另外一件事：到美國留學，需要通過美國領事館規定的英文測驗，我沒有把握通過。測驗的方式是由美國領事出面，隨便指定美國「時代雜誌」（Time Magazine）一頁文章，要留學生用英文把內容摘要寫出，以決定通過測驗與否。這方式很簡單，但很困難。應測驗者無從準備，沒法知道「時代」哪第一期，哪一頁，哪一主題。我們聽過一些故事，學文學的人碰到天文學文章，記不住行星的名稱；學工程的碰到哲學性文章，沒法瞭解，無從通過。就我來說，生字記得很多，作文程度很差，而摘要靠的是作文。我自忖，別人不通過英文測驗，只是不能留學而已；如果我不能通過，不僅是不能留學，還有更大不良後果。美國領事會說，你看看，中國教育部百裡挑一的學生，英文程度是這樣差！這不有失國家顏面嗎？我這樣的心思，自然沒有告訴序僧和其他同學。

關於沙眼，我每星期到美領事館認可的中心診所去醫治，兩個月後，醫生出具證明，已經治好。關於肺病事，經過醫院幾次檢查，發現肺中感染部分全部鈣化，沒有傳染他人可能，符合美國要求。醫院讓我把肺部X光照片，交給領事館驗證。這時我想起一件事，不禁失聲而笑。當一九四九年共軍強迫我參軍時，我諉稱有TB，逃過難關。現在看來，我並沒有說謊！

後來，我通過美國領事館的英文測驗。序僧聽到這些好消息後，告訴我和一些朋友說，他要籌備一個盛大的晚會歡送我出國。

「等一下，別急。」我馬上阻止他。

「又怎麼啦，鴻超？」他搖頭皺眉說道。

「我在想，要不要在政大多待一個學期？多作準備，應付美國方面的功課。」

「唉呀，你這人真是發愁發慣了！如果你一定要作準備，你可以在那裡上補習課呀！」

序僧不管我怎麼想，立即和羅龍、陳石貝、李厚白等人（石貝、厚白都是我同桌吃飯的食友）商量如何舉辦晚會。他們決定借這個晚會，一方面慶祝我考取公費留學，一方面表示送別。晚會的主要節目是舞會，這樣可以請到一些明星女士們參加，大肆增加歡欣氣氛。這些女士們平日不能過舞癮，一定會忻然來臨。

可是我的朋友們碰到一個難題。當時，政府禁止舞會。我記得在省政府機要組工作時，看到蔣總統給嚴家淦省主席的指示，說台灣處在戰爭狀態，去年（一九五四年）九月共軍還曾發動金門炮戰，達半年之久，所以嚴格禁止舞會這類歌舞昇平的活動。

一九五五年十二月的一晚，一百多人齊集台北市民眾服務社，參加為我舉辦的晚會，不少社會名媛，穿得珠光寶氣，在記者的閃光燈下一一入場。我不認識其中任何一位，只在電影上看到過一位明星，林翠。我登台被介紹為今晚主要貴賓後，很多人在悠揚樂聲下紛紛起舞。

在晚會之先，序僧和我的友人們（也有政大以外的友人）想到一個解決舞會問題辦法。他們向警察局解釋，這次舞會是私人性質，就像在家中舉行的一樣，不是舞廳場面，任何人都可參加。得到警察局同意，我的政大同學高興之餘開始練習跳舞。我們之中絕大多數，只在電影上看到過跳舞，實際上一竅不通。於是大家借了一個留聲機，放出「田納西華爾滋」這一類音樂，大家男對男，嘴上唸著拍子，心中指揮不聽話的雙腿，跳起僅僅知道的「三步、四步」一起來。練習的舞場在哪裡呢？當然不在政大校園內，而是在附近的湯恩伯將軍墓園。這裡廣大平坦，大理石鋪的地光滑潤澤，傍晚無人，正是練舞好去處。

在晚會中，很多朋友鼓起勇氣，初試舞步，雖手腳生硬，倒也笑容滿面。我站在舞池旁邊，口乾心悸，朋友再三慫恿，要我請林翠一舞，結果三面失望。

這個舞會，創下先例；李厚白真的舉辦家庭舞會起來。他家住台北市北部高級住宅區，房舍寬敞。他把家長請走，邀請不知多少表姊、表妹，輪流與她們起舞。什麼三步、四步、探戈、**jitterbug**（這時我已經懂得這種舞式），一樣一樣來，扭首甩臂，看得大家眼花撩亂。卻沒想到，他身高不過五尺二、三寸，卻與一個高出他一頭的小姐共舞。在一個節奏之下，他把她從他岔開兩腿中拉過來，轉過身來再跳，一個節拍都沒耽誤，看得我們目瞪口呆。他稍停後，教我幾步，推我到一位表妹前，堅持要我上場。在一曲之中，我踩到她腳幾次，幾乎使她摔跤，以後他再也不找我麻煩。

接著很多親戚朋友請我吃飯送行。最使我感動的是政大廚師和飯廳員工，湊起錢在飯店裡請我。我一想，不能再拖下去，要趕快打發起程。經過政大李其泰教授推薦，我申請他的母校伊利諾大學（University of Illinois），政治系研究部進修獲准。我聽說過這所大學的盛名，從清朝起不少中國學生在那裡就讀，像台大校長錢思亮、前任教育部長程天放，都在那裡拿到學位。這學校的政治系從一九三〇年代起具有堅強教授陣容。系主任 **James W. Garner** 所著政治學一書是經典性的教科書；他曾到歐洲及中國講學，在曾任美國總統的威爾遜（**Woodrow Wilson**）之後出任過美國政治學會會長。

跳出苦海

「老兄，怎麼樣？有問題嗎？」他輕輕拍我肩膀，問道。我們幾十位留學生，搭乘美國西北航空公司一架包機，在一九五六年一月二十六日晚間將要起飛，從台北經東京到美國。當我鄰座同學看到我在抽泣，表示關心。我當時緊靠飛機機窗，望著機翼下閃爍的台北市夜景，轉首微微向他點頭道，「沒事。」這時，一陣引擎轟動聲音幾乎遮蓋我的話。我順便拭起眼淚，心中湧出千頭萬緒。

稍早，一大堆親戚朋友齊集松山機場，為我送行。大舅和大妗從台灣東北部的宜蘭縣（他們在那裡工作）趕了過來。三舅也在場。他們都說，這是他們非常高興的日子。大舅貼近我的身邊，輕輕用手指點我的頭額，向大妗說道，「你看，那個疤還在。」

他指的是一個一寸長的傷疤，在我兩個眉頭中間的上方，是我四、五歲玩耍跌倒受傷的結果。他凝視著我說，「現在我要告訴你一件事。你還記得我和你母親幾年前帶你去看一位看相的先生嗎？」

我說是的。我們一九四九年在桂林時去看的。

「這位看相先生，趁你不在的時候告訴我們一件事，」大舅說。「你這個疤注定你在二十歲和二十一歲之間要遇到大禍害。但是你如果逃過這一關，你就走好運。你看，他真說對了。你在南寧差一點送了命，那時你正好二十歲。後來你在台灣，也碰到災難。」

我聽說過看相先生如何端視一個人的面貌，判定這人將來的命運。說是每人從頭額經過鼻樑和嘴唇到下巴，有一條線。如果這條線垂直而微泛光澤，這人有一帆風順好運；如果這條線彎曲或中斷，這人便有坎坷或重大危險。我認為這是迷信說法，沒重視過。

「我跟你再講一下這件事。」大舅看我沒說話，接著講道。「你母親在你小時候，帶你去看過另外的看相先生。那位先生說你身體太壞，不敢說你能不能活過二十歲。如果你活過了，你就一切沒問題。當你母親聽到第二個看相先生也說，你在二十歲有災難，你可想像到她是如何擔心害怕。」

大舅這一番話提醒我一件相關的事。在一九四九年十一月的一個晚間，我在桂林離開母親前夕，她提到我年齡和身體衰弱時，放聲大哭，有好一陣。現在才明白是怎麼回事。

大舅端詳我一陣說，「好啦，現在沒問題了。你來台灣常鍛練身體，比從前好多了。」他撫摸我的袖子，繼續道，「你這一身新西裝，配上領帶，加上新皮鞋，真漂亮。我從來沒看到你有這樣神氣過。這是去美國的好徵兆。」

這套西裝是三舅送的。一年前，他在香港託人把大妗從開封接出來，送到台灣和大舅團聚。他自己也接著來台，先在南部高雄作事，後來調到台北。當他知道我要去留學，就把他的積蓄加上向朋友借的錢，籌足七千元，作置裝費。他帶我去一家西服店，選好自香港進口的英國毛呢衣料，由裁縫作好兩套西裝，一套深藍色，一套棕黃色；再訂做一雙皮鞋，外加襯衣和領帶，配備齊全。他對我說，「絕對不要讓美國人瞧不起你。」

這時，他掃看我的深藍西裝一下，笑道，「可不要讓別人把水弄到你衣服上！」我會心笑起來，記起我們一九四五年在陝西虢鎮的惡作劇。

大舅不懂我們笑什麼，也沒問下去。他的眼框卻充滿眼淚，說我母親和弟弟還留在漢口受罪，使他很痛心。「不過，你放心，」他輕聲細語地說，「將來我們會把他們接出來。」

飛機起飛後，加速爬升，市面稀落的燈光逐漸變小變淡。我回首西望，暗思什麼時候母親才能不過著糊一千二百個火柴盒子的日子？從父親逝世後，她遭遇一連串的打擊，東奔西跑；但是她平心靜氣，堅定不移，試圖保護全家，光大門楣。她處處為我著想，教導我生活的大道理，又把她最寶貴的物件交付給我。她剩下的是什麼呢？是擔驚受怕的痛苦日子。她日夜想念一見兒子，卻不知他已踏上征途，走向世界最富強的國度。這是何等不公平的人生！

我想想自己，從離開母親後，我也過了些可怕的痛苦日子。生命受到威脅，身體受到勞困，心靈受到創傷。但是我已度過來了，而且最重要的事是，這些經歷徹底改變了我自己，不再是不懂事的紈褲子弟，而是有上進心的青年。在台灣的五年中，我可以說是一心向學，放棄重要職位，繼續進修，從不曠課，向好成績同學學習，以廢食辦法懲戒學術落後行為。所以我得到眾所嚮往的公費留學機會。這是不是應了「堅苦卓絕」那句話？

當我再向機下一瞥，心情又起變化，看到一塊一塊黑色波濤，洶湧向前，充滿神祕，令人心悸。一不小心掉下去，就會被吞噬的無影無蹤。這就是我多年前搭乘一個海輪留下來的印象。我二十一、二歲以前的生活，豈不是就像這樣的苦海嗎？

飛機服務員開始招待我們，端來咖啡、果汁、茶水和點心。她們頭戴船型帽，穿著如我一樣整齊服裝，但遠為雅緻悅目，行走之間風度翩翩，與我們講話時，從未失去笑容。她們幫我們把座椅推後，蓋上毯子，然後離去。就像我們在電影上看到的「空中小姐」一樣的和善殷勤。我看到許多同學都在輕聲交談，心情安靜舒適。我有同樣心情，就像我初到台灣住進又錚舅家裡的感覺一樣：明他娘的威脅，戰亂的騷擾，淪落街頭的辛酸，都成過去。現在我已跳出苦海，直上雲霄，前往美國，這些夢魘往事，有一個太平洋相隔，再也不會侵害我了。

第十章

夜不閉戶

大門無鎖

「陳先生，你幫我這天大的忙，真不知道怎樣謝你才好。」我向他彎腰點頭說道。

「你們從台灣來的人總是這樣客氣。」他微笑著說。「你看，你在學校還穿西裝打領帶。」

我第一次碰到陳先生是一九五六年一月三十一日。我當時從西雅圖坐了兩天半的「灰狗」（Greyhound）長途汽車，到達伊利諾（Illinois）州的歐班那（Urbana）這個大學城。三天以前我在東京耽擱一陣，西北航空公司為著飛機的一小毛病，要仔細修理，招待包機同學住了一晚。

我到達歐班那後，提著一個大皮箱，其中有我父親的金絲猴大衣，占了大半空間，在積雪成尺的街道上，走向外國學生顧問辦公室。我見到顧問 **Dean Bargh**，交出了伊利諾大學入學許可證。他坐在桌子後面，擺手讓我坐下後，馬上提起電話，緊接話筒，一句一句在講。我看了有點怪，我們坐的很近，只見他口脣快動，卻聽不到一點聲音。這是我第一次看到有人這樣打電話。在國內，大家講電話時，聲音之大好像要全世界都聽到一樣。

不一會來了一位中國人，介紹自己是 **Bill Chen**（陳文斌）。他身材稍矮，略瘦，戴著金絲邊眼鏡，笑的時候，挺出下顎。**Bargh** 顧問與他握手後，隨即向我點頭說，「這位是我們校園中最能幫你安頓下來的人。」陳先生和顧問寒暄一陣後，立即帶我到一家出租房子，與房東老太太簽好合同，讓我住下來。

隔一兩天，陳先生領我到校園中心走了一圈，這時寒假已將結束，學生大多已返校（絕大部分學生住家在別的城市）。我們先到一個廣大的四方園區，一面是音樂廳，對面是學生活動中心，其他兩面排列著各個學科大樓。有點和台大校總區校園相似，但是遠為廣闊，建築物遠較氣派。他隨即帶我到林肯大樓（Lincoln Hall），拜訪政治系一些教授：系主任 **Richard Snyder**，我未來的指導教授 **Clarence Berdahl**，和 **Charles Kneer** 等人。他和他們非常親熱交談，特別說明我是公費留學生（我在校園行走時，告訴過他）。教授們和我握手，表示歡迎，有點客氣。我向各位教授一一鞠躬離去。

陳先生在開學後沒多久，到我住處，問我，「上課情形怎麼樣？」

「很好。像台大一樣，聽教授講課，記筆記。當然要唸更多的書。」我這樣說道，可是心中不是那一回事。

「別的方面有沒有問題？」

「啊，啊……」

「怎麼回事？」

「我吃不好。」我告訴他吃不慣美國飯。我從西雅圖到歐班那的兩天多路程上，一直挨餓。每次在飯店裡聞到漢堡和奶油的味道，就沒有胃口。我一向喝開水，但是飯店裡永遠給我冰水。在這裡，也是一樣。只有炸雞可以吃；但是天天吃炸雞，就非常厭煩了。

「這怎麼行！你總不能天天餓著肚子上課。」他皺起眉頭看著我。「我們得想個法子。」

他的法子是讓我搬到他住的房子裡去。那裡是一棟出租的多開間二層樓房，房東全家占用一樓一部分，把其餘的房間租給幾個外國學生，大多是中國人。他和房東商量好，讓我與一位約旦來的研究生共住一間房，然後又與我原來房東商妥，解除合同。

這棟房子是在香檳市（**Champaign**，歐班那的姊妹市）**502**號 **East John Street**，離我上課的林肯大樓很近。這是一個好處；另外一個好處，是房東在地下室有一個廚房，具有全套設備和桌椅，供給幾位中國同學使用。我在二月二十八日搬進這棟房子，參加中國同學伙食團，大家輪流燒飯。從此我再不聞到漢堡和奶油味道，胃口復原了。每天上課時，經過一個窗明几淨的小飯店，裡面全是美國同學。我愉快得很，哼著小曲而過，不需要進去吃飯。

在飯店旁邊的街道上，經常停著一部嶄新的 **Thunderbird** 跑車，車型精巧，淡綠油漆，光滑鮮豔，有如國寶級的瓷器一般。後座兩側各有一個小圓窗，添上雅緻氣氛。我每次經過這裡，非常喜歡這車，雖然買不起，多看幾眼總是可以的吧。

從此，肚子飽了，心有所喜。就在這個時候，我告訴陳先生他幫了我天大的忙。

陳先生已經在伊大拿到政治學博士學位，因為找不到適當工作，重新讀書，唸到圖書館碩士學位，在學校圖書館工作。他說我們房東太太很和善，和各位同學相處非常融洽。她四十多歲，很胖，穿著蓬鬆裙裝，臉上塗有雪霜，另外抹粉搽胭脂，笑的時候，使人擔心她的化妝品會不會成塊的掉下來。當我住下來後，問她要一付大門鑰匙時，她怔住一會說，「我們大門從不上鎖。」接著緩緩地說，「不要緊啦，不會有問題。你知道嗎，報紙上說，我們這個城去年一年，只有一個犯罪案件。有一個人打另一個人的頭。」

這一下該我怔住了。台北的小偷也不知有多少，家家戶不但大門裝鎖，連窗戶裝上鐵檻。我記得住在台大第一宿舍時，樑上君子就不只一次光顧我們。有一夜晚，颱風來襲，整個木板做的門窗震動徹夜不停。第二天早晨，一位同學的腳踏車不見了，另外一位同學的僅有的一套西裝不翼而飛。大家抱怨一陣，無可奈何。我們房門夜裡是鎖住的；那位「君子」，好心不要擾醒我們清夢，輕聲撬了開來，躡手躡腳而去。

至於我的老家半扎，每家都在大門之內裝上木栓或鐵栓，可是我仍然聽到過小偷挖牆根偷東西的事，而且不止一次。在中國其他的地方，哪有不上鎖的門戶？我們古人說，「夜不閉戶」，只是一個理想罷了，可是卻在這個大學城裡出現了。

房東太太對待我們，像對自己的兒子一樣。每星期打掃房間，一塵不染。她把被單洗得雪白，熨得平平坦坦，鋪在床上，使人不願睡在上面，怕把它弄亂了。她的丈夫是公共汽車司機，很少在家。她有兩個女兒，大女兒叫 Wilma，體高身瘦，她和伊大的一位大學生結婚，都住在地下室，臥房緊靠我們廚房。她學會了僅有的一句中國話：「吃飯啦。」我們中國同學輪流燒飯，當飯燒好後，用這話從地下室傳遞給其他的同學。**Wilma** 也時常傳話，聲音尖，可達二樓。她丈夫叫 **Jim**，是學校足球隊明星。他為我們住房的人作了一件大好事。冬天時每天夜裡兩點鐘，準時到大煤爐加煤，使各個房內暖氣不斷。房東二女兒，像媽媽一樣胖，皮膚雪白，在唸高中。

車中枕頭

我們住處附近沒有超級市場，有時需要僱計程車到香檳市中心去買菜。我們發現車的後座的正中方放著一個小枕頭，想是客人忘掉的。可是後來坐別的計程車時，仍然看到枕頭。這就怪了。難道說，枕頭是讓客人睡覺用的嗎？這又不對，兩個城市方圓不過十幾哩，坐計程車沒有十分鐘以上的距離，怎可能睡覺。

我發現另外一件怪事：每個星期天早晨，大街上倒處都是大學生，像戲院散場一樣，來來去去。男生穿著西裝、領帶、黑皮鞋，女生則是素靜裙裝。我從來沒在台大或政大校園附近看到類似場面。原來，他們是去作禮拜，來回於教堂與宿舍之間。我想這是練習英語會話的機會，便跟隨他們作禮拜。

教堂裡大部分的人是大學生。他們規規矩矩聽道、唱詩、祈禱；與他們在宿舍裡胡扯亂鬧，或者看足球時吼聲大叫，完全兩樣行徑。這也許是他們純真可愛之處。教堂裡也有研究生和一般市民，和他們交談後，才解開計程車中枕頭這個謎。這是一個傳統：男女大學生約會時，坐在計程車裡，必須像在教堂裡一樣地規規矩矩，用枕頭隔開兩人，避免肌膚之親。這真是可笑，我們不是經常在校園內外，看到男女同學卿卿我我，相互擁抱接吻嗎？

過了幾個月，學校裡出了一件事。有位生物系教授在學生辦的報紙，Illini，發表一篇文章，聲稱一般人在婚前發生性行為，沒有什麼關係，不必覺得是可恥的事。這一下他闖了大禍。伊利諾州的居民得知這件事後，紛紛向學校抗議。一個州立大學的教授怎麼可以有這種違反聖經的言論？更有不少居民到州議會陳情，說如果學校當局不採取適當行動處理這件事，他們要議會減少學校預算。

校方當局迫不得已，解聘這位教授。美國大學教授聯合會（American Association of University Professors [AAUP]）的伊大支會，反對校方的處置，認為這是干涉學術自由；聯合會總會（在華盛頓）要求學校恢復這位教授職位。

我到陳先生房間，問他的看法。

他首先說，「你不要客氣，你喊我文斌好啦！」他推開打字機，不再打字。「關於這件事，很難說。你我都知道，在中國大家不會公開討論性的問題。大學教授更不可能發表和這位生物教授一樣的言論。」

「那，你是贊成學校解聘這位教授？」我問道。

「這也不一定，這位教授是行使他的憲法權利。對一個大學來講，學術自由是頭等重要的事。沒有自由，就不能客觀探討真理。這是 AAUP 為什麼干涉的原因。」

「這樣說來，學校應該讓教授復職。」

「我跟你坦白說，我不知道。事情是這樣的：伊利諾州居民納稅出錢設立伊大，他們有權利表示意見，這是民主原則。所以這件問題的癥結是，要民主還是要自由？每個人都有每個人的看法。」

文斌的說法把我搞糊塗了。這個案件拖了一陣，我失去興趣，不知道是怎樣的結局。

異鄉親情

我們房子裡的中國同學只在晚飯時聚在一起，各人準備自己的早餐和午餐，彼此見面時很少談話，因為大家都急著要作功課。文斌最近和圖書館的同事 Sumi 訂婚，時常不在房裡。在這樣情形下，我免不了感到寂寞。

我初到美國時，一個人都不認識，要結交他人成為像朱家兄弟、羅龍、李序僧一樣的朋友，根本不可能。當然，這裡更沒有像我的兩位舅舅和又錚舅這樣的人，給我親情的照顧。思鄉的情緒油然而生。這也發生在其他同學身上。有一位從台灣來的電機系研究生，不止一次哭著要回去。另外一位姓沈的中國同學，住在宿舍裡，其他學生全是美國人。他時常來找我聊天。他說我們是同病相憐（思鄉病）。一兩個月後，他產生了嚴重精神問題，沒法繼續就學，移民局派了一位專人，陪他坐飛機遣回台灣。

我非常苦惱。總不能像沈同學一樣一走了事，一個公費留學生怎麼可以這樣作，對得起國家和親人嗎？可是在大雪紛飛的嚴冬，在街道上或在室內，我都有一種孤苦伶仃的感覺。我試著在教堂裡結交朋友。那裡的美國人在講道前後，各自圍成一團，談笑風生。當我加入他們圈中時，都笑臉相迎，問長問短。可是離開教堂後再相遇時，笑容盡失，好像路人。

但是，事情有變化。在基督教復活節期間，一對在教會認識的朋友，請我到他家吃晚飯。**Kenneth Conrow** 夫婦都是研究生，快要畢業了，飯後帶我到 **Huff** 體育大廳欣賞音樂晚會。這大廳容納好幾百聽眾，絕大部分是大學生。他們在場內走來走去，喜笑顏開，好像對台上表演的樂隊，聽若無聞。樂隊嗎？也不在乎，照常演奏。我心想哪有這樣的上下亂湊合的音樂會？一會兒，一位微胖的黑人出現台上，台下頓時雷聲轟動，拍手不絕。他拿起喇叭吹了起來，用盡力氣，使他本來夠大的兩個眼睛和兩個鼻孔，漲得更大。他吹了一會，又唱了起來。他從粗喉嚨發裡出震耳欲聾的聲音，使我想起多年前，在半扎時農人敲打破鑼，驅趕蝗蟲一樣的刺耳。但是他不論是吹喇叭或是唱歌，有板有眼；而且好像有一種磁性力量，吸引聽眾。我不自覺地用腳踏起拍子；別人不同了，有人跟著哼唱歌曲，有人跳起舞來。我也不再腳踏拍子，而是站起來，兩腿隨節奏跺了起來。結果全場轟動歡呼，盡興而散。**Kenneth** 告訴我台上演奏的是 **Louis Armstrong Band**。後來才知道，這是美國一等一的爵士樂隊。

一個月後，伊大青年會（YMCA）為外國學生舉行一個訪問農家的週末活動。一批住在 **Dwight** 小城的居民，開車來接我們幾十位同學，到達學校以北一百哩的地方。我被分配到 Mrs. Drew 的家裡。她大概六十多歲，臉上的粉和胭脂和我房東太太的一樣顯眼。她和一位九十四歲的母親，同住一個二層樓房；也像我的房東太太一樣，把房子收拾得乾乾淨淨。她在我們到達當天，已經安排好了兩個節目。一個是高中生演出的「春天樂」（The Spring Fever）。這些十幾歲男女學生，對話咬詞清楚，眼波流動，歌聲瞭亮，真有演戲天才。我記得在開封濟汴高中時，演戲就好像在背書，老是忘掉台詞。

另外一個節目，是參觀她的農場。她在先生過世後，把農場租給別人經營；一望無際的兩百英畝田地，就在城郊，平坦整齊，遠處田埂上種了一排一排樹。我心裡計算一下，這塊地不是等於一千二百華畝大小嗎？就中國河南省來說，一百華畝等於一頃。有一頃地的人家就是頭等富有人家。根本沒聽說過什麼人家擁有十幾頃田地。Mrs. Drew 的田地生產玉米和燕麥，每年收到三千五百元租金；另外她有一個養雞場，每天收到很多雞蛋。

這個小城居民的早先幾代來自德國。黎明即起，在城裡或在田裡一工作就是一整天，不到晚飯時間，不休息。政府僱用清潔卡車，在大街小巷灑水掃地，街上看不到香菸頭或紙屑。家家戶戶洗衣服，用的是洗衣機，但不用烘乾機；像中國人一樣，喜歡把衣服掛在太陽下晾乾。但是不在朝街面的窗戶外掛衣服，而是在後院。

Mrs. Drew 吃飯時，飯桌上擺滿她家或者別家田地裡生產的食物。有些在市場上買來，有些由專人送到。我注意到她靠大門的牆上，安裝一個黑色鐵盒子，在牆內外都有蓋子。每天早上六點鐘，由一個年輕人準時送來牛奶、雞蛋、玉米，再新鮮不過。她告訴我，城裡面有些家庭有嬰兒，把用過的尿布集成一袋，放在房外，由一個公司用機器洗乾淨後送回來，就放在那個鐵盒子裡，取出來就可以用。她說那公司，洗尿布時經過特別處理，結果尿布既乾淨又有棉花的清香味道。有些媽媽們甚至用她們的面頰來試試洗好的尿布，有多軟，有多舒適。這真是新鮮事。我從來沒聽說過什麼尿布公司。洗好的尿布可以用臉去撫摸？簡直無法想像。

這裡教堂作禮拜的人，談話時並不喜笑顏開，言詞也很簡短，但是讓我感覺到他們的關懷。在教堂裡，我沒有想到會結識兩個人。一個是八歲的男孩，Danny Hatt；另外是他四歲妹妹，Mary。他們常來找我。當Mrs. Drew帶我各處行走時，Mary拉著我的手，笑喜喜地，卻一句話不講。Danny問我喜歡這個、那個嗎？他的眼睛在他雀斑鼻子兩旁一眨一眨向我看。當我要離開時，他說你能不能在這裡多待一陣。

Mrs. Drew開車送我回香檳市；這時，她的汽車已經洗過一次。當到了我的住處，她要回去時，我情不自禁擁抱她，說再見。這是我從來沒作過的事。幾天之前，我們陌生如路人。可是到她家以後，她對待我就像自己家人一樣。而且把她家產呀、農場呀、收入呀一股腦兒告訴我。當她的汽車從我們門前East John街，左轉到Wright街上，逐漸失去蹤影後，我問自己，一個中國人能夠這樣對待一位全然陌生的外國人嗎？

伊大青年會座落在林肯大樓對面，為外國學生作了很多事，以便融入美國社會。主管其事的是John Price。他頭髮銀白，講解事體循循善誘，像一位教導有方的教授。有些外國在伊大的學生比較眾多；他特別安排這些學生的團體，與美國學生合辦文化交流活動，每月定期舉行，有時還邀請市民參加。

服務為榮

青年會更為中國同學提供場地，舉辦專有活動。中國學生團體在校歷史悠久，總有幾十年之譜；成員多，來自台灣、香港、星加坡，約有一兩百人。每週週六晚間有所謂「Smoker」的活動。任何中國學生都可以參加，如果洋人會說中國話，也在歡迎之列。這不是吸菸者的聚會；大家可以聽音樂，辦舞會，下下棋。當然，最喜歡的事是瞎吹牛；這裡成為中國同學閒話中心，哪一個男生追女友成功，要訂婚了；哪一位女生跟男朋友翻臉了，連Smoker都躲著不來了。中國同學因為人多事雜，選出會長和幹事，在青年會或在其他地方舉辦活動。我是經常參加的一分子。

我在伊大待一些時日後，想出一個主意，以便增進同學聯誼。我自告奮勇辦一個同學會月刊，叫作Chillini。內容分三部分：介紹伊大中國教授經歷和成就、報導校園新聞、和散文。我除擔任編輯外，還四處採訪，徵求稿件，寫鋼板，油印紙張，全部一手包辦只有釘定和遞送月刊時，由朋友幫忙。記得徵文中，有些趣味故事：「情書水池」（Love Letters Pool）、「驚心動魄學開車記」，和「Tchaikovsky's "Pathétique" Saved Me from Lost Love」等等。

同學們非常欣賞我作這件事，幾個學期後他們選我作同學會會長，兼任會刊編輯。這一下問題來了。我個性內向，幼年時的害羞心仍然存在。記得一九五三年，我與幾位同學在台大創辦一個國際問題研究社，我只作內部雜務工作。有一次研究社請新聞局局長沈昌煥，講述韓戰問題，臨時找不到人介紹沈局長，我被推上台去。我口乾心跳，滿臉漲紅，一句話說不出來，隨便找一個同學頂替，引起聽眾一陣哄笑。

現在我是會長，要領頭作的事可多著呢：舉辦伊大和普渡大學（Purdue University 在印地安那，Indiana 州）及南伊利諾大學（Southern Illinos University）校際活動，進行籃球比賽，協助合唱團練唱及表演，等等不一而足。為著應對這些出頭露面的事，我想出法子增強自己在公眾前說話能力。從前在台灣時，聽說蔣經國為著培養他的演說才幹，一個人站在樹林裡，把樹木當作聽眾去講演。我則在自己房內，一人面對牆壁，或者在淋浴間，開起水龍頭去練習。經過一段時間後，能夠應付「講演」這差事。

在這期間我展開與洋人社交活動，和 Kenneth Conrow 夫婦時有來往。當我知道他們已完成學業即將他就時，請他們在一個雅緻餐廳吃飯送行。他們看到我食用牛排，把奶油塗在麵包上，吃得津津有味，覺得很奇怪，因為他們知道我不喜歡美國菜。我說在幾個月前，經過一個快餐店時，看到廣告牌上宣稱，這一個連鎖飯店已經賣了幾百萬個漢堡。我想一定很好吃，就試了一個，還是不合胃口。後來覺得這漢堡便宜，只要一毛五分錢一個，又試了幾次，慢慢喜歡上這牛肉餅；不但如此，也喜歡淡香合口的油炸番薯，當然還有可口可樂，是上海時就喝過的飲料。這樣，便逐漸適應別的美國菜。在飯店裡，不再聞到牛肉和奶油的特有味道。

我結交一些新的洋人朋友。Glen Anderson 夫婦，也是研究生，不時請我到他家吃飯；他們興之所來，開車到幾十哩外，地處印地安那州的火雞園（Turkey Run Park）去野餐。另外還有 Albert Stanley 夫婦，是經過方光虎同學和他的洋人朋友，叫 Otha 的，介紹認識。

Stanley 夫婦都是白髮蒼蒼長者，先生不苟言笑，就像 Dwight 教堂裡的人一樣，卻有一種樣子，讓人願和他接近。他們住在歐班那，在校區以外。一天，Otha 開車到我們住處，把中國房友——方光虎、陳迺潤、崔天同、邱士燿、和我——統統接到 Stanley 家裡晚餐。不曉得哪一位，突然提議由我們燒一餐中國飯大家吃。這個提議說出來以後，大家很緊張。不是因為我們燒飯本領太差，事實上，陳迺潤和崔天同都燒得一手好菜。問題是 Stanley 家裡的廚房太乾淨了：灶頭上沒有一丁點的油蹟，飯桌和地板上纖塵不染，鍋碗刀叉像新買似的。我們非常小心作完一餐飯後，清洗的時間比吃飯的時間多了一倍。

Otha 是一位二十多歲校外朋友，滿面紅光，頭髮稀少，講話簡潔有力，常帶我和光虎兜風。他有一部黑色油漆剝落的兩門汽車，卡車式排檔，儀表台上有一個自己裝的小風扇。看起來，比我喜歡的 Thunderbird 落後一百年！一天，他到我的住處，教我開車。先簡單說明如何操作各項機件，讓我坐在駛使者座位，他坐在旁邊，說道，「開吧。」我弄弄這個機件，那個機件，一開就停，停了再開。他一聲不響，毫無幫忙意思，好像在看我笑話。過些時，我終於可以運作，在附近街上轉了兩圈。他開了金口：「這樣才對！」以後在他監督之下，我練習幾次，考取了駕駛執照。

幾個星期後，他來看我，說，「我把車賣掉了。十塊錢。」他面帶笑容，說話聲音之大好像要全世界人都聽到。「我花二十五塊錢買的。十五塊開兩年。不錯吧！」

我們後來拜訪 Stanley 夫婦好幾次，再不建議燒飯。以後我和他們一直保持聯絡，直到一九七〇年代末期，他們住進老人中心為止。

第十一章

兩道難關

第一難關

話說回頭，當一九五六年春季學期過了一半，文斌到我房間，再一次問我功課情形。在學期之初，我曾經告訴他，我可以應付下來。這不是全部事實。我當時碰到一件煩惱的事：伊大不准我修全部學分，因為我的英文入學測驗不及格，必須選修兩門英文補習課程，一門會話，一門作文，都不算學分。我只能選修一門政治系課程，是「歐洲各國政府制度」，算學分。這樣我付出一學期的學費，只能上一門本系的課程，不像一般的研究生，可以上三門。

我的英文程度的確很差，需要補習。可是我究竟是公費生，不好意思讓文斌知道這件事。現在不得不講出來。

「不要緊，」他微笑著，挺出下顎說。「好好上這兩門課，下學期就可修全部學分。那，你歐洲政府這一門課怎麼樣？」

我說需要唸的東西太多，每天可以動用的時間都花在這課上，有時十四小時之多，仍是唸不完。比這更嚴重的問題是學期論文。Edward Lewis 教這一門課，他特別告訴我們研究生說，教授的講課、班上的考試和教科書及參考書，都是別人的東西，只有學期論文是我們自己的。要盡量提出自己的看法，找出新觀念；不要像「機器人」一樣，只會重複東西，而要作科學家，發明東西。我們不是稱政治學為政治科學（Political Science）嗎？Lewis 教授的話使我非常煩惱，我的本領是記筆記。現在我試著寫出論文草稿，敘述自己見解，看過來看過去，覺得十分幼稚。文斌耐心聽我講完話，失去了笑容，皺起眉頭說，他曾選過 Lewis 的課，知道這教授打分數非常嚴。他要我的草稿看看。我猶豫一下，讓他看了。

他看完後，注視著我說：「我有兩點意見。第一，這裡面的觀念還不錯。就是要推展開來，多找點資料支持。」他向我書桌看一眼，繼續道，「這第二點嗎？把你的論文用打字機打好。我看你沒有打字機。告訴你我的一點經驗，教授們是接受手寫的論文，但是總喜歡看打字的東西，比較清楚。你的字寫的很整齊，但是比打字差一截。」

我完全按文斌的意思去作論文，由他稍作修改後，繳了上去。我在這一課，居然得拿到 B+ 分數。

從一九五六年秋季學期開始，我選三門本科的課，在次年秋季學期拿到碩士學位，平均分數是 B+。這時我慎重考慮要不要唸博士學位。記得一九四九年離開母親時，她說要我將來成為臨汝縣三十萬人中的頭號人物，就像父親一樣。拿博士學位，是一個重要步驟。可是我公費留學的期限已滿，應該返回台灣。延長一個甚至兩個學期也許有可能，但是在一兩個學期之內，絕對無法唸完博士學位。我思索再三，決定唸了再說。

我的房友邱士燿聽到我的決定後，說，「很好。可是你要想清楚，這可不是輕而易舉的事。」他比我大一歲，戴著金絲邊眼鏡，唸經濟學博士學位。大家喊他為老邱。

「當然，這要花心思，花時間。你覺得我不能勝任嗎？」我望著他，發現他眼鏡鏡片厚得很，把眼睛都顯得放大了。「陳文斌不是已經拿到博士學位嗎？我們這房子裡同學不都是唸這學位嗎？我現在平均分數B⁺，以後也可以維持這分數。」

「你說的都對，」他慢條斯理地說。「我不是說你唸不下來。但是，因為你是公費留學，時間有限制，必須知道有兩個大難關在前面。」他舉起一隻手繼續道，「第一難關不是你本科功課唸的好不好，而是要通過兩個外國文字考試，德文和法文。」他解釋道，外文考試很簡單，但很困難。在限定時間內，把指定的德文和法文文章，筆譯成通順的英文。因為事先不知道什麼是指定的文章，根本無從準備，沒有相當的外文根基，應付不下來。他說，「我知道有好些人通不過這一關。」他搖搖頭，摘下眼鏡用絨布擦拭乾淨。

「這些人怎麼辦？」我非常吃驚。「更緊要的事，是如果我們過不了這一關怎麼辦？你的意思是說，我們拿不到學位？」

「他們會讓你再考一次。第二次不及格，你就要走路。」

這事可麻煩了。我在中國從中學到大學，前前後後唸了十年的英文，結果到伊大還通不過考試。我對德文和法文，一竅不通，要我再唸上十年八年，才能去考試嗎？我問老邱怎麼辦？

他說他不知道怎麼辦，打算仔細問一問別人的經驗再說。

老邱出生在上海，一個人住在我們二樓的一個寬敞房間。他特別把他的房門裝上鎖，在房內唸書時從裡面鎖上。他唸疲倦了，就到我們房間聊天；聊完後，回自己房，鎖上。大家覺得他太自顧自己了。

也不知道為什麼，有一天他邀我到他房間坐坐。使我受寵若驚，也大開眼界。他有不曉得多少本書，擺滿了各個書架，不像其他同學只有教科書在房間裡。更讓我吃驚的是，他的書是自己的，不是從圖書館借來的。我翻開很多書來看，見到書頁邊上有他寫的密密麻麻註解。我自認我的小楷寫得很好，但是簡直沒法和他的比。

他有很多西方古典音樂唱片，在其中的扉頁上，他又寫出註解，有關音樂內容和作曲家的生平。他告訴我他如何欣賞這些音樂唱片；我聽了，唯唯否否。我只有聽過一次西方古典音樂，是在台灣看「Fantasia」這部電影的時候。

正如大家的想像，老邱為什麼鎖門。他不願別人打擾他讀書，卻不知還有另外原因。我們談一會話後，他不知從什麼地方摸出一個戒指。上面鑲了一個鑽石，有好幾克拉大，在檯燈下發射閃爍亮光到天花板上。他說他時常在房內用絨布把它擦之再擦，戴在手指上，觀賞一陣。他說他出身上海銀行世家。在共產黨來以前，他父親讓他一人先帶著寶貴家產到台灣躲避，可是他父親沒有及時逃出來。以後他來美國，把家產帶來了，都放在他房間裡。

他把鑽戒收藏好後，換了題目說，「我看你耳朵好像不太靈光。」

「是呀，」我說。「從前在預備軍官受訓時，出了問題。我是班長，在我們班練習步槍射擊時，我坐在槍口旁邊記分。打完後，聾了一兩天。後來聽覺回來了，可是一直沒有完全復原。」

「這樣的話，你要更下功夫唸德文、法文。」他頓了一下說，「就我所知，學外國文字，要靠聽覺。聽不清楚，就學得慢。」

我回到房間，愁上心來。現在我的聽覺問題，更增加我學外文的麻煩。我要不要請一位德文、法文教師來教我？但是出不起錢。

第二難關

兩個星期後，老邱到我房間面帶喜色說，「老戴，有好消息。我們有辦法解決外文考試問題了：一個一個地解決。」從此，和我熟識的朋友，都稱呼我為「老戴」。

「我是想一個一個解決呀。這算什麼好辦法？」我奇怪地問。

「是這樣的。我打聽到，如果你這學期去選為研究生所設的法文課，拿到B分數，就不需要考法文。我嗎？我先唸德文。有一位朋友建議我買一本德文手冊。裡面有二十二條規則，如果確實掌握得住，就可通過考試。到下學期，我修法文課，你唸德文。」

我們就這樣決定了。在法文課上，我是早到遲退，跟著教授和同學，唸呀、背呀、翻譯呀，用盡心力。有一天我向大家講道，我唸到一句法文，怎麼都翻不成英文，請幫幫忙。教授低頭看那一句，他的禿頭在天花板的燈光下，特別發亮，轉眼看我大聲說道：「天哪！那句話是英文，不是法文。」原來，我死瞪著眼看那一句話，會意不過來，以為是法文。全班大笑不止。

學期結束時，我拿到了B。不知道是因為教授同情我努力的結果，還是真的應該得這分數。

這一學期老邱通過了德文考試，把德文手冊交給我，詳細解釋如何運用那二十二條規則。他說德文和英文的主要區別，不在詞彙，而在文法。德文的主詞、副詞、動詞等位置與英文完全不同。一定要懂得句子的結構，把主詞、副詞、動詞等，根據規則，順序排好，就行了。瞭解這個原理後，就要練習、練習、再練習；準備好了，就去考試。

我聽從老邱交待，在下一學期果然通過了德文考試。我告訴他說，在考試時我把德文文章中各個字句按規則排好次序，譯成英文，交上試卷。我根本不知道這文章在講什麼。「誰管它講什麼！」他說。「當你拿到博士學位後，再也不會用德文和法文。外文考試完全是浪費時間。」他在這一學期唸完法文課，得到及格分數。

一九五八年秋季學期開始時，老邱又和我談起博士學位的事。「老戴，你知道你在這學期唸完政治學科的課程後，要參加博士預試（Prelim）吧？」

「知道。就是要看博士候選人是不是有資格去寫博士論文。」

「你可不能看輕這件事。記得你決定唸博士學位時，我說有兩個難關吧？第一難關是外文考試，第二難關就是預試。」

「是嗎？我以為唸完學位課程後，就可以寫論文。預試只是一個形式罷了。」

「可不是那回事。預試是學校最後一次判斷你究竟學到什麼東西，能不能在學術上有所貢獻。」

「他們怎麼判斷？」

「研究院組成三位到五位教授委員會，包括你主科和副科教授，給你一個鐘頭的口試。你完全沒法知道他們問什麼問題，在非常短的時間內提出答案。主要看你如何根據所學，應對所提出的問題，發表自己的見解。」老邱拿下他的眼鏡，搖一搖道，「有時教授們自己爭論不休，各有各的答案。」

「你是說，這一個鐘頭決定你可不可以寫論文？」

「是的。不寫論文就拿不到學位。」

這真是完全出於我的意外。我隨後打聽一下，是有些博士候選人沒通過預試而退學；有學理工的，也有學文法的。有些人幸運的話，轉到別的學校，補修學分，再唸學位。有的人放棄學位。

我還聽到其他有關預試的事情。一位洋人博士候選人在口試時，依規定要先報出自己姓名。他因為緊張過度，說不清楚。他先說出他的姓，隨即改正，說出自己的名再說姓，再一次改正，應該也說出中間名。結果他滿臉通紅，無法繼續，退出考場。還有一位是我同班同學，韓國朋友。他在口試時，我在考場外等候結果。過了一個半小時，他出來後，低著頭，快步離去，一句話都沒說。妙的是，隨即出場的 Valentine Jobst 教授，卻是滿臉通紅，向我說道，「這人不行！他只自顧自地說，他知道這，知道那，和我們問的問題沒有一點關係。」

我聽到這些故事後，覺得事情嚴重，決定延遲一個學期再口試，以便多多複習功課，並和同學練習如何在口試中問答。我這決定是對的，在一九五九年就順利通過預試。

我的房友們，老邱、陳迺潤（稱為老陳）和崔天同（老崔），為我舉行一個慶祝晚餐，地點在歐班那的一家豪華西餐廳。我依著老邱的建議，點上「烤里脊肉片」（filet mignon）。我不知道這是高級菜，吃的時候也沒有覺得怎麼樣，但不得不裝著很對胃口。後來再一次吃這道菜時，是二十三年以後的事了。

我的這些房友們帶我出去遊玩一陣，地點是森林湖公園（Lake of the Woods），在學校以西十哩的地方。我們坐老陳的 Hudson 汽車前往，車身很大，是一九四〇年代產品。老陳比老邱大兩三歲，也唸經濟學博士學位，頭髮已經開始脫落，戴眼鏡，一看就是讀書人的樣子。事實上，他很輕鬆地通過外文考試和預試，現在接受一個經濟機構的委託，在學校裡作研究。

我們一路行來，經過數不清的玉米田地，每一塊土地都是幾十英畝大小，甚至上百英畝。每一塊都好像似立方體圖案，在公路兩旁排的整整齊齊。我們到了公園，停了車，踏上鵝卵石夾道的小徑，彎彎曲曲，緩步而行。到了湖濱，看到一大片一大片的草地，修剪的像地毯一樣；湖的對面是郁郁蔥蔥的密植樹林，把公路上的噪音都遮沒了。這裡怕不有數百英畝之大，除我們之外竟無一人。我們坐在草地上看著青天白雲，感受微風拂面而過，平常在學校天天為功課忙碌，現在享受了難得的恬靜。大家留連一陣，依依不捨離去。

城鄉之別

在回校的路途上，我再度注視著兩旁的田地。玉米桿子一個接一個緊靠一起，密不透風，玉米穗子個個結實，是一片豐收的景象。我聯想到家鄉的情景。當年我騎著馬來回於臨汝與半扎之間，不知經過多少次玉米田地。但是那裡的每塊地都很小，是這裡的幾十分之一，而且很多在山坡上，充滿碎石。玉米桿子稀稀落落，當中有很大空隙，所以收成不好。

這時，我看到老崔也在看兩旁農田，就告訴他我的觀察。老崔是農業經濟學博士候選人，河南人，我的同鄉，說話慢慢的，臉上常帶著笑容。他點點頭道，「你知道嗎？伊利諾州是在美國中西部大平原中心，東面是印地安納、俄亥俄（Ohio）等州；西面是愛荷華、堪薩斯，達科他（**Iowa, Kansas, Dokota**）等州。這裡地勢很平坦，每塊農地比較大，種植物比較密集。」

他轉頭望我一眼，接著說，「這裡不但平坦，而且水分非常充足，有幾條大河像手指一樣的平行，從北到南；再加上土壤又厚又黑，具有高度養分。這裡農家種玉米作飼料……」

「老崔，等一下，」我插嘴問道。「我從來沒聽說過，把玉米當飼料。在我們家鄉，玉米是給人吃的。在五穀之中，只有小麥麵粉比玉米麵粉更好吃。」

「可是這裡農家都把玉米運到內布拉斯加和懷俄明（Nebraska, Wyoming）等州的養牛場，去喂牛。普通人家是吃玉米的，只是當作蔬菜。你提到小麥，像堪薩斯這一州，生產不得了的多；另外密西西比（Mississippi）州還產米，別的州產水果和蔬菜。在美國，飯桌上擺的食物，都是本國生產的，要什麼，有什麼。」他一轉口氣問道，「對啦。你聽說過美國經濟大恐慌嗎？」

「聽說過。你為什麼問這問題？」

「在三十年前，大恐慌發生時，美國農家生產大量過剩，糧價下降，一瀉千里，連帶造成全國經濟衰退。政府不得不出面干涉，撥出大量經費，給農家錢，不要他們生產過量，才挽回經濟頹勢。」

我瞭解老崔所說的大意，但沒有再談下去。我的心思回轉到半扎的玉米農田，地塊小，生產少，看著不起眼，但是在我的腦海裡，卻留下不可磨滅的印象；就連當年的旱災和蝗蟲，害苦了老百性，直到今日記憶猶新。這些都是我兒時生長環境的一部分。而當地的農田，更是母親花盡心血要得到的東西。現在半扎的農田，離我幾千哩之遙，也有十幾年沒再見過，心中仍有一份濃厚的感情。

我在一九五九年從美國同學手中買到一部雪佛蘭（Chevrolet）汽車，一九五三年出產。這位同學說，汽車機械方面曾有毛病，但已經修好。我倒不在乎，哪有老爺車不出問題的？我喜歡這部車的主要原因，是它和我念念不忘的 Thunderbird 有同樣的淡綠顏色。

這年的暑假，我開著這部車，遊覽美國，先從近處開始。首先是春田市（**Springfield**），伊州的首都，在學校以西一個多鐘頭距離。這裡有林肯總統的故居，一座二層樓的木質房子，沒有什麼裝潢，很普通的房子。林肯是我在小學時聽說過的美國人，想不到這位舉世景仰的領袖，當年的生活竟是如此簡樸。他的偉大之處是以「死而後已」的精神實踐人人平等的理想。

芝加哥是另外一個值得觀光的地方，距學校不遠，一百多哩。我在一條雙向單車道的公路行駛時，發現後面跟著很多車，有些人不耐煩，按喇叭，要我超越前面的一部車。最初不敢冒險，怕和對面來車相撞，後來不得已，在一個空檔鑽了過去。這時突然想起被遣送台灣沈姓同學的話。他曾和美國同學一道住宿舍，覺得他們有進取心。他說，「你看看美國學生，他們走起路來，抬頭挺胸，一副充滿自信的樣子。我們中國同學呢，天天趴在桌上唸書，唸書，見了人有點畏縮。不行，絕對要改。」他的話鼓起了我的勇氣，看到前面有慢車，就超過去。而且前後超了幾部，都沒事。

在中午時分到了芝加哥，我住進市中心區的青年會，隨即走到附近的 **Grant** 大公園，東面靠近一望無際的密西根湖，西面排列著一連串摩天大樓。靠北面是一座新建的六十層大樓，是當年芝加哥最高的建築物，為 **Prudential** 保險公司所有。公園之內，鋪著平坦行人道，到處都是修剪整齊的青翠草地。最引人入勝的景點是「白金漢」（**Buckingham**）噴水池，占地總有幾英畝之大；泉內有仿童話故事的各式各樣動物雕刻，噴出水來，或直或曲，相映成趣。入夜以後，各色燈光照射出來，把整個噴泉造成變動的五彩畫。我一連兩晚都在這裡觀賞。

一天下午，我到市區南部芝加哥大學附近，看望一位朋友，是中華民國駐芝加哥領事館領事朱振發。我看他住家房舍與歐班那／香檳民房不同，那裡是夜不閉戶。這裡家家戶戶有兩層大門，一層雕空鐵門在前，一層木板門在後，各上一道鎖；窗戶外面，像台北一樣，裝著鐵欄杆。我問他為什麼不搬到比較安全的地方。他說這裡房子寬敞租金比較便宜，鄰居大多是黑人，非常友善，安分守己。只是有些外來年輕幫派分子，偶爾出沒在這一區域，需要防範。

幾個星期後，我決定去東岸轉一圈。最初，為著要單身去上千哩以外人生地不熟的地方，有點猶豫。後來，回想我在一九四八年遍地烽火中，一人來回上海和開封之間，我能在戰爭中隻身成行，為什麼不能在和平的美國開車遠遊？我從伊州經過兩天時間，開到紐約市，很高興這部雪佛蘭車，沒出一點問題。

在紐約我花了一個星期時間，遊玩主要名勝：帝國大廈、聯合國大樓、自由神像等地；但是忽略了中央公園、大都會博物院、華爾街等處，因為那時不知道這些景點。接著，我開車經過紐約市北端碩大無比的華盛頓大橋，到新澤西（New Jersey）州，沿著哈德遜河北行，去參觀久所嚮望的西點軍校。看到校園雖然壯麗，沒有什麼特別之處。倒是來程一段路上，看到一片景象，令人嘖嘖稱奇。在寬闊的河中，停滿了灰色軍艦，怕不有百艘之多。怪的是，海軍戰艦不停泊海港之內，反而在內陸河上。

華盛頓是下一個去處。首先看到的是國會大廈，我從來沒有見過這樣雄偉的建築，心生敬畏之感。整體白色大廈的頂端是古典式的三層圓頂，前面舖著廣闊石級，面對長方形的水池。我覺得這個大廈象徵著理想的美國。當然，我還遊覽其他著名景點：白宮、林肯紀念堂、五角大廈等地。最使我心儀的地方是傑斐遜紀念堂（Jefferson Memorial），也是全白色、圓形建築物，座落湖上。整個建築圖案，呈現圓狀和曲線，均勻協調，再加櫻花樹點綴其間，確有精緻典雅之感。

九月間旅行歸來，老邱問起我的行程印象。他曾經到過我去的城市，要我比較一下美國和中國的大城市。

「說來你也許不信，」我講道。「美國市區建築有一種規格，是我在中學時最不喜歡的東西。」

「是嗎？那是什麼？」

「幾何。」

「幾何？」他重覆著說。「什麼意思？」

「你想想看，紐約市的街道，縱橫平行，像座標似的；而且不起個街名，用數字表達。南北路叫什麼第五大道、第六大道；東西路叫42街、57街等等。其實，芝加哥的街道也是這樣的。在這兩個大城裡，各個摩天樓像是平平整整的立方體，一個接一個豎立起來，在最高層上加上三角形頂端。在華盛頓，各處街道都以圓環為中心。國會大廈和傑斐遜紀念堂的頂層也是圓形。這是我如何看美國城市。」

「說的也對。但是上海的街道，也多少是這樣排列的。」老邱提醒我。

「那只是主要街道。主要街道之間的弄堂，大小雜陳，彎彎曲曲，不是當地人，就認不清楚。在北方的大城像北京或者開封，小巷叫胡同，也是一樣。市區建築很少有四方形、圓形、三角形的規格。」

「還有什麼別的印象？」

「我喜歡紐約夜景。摩天樓上千紅萬紫的燈光，彌漫天空，就像無聲的煙火一樣。另外，街道很乾淨，雖然有菸頭及紙屑，但是從街上走進房內，鞋子上面或者鼻孔中沒有灰塵。在中國的大城裡，你在街上待一個鐘頭，體重會增加一磅。」

「不是一磅，只有幾兩。」

「話說回來，中國城市的空氣比較清新。晴天時，風和日麗。紐約就不同了。我從自由女神像處，對著市區照相，明明是萬里無雲，卻有一層驅之不散的黃霧，結果每張照片不清不楚。」

「你總體的印象是什麼？你喜歡美國大城嗎？」

「我覺得不錯。美國大城都很美觀，現代化，象徵著進步的美國。」

第十二章

沒有上司

喜憂參半

一九五九年的秋季到來了。在溫和明亮的陽光下，校園裡有些樹葉透出燦爛金黃色。這樣晴爽的季節使我心情愉悅，而我出任 Richard Butwell 教授的研究助教，更令我興奮。Butwell 是我的第二位指導教授，要我幫他收集資料，以供撰寫東南亞政治書稿之用。每週需要十五小時，自行安排時間，日夜均可。助教獎學金每月一百二十元，另免繳學費。這算是名利雙收；我高興得如入雲霄。

這樣，我可以充分控制時間，除助教工作外，一方面為自己的博士論文選題構思，另一方面為我中國同學會會長的職務多盡點責任。我約好幾位朋友，組成一個非正式的汽車服務隊，幫助同學們開車辦事。我們所有的都是老爺車。陳迺潤的 Hudson 車身大，彈簧鬆，坐在裡面就如在船上一樣的波動；這且不說，它的機械毛病多。有一年冬天他把車停在街上，下雪刮風兩個月都不管。開春後，他發動引擎，咳嗽再三，冒出黑煙，居然開動了。另外一位朋友，陳柱華，修化工博士學位；他的車在駕駛者座位下的底盤，有個洞，需要墊上木板，以避泥水。開車時不僅費汽油，他如到十幾哩以外的地方，總要帶著實驗室的燒杯，裝滿潤滑油，以備回程之需。其他朋友的車體面一點，也好不到哪裡去。

中國女同學們沒有車，有時需要我們開車幫忙辦事。有幾位住在 West Oregon Street，就在我們對面，像馬明中、馬明熙、王樺、Betty Chan 等就是。她們有時燒飯請我們吃，以作酬謝。我們有時開車去車站迎接中國新生。有一次輪到我，去香檳市灰狗長途汽車站接三位女同學。可是到時候，一個都沒來。倒是另外有一個女生，在車站裡走來走去，等候接她的人，久等不來。我便請她坐我的車到學校。她在俄克拉何馬大學（University of Oklahoma）唸完碩士學位，來伊大修化學博士學位。她叫周明真，留著短髮，臉龐稍圓，皮膚潔淨潤滑，兩眼清澈，頸部微長。有點像奥黛麗．赫本（Audrey Hepburn）。我在台北看「羅馬假期」時，在電影上見到過這位明星。

想不到，我辦理汽車服務隊給我了最美滿的報酬，因為周明真是我未來的妻子。在十一月我與她第一次約會，引出一段戀愛情節。我們在一九六〇年四月十六日訂婚，隨後的暑期給我們充分時間準備婚禮。我們到芝加哥買了訂婚鑽戒；明真自己縫紉面紗和禮服；我買了一套 Mohair 呢料新衣和美國製的皮鞋（Florsheim）。到了八月十四日，我們的婚禮在

University Baptist Church舉行，六十餘人觀禮，包括我一九五六年到伊大後，首次拜訪的幾位政治系教授和他們的夫人。整個婚禮費用（除了購置衣物外）是一百一十五元，比我一月助教獎金還少。

當晚我們在香檳市的「香港飯店」晚餐。我告訴明真，我母親如果能夠和我們一起慶況這大喜事，一定高興極了。可惜她仍在漢口受苦受難。我想大舅和三舅遲早會把她和我弟弟接到台灣，到時候，我到台灣相聚一陣，或者接她到美國小住。

我們在West Oregon Street租到一個小小而潔淨公寓，有機會招待朋友。中國同學會幹事們、合唱團團員，和其他同學經常光顧我們這「麻雀雖小，五臟俱全」的新居。有時三、四人來，有一次竟有二十二人到我們家吃飯，有些同學擠在臥室裡，站了一晚上。還有伊大畢業在春田市作事的朋友，如楊祖銘、熊偉和姜中庸，在返校訪友時，帶著行軍床，住在我們家。更有遠道來訪的朋友，如陶天文、楊炳麟、施家暉等，都在舍下小留幾天；當時怎樣「下榻」這蝸居，是已經忘去的事了。

誰知道正在這歡樂時光，我卻陷入一個困境。說來話長，早在兩年前，在台灣的教育部知道我上進心切，在修博士學位，兩次延長我留美時期。到了一九五九年秋天，我來美已近四年，教育部拒絕再一次延期，通知外交部不再延長我已到期的護照。

這樣我就無法延長在美國的居留證。芝加哥的移民局管這件事，同情我完成學位的心願，延長居留證一年。到了一九六〇年秋天，移民局拒絕再度延期，約我在芝加哥面談。我向移民官員解釋，修博士學位要經過漫長時間，是急不得的事。移民局官員說，我的護照已經過期，不能再延長居留證。最後他說把我的案件「留待察看」，但沒有說察看多久。我回到學校後，一直為這件事傷腦筋，我預計寫論文需要一年時間。假定在這之前，移民局察看期滿，驅除我出境，這樣不是功虧一簣嗎？

寺廟生活

在這種情形下，我決定當我同學會會長在一九六〇年秋天任期屆滿，下台不幹了。這樣我可全力從事論文工作（我為 **Butwell** 教授收集資料的工作已大體完成）。可是同學會幹事們和其他同學怎麼說都要我連任下去，堅決拒絕物色下一位會長的人選。

我為這件頭痛事，找老邱商量。他說，「他們不要你走，是你作會長作的太好了。」他在年前和唸家政系的梁文蕾結婚，住在學校設立的研究生宿舍大樓。

「老戴，說起這件事來，」他拍拍我肩膀說，「你從前好像很害羞，在人多場合中說話時還臉紅。」老邱曾當過同學會會長，在他任期內，我幫過忙。「可是你當會長以後，像變了一個人，作了很多事。從前的會長，包括我在內，都趕不上你。那，你為什麼不幹了？」他把一盤削好的蘋果放在我面前，注視著我，像似要我回答他話以後才能吃。

他看我沉默無言，繼續說道，「我覺得你在 **Chillini** 上，辦的一系列伊大中國教授報導，有聲有色。是呀，他們實在能幹。有些電機系教授，就在這裡唸的書。他們非常用功，也儘興去玩。你知道嗎？」他端起蘋果盤，向我讓一讓。「他們喜歡打撲克牌。有時會傾宵玩個不停。第二天去考試，都拿A。事實上，他們所有功課都拿 A。所以他們一畢業，系裡就留著作教授。」

「真叫人佩服，」我隨和應著。

他覺得我既然不願多說話，就繼續講下去。「你組成個汽車服務隊，幫別人開車。你不喜歡唱歌，但是大力推動合唱團。」

「我連五線譜都不認識，」我說。「但是你看老馬多努力作指揮。還有袁郊，是真正的天才女高音家，都熱心支持合唱團。我總不能落後他們。」（老馬叫馬孝騆，已經三、四十歲的人了，唸電機。）

「你還為同學會作了不少其他的事，都是為了什麼？」

「我想……和我的美國家庭友人有關。」

「和你的美國家庭友人有關？」他重複我的話。「他們要你當同學會長？」

「不是，不是。事情是這樣的。你看，他們原來根本不認識我們，可是對我們十分友善和照顧。像 Stanley 夫婦，不知道請我們吃過多少次飯。我們除了亂七八糟燒過一頓飯外，什麼事都沒為他們作過。你大概碰到過我的一些家庭友人，像 Mrs. Drew, Conrow 夫婦……」

「我碰到過。我也有美國家庭友人，他們的確很友善，但是與同學會有什麼關連？」

「這就是我的道理了。」我點頭說道。「如果他們對陌生人很友善，熱情照顧。我們不是更應該對我們熟識的人友善和照顧嗎？」

他望我一會，說道，「說的有理。」

「老邱，並不僅僅是美國家庭友人對我們友善。」我說話的興趣來了。「你看，伊大不也是一樣。他們原來與我們一點關係都沒有，但是發給我們獎學金，免除學費，又給我們良好教育。但是對我們卻一無所求。」我吃了些蘋果。「這裡研究院的教育，一再要求我們要創新。這種想法應該也應用在課外活動方面。所以，我為同學會作了很多事。」

他沉默一會，說道，「你還是沒有告訴我你為什麼不幹了。」

我說出居留證問題，必須專心寫論文。

他說，我當然不應該再幹會長。他問我要不要他和同學會幹事們解釋一下。

我說，「那倒不必。」在秋季開學時，我告訴幹事們我不再作會長的原由，就順利卸任。隨後在總圖書館內申請到一個博士候選人專用的個人閱讀室。很多博士候選人閱讀室設在書庫以內，可從庫中直接借、還書籍，不需經過櫃台手續，而且沒有數量限制。我的閱讀室設在書庫的第七層，約有七、八呎見方，內有一桌、一椅、一書架，側面有一扇窗戶。

當我坐進這一斗室之後，面對記事簿，上面寫明選定的論文題目，「聯合國會員國會籍問題，」看了又看，不知如何下手。我四年前上「歐洲各國政府」這一課程時，Lewis 教授再三要求研究生，在寫論文時要有創見。我知道我論文所涉及的內容是什麼：就是冷戰時期內，美國與蘇聯有關新會員國申請入會問題所發生的爭執。美國贊成入會的國家為蘇聯所反對；蘇聯贊成的，美國反對。有關這個問題的書籍和專文，已經發表了不知道有多少，再有新見解或新分析，幾乎是不可能。

我看天花板，越看越覺腦子空洞，轉過來看窗外，只見幾條黑鐵杆，釘牢在牆外，便失去興趣。有時在書庫走動一番，但感空氣沉悶，燈光黯淡，書架擋路。伊大總圖書館書庫共計十層，據說藏書上百萬冊，除了兩種短暫情形外，聽不到一點聲音。一種情形，是工作人員取書、放書；另一種情形，是博士候選人在各個閱讀室內唉聲嘆氣。我就在這樣的環境中過了下來，一星期七天，從上午八時到下午五時，在書庫裡胡思亂想，偶爾翻翻書本，吃三明治，喝水……。一個月下來，覺得這樣不行，要改變態度。這時想起了在台大時張劍寒的比喻：把學校當寺廟，把自己當和尚，把書本當經文，撇除雜念，專心一志去用功。

立業見聞

一九六一年九月的一個料峭清晨，我在七點四十五分走進一間教室；幾位大學一年級學生散坐各處，瞬時間，三三五五學生來臨，坐滿了這教室的四十個位置。有的，帶著好奇眼光望著我；有的，睡眼惺忪。這是我在蒙太拿大學（University of Mon-tana）教書的第一節課。

這一年的暑期，這所大學政治系邀我擔任講師。我從無教書經驗，更不要說以外國人身分在美國大學教書了。而我教的這一課是「美國政府」，自己從來沒有唸過。我深吸口氣，兩眼正視學生眼睛，開始講解起來。我口齒清楚，但嘴唇偶有顫動。

我告訴大家我的學歷，說我認識到美國研究院教育的目的，是多學習，多創新，多分享。這是我的志願，會盡力去作。說完這話後，轉入正題，出我意料之外，竟是講的頭頭是道。

蒙大在夏天與我接頭時，說明我的課程包括「美國政府」。我非常猶豫要不要接受這個職務。我的專科是「國際法」和「國際政治」，怎麼能教自己沒學過的課程？可是，這時我只有蒙大這一個教學機會。如果不接受，怎麼辦？

我有好幾天沒有睡好覺，考慮再三，決定接受這個職務。在這一個暑期，我收集幾本「美國政府」教科書，一一閱讀。我在伊大曾唸過一年的美國憲法史，是我的副科，對我的準備工作有很大幫助。我仔仔細細地寫出講義，以備上課之用。在這期間，我認識到美國政府的組織，井井有條，聯邦與各州上下兩級，三權分立，相互制衡，如數學一樣的有規律。我欽佩甚至喜愛這一制度。

我教的「美國政府」這一課，學生們不斷提問題，有時在上下課之間的十分鐘，圍著我不讓我走。在學期結束時，覺得教的成績還滿意。我跟自己打分數，算是B$^+$。別的課程，應該好一點。

我和學生時常課外聊天，談起在伊大的情形，但是沒有告訴他們，我如何解決兩大難題。一個是博士論文。來這裡以前，我坐在圖書館閱讀室裡，過著劍寒的「寺廟生活」，仔細唸完一本又一本有關論文的書籍，就是想不出一個合適主題。這時我已習慣了別的閱覽室發出的拍桌或咒罵之聲，總鼓不起勇氣，敲門互訴苦衷。我不由自主地看窗戶，盯著鐵欄杆，心中想道，圖書館裝置這些東西是不是防止我們跳出去？

一兩個月下來，我終於找到一個主題。從一九五〇年以來，共產黨在北京的政府與國民黨在台北的政府，年年發生爭執：究竟哪一個政府具有在聯合國代表中國的權利。這時候，就這個問題還沒有主要的書籍發表過，我的論文補上這空缺。

這個難關過來了，但是如何解決居留證難題，沒有著落。一九六一年夏天我寫完論文，畢業了，幸好移民局沒有找我麻煩。在這期間，我作了一件有欠情理的事。我有個盤算，想在美國大學教書。一方面我認為這裡有學術上進的最好環境，另一方面，我太太，明真，還有一年就可完成她的化學博士學位。為著達到這個目的，她也是用盡力氣，除作實驗，寫論文外，還要照顧這年六月八日剛出生的女兒怡華（Eve）。可是我是公費留學生，應該在學業完成後，返回台灣工作。雖然教育部沒有這樣硬性規定，這應是順理成章的事。

我到了蒙大以後，政治系系主任 Thomas Payne 得知我的居留證問題後，馬上和蒙太拿州聯邦參議員 Mike Mansfield 聯絡，請他幫忙解決。Mansfield 曾在蒙大政治系教過書，便與移民局接頭，讓我依據移民法規定，以學術人才身分取得永久居留證。這個問題解決了，但是我對教育部覺得虧欠，受到良心責備。我立下決心，將來歸還公費或用其他方式予以補償。

蒙大地處 Missoula 市東區，有一個廣大幽雅校園，靠東是一座頗為雄偉的辦公大樓，面對一個橢圓形草坪。我的辦公室在靠北的文學院內，可以看到窗外綠色草坪與紅色辦公大樓相映成趣，賞心悅目。我教四門課，每週十二小時，白天全在學校。

十一月的一個星期六上午，離我辦公室不遠的足球場裡時時傳出吼叫之聲，使我無從專心閱讀學生作業，我步出校園向西行去，過了橫跨 Clark Fork River 的一座橋，到達

Missoula市中心。在那裡，我進入一棟翻修過的建築物，其中的一家門面裡是理髮店，一位理髮師向我點頭微笑，表示歡迎之意。他大約五十來歲，一副深知世故的樣子，問道，「你怎麼不去看球賽，卻來理髮？」在這裡，球場吼叫之聲，偶爾傳過來。

「看球需要太多時間。」

他把我安置在座椅上後，又問道，「你在蒙大教書嗎？」他看我點頭後繼續問我，「你從哪裡來？」

「伊利諾州。」

「我的意思是，原來的地方。」

「中國。」

「那，我可要告訴你一件事。」他一面剪髮一面說，「你看到那個階梯了嗎？」他指向隔壁，我順著一扇開著的門，看到隔壁空著的商店，在一側有一個通往地下室階梯。

「那個地下室放著亂七八糟的東西，」他說道。「不知道有多少年沒有人下去過。前兩個月有人在下面撿到一本用線裝訂的書，紙張破舊發黃。」他轉過來，到我側面剪髮。「裡面寫很多字，沒人認識。一位報社記者知道這事後，拿著那本書到蒙大，問問有沒有人認識。結果有人說是中國字。這記者又花了很多工夫調查這件事，後來在報紙上寫出一個我們從來沒聽說過的故事。」

「是嗎。那故事說什麼？」我問道。

「上一世紀很多中國人，總有兩千多，住在這個城裡。」

「什麼？怎麼會有這樣多的中國人在這裡？」我知道現在住在Missoula的中國人，除我之外，只有兩家。一家開飯店，另一家是蒙大新聞系喻德基教授和他夫人。

「鐵路呀。當年好多中國工人在造北太平洋鐵路，從芝加哥到西雅圖。後來他們在這裡定居下來。那本書是他們的賬簿，記載工人姓名和工錢。」

我在書本上唸到過有關中國人在美國造路的事，但是從來沒聽說這樣多的中國人住在這裡。我問道，「那兩千多人到哪裡去了？」

「這就是我們過去沒聽說過的事。」他放低聲說，「根據那位記者的報導，他們在一個夜裡，被圍起來，殺掉了。只有幾個人逃到印第安人居住地區。」

「什麼？殺掉了兩千多人？」我突然轉身面對著他問，他趕快把理髮刀拉向一旁。

美國人凌辱所謂「中國苦力」的事，老早上過電影。但是這樣大規模濫殺無辜居民，是我想也想不出來的殘暴行為。我在返回學校路上，久久不能平息震撼的心情。不自禁想像出一個景象：在一個黑夜裡，一大群，一大群「中國苦力」，拼命向城外逃跑，他們滿臉驚恐之色，他們的辮子搖來搖去，最終陷入圈圍（美國西部武打電影中所稱的corral），在一陣陣獵槍和步槍聲下，一個個呼天喚地，倒了下去，從此在Missoula失去蹤影。

我馬上聯想到自己，這個過去被稱為「蠻野西域」（the Wild West），是怎樣對待我這個外國人？是充滿敵意或鄙視嗎？不是的，的確不是。我在飯店、雜貨店、洗衣店所碰到的全是白人，他們沒有一次不是先向我打招呼。有些老太太與我寒暄，叫我「honey」，見第一次面，就把家中瑣事，一股腦講出來。

在我們系裡，Thomas Payne、Ellis Waldron 和 Albert Stillson 教授和夫人們，經常在家中請我吃飯。我的大一學生也是清一色白人，他們和我最初相處階段中，總是帶著好奇眼光看我。這個說話帶外國口音的講師，怎麼會知道美國政府如此之多。不久，下課時他們圍著我問問題，對我的答案一致點頭。有時這個學生講一個笑話，那一個推弄他一下，吵吵鬧鬧，讓我回起想起我在中、小學嬉笑時光。在我的「國際法」課上，有一位少校預備軍官，穿著整齊軍服上課，下課時不會忘記敬禮作別。他修碩士學位，請我作他的指導教授。

我在蒙大待一個多月後，一對農村夫婦請我到他們家裡度週末。他們住在城以東十幾哩的鄉下。他們的女兒和她先生都是蒙大學生，一同前來。先生是黎巴嫩國人，跟我修碩士學位。我們用步槍打靶，在附近小溪中釣魚，燒烤牛排，過了一個愉快的週末。想起來，比在 Dwight 和 Mrs. Drew 相處的週末，還愜意。

可是，在 Missoula 我究竟看到美國歷史的黑暗面。有很久，這個中國鐵路工人慘案，在我心中起伏不止，也讓我回思在美國的其他際遇。在香檳市，我住在一家大門沒鎖的房子中，有一兩年之久。可是在芝加哥一對夫婦朋友，卻住在雙層鐵門上鎖的房屋。在春田市，我參觀過林肯故居。這位美國總統，為著實現「人人平等」的立國信念，在一世紀前犧牲了性命。但是在今日的美國南方，仍然不准黑人在公共汽車上或者飯店裡和白人坐在一起。在 Missoula 的居民應該感謝中國鐵路工人，為他們建造起現代化交通工具，卻把他們屠殺殆盡，只留下一個破舊賬本。

為什麼美國有這麼多的矛盾？為什麼？為什麼？

教學生涯

我在蒙太拿大學待了一學年。到了一九六二年春天，明真在伊大的學業已近完成，開始覓找工作，連帶使我不得不結束蒙大教職。在那個時代，公立大學為著避免偏私情事，遵循一種不成文規定，夫婦不得在同一學校任職，而Missoula沒有另一個大學可供明真教學機會。結果，我們在這一年秋季，在底特律市找到兩個工作：我任教底特律大學；明真任韋恩大學（Wayne State University）化學系研究員。兩個學校相隔七、八哩之遙。

我當時並不十分情願離開蒙大。我在這裡所接觸的人都很豁達坦率，有些結成好友，而且我很喜歡蒙州的遼闊地域和清新自然環境。就幅員來說，蒙太拿是美國第四大州，人口卻只有六十五萬，不及底特律市的一半。Missoula是蒙州的第二大城，人口約有二萬多，但是蒙大的一項都市研究方案，居然列其為「大都會區」（metropolitan area）。

蒙州靠東約三分之二的區域，是草原地帶，小高地夾雜其間。在耶誕假期間，我乘火車到香檳市看望明真和怡華，經過這裡。從車廂玻璃天窗向外瞻望，看不盡的青天白雲和晴爽天氣，讓我覺得，這裡的蒼穹比別處更高更藍。難怪別人說，這裡有的是「巨大天空」（The Big Sky）。當時我有個遐想，如果將來有可能，在一個山頂上造一所房子，望上看是玻璃天窗外的巨大天空，白天麗日當空，夜晚繁星低垂；俯瞰四週，是一望無際的草原。這個夢想直至今日仍沒消去。

在蒙州西端是高入雲霄，橫斷南北的洛磯山脈（Rocky Mountains），向北伸展，在接近加拿大邊境處，座落著冰川國家公園（Glacier National Park）。從遠處看望，是連綿的奇山陡峰，頂層白雪皚皚，次層長青樹林，直抵山腳。這是我到蒙州後久所嚮望之處。在離開之前，與四、五友人，驅車作三日遊。我們盤山而上，沿五十哩長的「直驅天日大道」（**Going to the Sun Road**），到達六千五百呎高的羅干關「**Logan Pass**」。這條大道，冬天封雪，到了初夏，飛機盤旋低飛，轟隆之聲，激起雪崩，然後由掃雪卡車，清理乾淨。大道的土瀝青路面，平坦如新。我們回首下望，只見群山小，滿眼盡蒼翠。

我們下榻在一個地處湖邊供應膳宿的旅舍，隨即漫步四遊，每一次呼吸之間，便讓略帶松樹味道的空氣，清理一下胸腔。這裡沒有鳥鳴，很少見到其他行人，大家僅僅私喁，似乎融入靜寂的四周。隨後我們開車遊覽幾個湖泊，包括著名的 **Saint Mary Lake and Stony Indian Lake**。每一去處的確是「環湖皆山也。」山頂呈現嶙峋三角，冰川順勢而下，似乎膠著不前，直到湖旁才逐漸瀜化成一支一支細流，在陽光下折射成燦爛水珠，點點入湖。

這個絢麗的公園給我留下它獨具一格的印象。多年來，當我看到各個風景區域照片時，立即可以辨別出何者是取自冰川公園，何者不是，屢試不爽。而令我心折的，是當年公園建造者所花費的心力。他們在這個百數十哩荒無人煙的叢山峻嶺中，要籌備經費，作地質、地理探測及工程設計工作，斬荊闢棘，開山築路，完成大功，把自然的奇景一一呈現在觀光者眼前。

我回想到「風景甲天下」的桂林。那裡岩石聚成奇峰，蒙上像濃郁深綠外衣，一個個矗立在蜿蜒南流的灕江之旁，在清澈的水面上投下倒影。雲霧繞山而起，微風蠕動水波，匯成略帶神祕色彩的詩情畫意美景。正如冰川公園一樣，具有獨特風格。

在我的印象中，中國的各處山水勝地，是詩人畫家流連忘返所在。詩人顧盼之間，以「神來之筆」作成佳句或對聯，刻於峭壁之上，點出美景精華。畫家則運思構想，作高山流水之圖，納入「天人合一」之意。至於一般遊客，多是偶爾乘興而來，浮光掠影，一瞥歸去。在過去的中國，像美國一樣大興土木建造如「直驅天日大道」的巨大工程，開闢風景區以供廣大群眾觀賞，是絕無僅有的事。直到上一世紀末期，國家公園在張家界、九寨溝等地才一一出現。反過來看，今日美國的風景區，當中遊客大多是一般群眾，畫家詩人是比較少了。

我是不是要像美國人一樣的愛好自然，多遊覽一些國家公園？是的，我一定要的；但是，不是現在。當前最重要的事，是在蒙大之後，穩固我的教學生涯。

一九六二年九月的一天，底特律大學（University of Detroit）敞開大門，歡迎我到來，給我一種既新奇而又熟悉的印象。

他穿著黑色長衣，中束腰帶，從一付無邊眼鏡中注視著我。他有一個四方臉，短短的銀灰色頭髮，大約四十來歲，說話低沉有力；在和我交談二十分鐘之中，沒有微笑過一次。在我告別時，他遞給我一封打字工整的信，上面載明我作政治系助理教授的詳細職務，落款是 **Malcolm Carron, S. J.**，文理學院院長。

底大由天主教耶穌會（Society of Jesuits）在一八七七年創立，是密西根州最大的天主教大學。底大的歷史背景給我一種熟悉的感覺。義大利耶穌會教士利瑪竇在十六世紀開始在中國各地傳教，最後病故北京；德國湯若望教士曾在明朝宮廷任欽天監，並且與清朝順治皇帝結成好友。這兩位教士以及其他教士，一方面傳布耶教，一方面著書立說，引進西方天文學、數學及其他科學給中國文化及教育界。他們在中國學術上的貢獻在史籍中有充分記載。當我在臨汝中學唸書時，我知道有關利瑪竇和湯若望的事情比任何其他外國人都多。我的幾何老師，更是把利瑪竇時時掛在嘴上。

我在底大最初幾年間，學校各級行政主管和部分學院院長都由耶穌會教士擔任。他們常年身著黑衣白領，面貌嚴肅，全神辦理校務。他們住在學校內一座專用大樓，偶爾單人在校園各處行走，背負雙手，好像巡查事務一般。在這樣的環境中，很難想像到，他們切切實實地奉行自由主義式教育。除了教士大樓以外，他們在校園裡，不舉行任何宗教儀式；顧用教職員時，從不過問宗教背景；接受任何合格學生（但是百分之七十為天主教徒；外國學生約二、三百人，來自世界各地）。至於教授們如何教學，完全聽其自主，沒有絲毫干涉。

學校既然這樣信任教授，我決定採取兩項措施，增進授課功效。一項是加入專業學術團體（例如美國政治學學會、美國國際法學會和亞洲學會），藉它們研究成果，介紹給學生教科書以外的知識。

另一個措施是加強英文語文能力。記得在台灣時，一位教授告訴我，在這一方面下功夫的最好方式，是唸紐約時報社論。我從一九六二年開始訂閱這份報紙，一直到今天。在底大時，我每天選好一篇社論，閱讀以後，在往返學校路途上背誦。紐時社論的用詞，除文字典雅外，寓意深刻，好像洋蔥一樣，剝了一層又一層。社論的結構，講究起、承、轉、合，就像我在中學練習作文時所學到的一樣。我把這方面的心得應用在講義上，用詞簡潔有力，內容條理分明。

在底大期間，我徹底實行這兩個措施，得到良好效果。在第六年，也就是一九六八年，得到「終身教授」待遇。可是，在這之前我已認識到，職業的進展，除在課堂上有良好的表現以外，還要靠別一方面的努力。

沒有上司

我非常喜歡在底大教書。雖然工作忙，但很自由。每一星期我有十二鐘頭的課與三個鐘頭固定辦公時間（以備與學生諮商課程）；除此之外，我自行支配。我可以教我願意教的課程，選擇授課時間，毫無拘束地與學生交談，與任何其他教授交換意見。我的假期時間很長，一年下來，總有三個月之多。我的薪水及福利，比在工業界有同樣資歷的人為少，但是足夠我的需求。總之，我滿意工作環境和待遇；感覺上，當教授好像沒有上司。

我真的沒有上司嗎？是的，沒有人考察我如何教課，沒人要我寫年終工作報告。系主任管的是事務性事項，排列課程，主持系內會議等等。院長嗎？很少見面。可是，仔細觀察，事情沒有那麼簡單。事實上，有很多雙眼睛在看著我們作教授的人。學生們看到不喜歡的教授，會選另外教授的課。他們「用腳評判教授」。這是一位同事的話，教授們更是互相監督。彼此在走廊裡或者在教授俱樂部，有說有笑。但是一旦坐在考績委員會裡，討論升遷調補事體，便作出鐵面無私的決定；系裡和院裡，尊重委員會決定，照章行事。這是說，人際關係非常重要。

我瞭解這些美國大學教育常規以後，便不得不改變教學和處世的態度。我生性內向，現在則經過一番掙扎，積極擴展人際和學術活動：與學校教職員進行社交聯誼，參加多科際合作計劃，以及展開校外社會與文化活動。

一九七一年我開始擔任政治系系主任，立即擴大研究部學科，其中最重要的工作，是把國際政治經濟學碩士班推展到底特律的最主要工業——汽車工業。讓通用公司（**General Motor Company**）、福特公司（**Ford Company**）和克萊斯勒公司（**Chrysler Corporation**）的中級職員在夜間部上課，修習學位。另外我協助學生成立政治學學會，約請校外講員討論時事。其中比較重要活動，包括密西根州檢查長 **Frank Kelly**，講解如何執行公民權利法案；尼克森總統特別助理 **Bruce Herschensohn** 討論「水門案」（**Watergate Scandal**）事件；和中華民國駐美大使沈劍虹分析中美關係演變。

學術研究

一九六六年五月的一個下午，我到哈佛大學國際事務中心（**Center for International Affairs**）會見杭廷頓（**Samuel P. Huntington**）教授，由一位他的祕書帶我到他的辦公室門前，再由一位年輕人引我進去。我向他申明來意。他微笑著向我說，「我就是杭廷頓。」我還以為他是研究生助理，看起來像二十幾歲，穿著貼身黑色西裝，典型式的哈佛服裝。

在這之先，他約請我這年秋天到國際事務中心，擔任一學年的研究員，研究主題是新興國家土地改革。這個中心是由他和幾位哈佛資深教授共同主持，探討世界政治、經濟和軍事等事務。現在他要和我先談一談我的計劃。這一談，花去三個多小時。我早已聽說他專治美國政府制度，久負盛名，卻不知他對東方政治也有深度的興趣，對日本「明治維新」和中國袁世凱所引起的「二次革命」等重要演變，都有獨到見解。同時對新興國家相當瞭解；更使我吃驚的事，是他天才性的學業成就。十八歲在耶魯大學得到學士學位，二十三歲在哈佛拿到博士學位並立即留校教書。他現年三十八歲，是正教授，將在秋天接任政治系系主任。

當我們談起我的研究計劃時，他建議作兩項修正。我原來計劃的範圍只包括亞洲國家；他要我擴大，納入中東、非洲和拉丁美洲國家；另外，他要我僅作政治分析各國土改方案，不必依我原來計劃，也作經濟分析。

我對土地改革的興趣，開始在一九六四年秋天。當時，一位底大同事告訴我，在大學教書，從事研究工作非常重要。**Edwin Rutkowski** 教授——也是政治系系主任——說，「我看你過去兩年教書非常努力。可是你如果只在課堂上表現好，對你的職業前途並沒有十分幫助。」

「你是說，我應該發表著作？」我問道。

「是，也不是。」他停了一下接著說，「就我們的職業來說，有誰不感到這方面的嚴重壓力？你如果沒有著作，很難得到終身教授待遇，六年內如沒有這待遇，就要走路。」他的語氣好像很嚴峻，實際上並沒有這意思。

Edwin是我到底大一開始時就結交的好友。他留著平頭，四方臉，四十歲出頭，不拘言笑，但非常和善。他和太太Sarah，在我到校的第二個星期，就請我們全家到他們家吃晚飯。那時我們的女兒，怡華，一歲半，非常喜歡爬他們新舖好地毯的樓梯。她爬上去，頭朝下，鼓著肚子滑下來。就這樣，她上上下下幾十分鐘，一刻都沒停。我們兩家都覺又奇怪又好笑，她怎麼會有如此的體力和耐性！從此以後，我們兩家經常來往。

回到原來的話題，Edwin說，「你不作研究工作就不可能發表著作。事情有先後之分。你現在的工作是從事研究，不是寫作。要徹底查清楚，關於你有興趣的的題目，有哪些著作已經發表過。你不能重複別人的東西。」

我心裡想，又來了，作學問要有創見，我聽過多少次這樣的話！

「所以，」他繼續說，「你要查查別人的著作，鑽進去，找漏洞。如果找到一個題目，覺得可以作研究，就要鑽進更多別人的書本中，找出支持你論證的資料。」

「這不是大家在研究院所學到的方法嗎？」

「是的。可是在研究院你不需要發表著作。在大學作教授，你需要。」

在一九六四年秋天，我開始Edwin所說的「鑽研」工夫。在圖書館借出一本又一本的書，天天鑽進去，就是找不出漏洞，非常懊惱。後來不知怎的，一點靈感出現了，出現在一個想不到的地方：台灣的農田。那裡的農田大都是由佃農耕作，日曬雨打，經年勞苦耕耘，大部分的收成繳納給地主，讓他們過著不勞而獲的優裕生活。這種不合理的土地制度，在中國大陸各地普遍存在，歷史長久；在我的家鄉臨汝，我更有親身經驗。共產黨認識這問題，掀起大革命，強迫地主把農地交給佃農，藉機取得政權。

國民黨退居台灣，體認這一個失去大陸的主要原因，採取一連串的土地改革措施，穩固住政治地位。其中最重要而有創見的措施，是一九五〇年的「耕者有其田」法案。由政府付給地主公有工業公司股票，補償他們將農地所有權轉移到佃農手中。這樣，地主把原來放在農村的資本投入城市的工業之中，促進工業生產。同時，佃農得到土地所有權以後，生產情緒激增，促進農業生產。這個法案是台灣經濟起飛的最大動力。

許多年來，研究台灣土改經驗的文章，都是用中文發表；因此這經驗沒有得到國際認識。我發掘這個題目，喜不自勝地用英文在一九六六年的「密西根科學、藝術、文學學術期刊」（**Papers of Michigan Academy of Science, Arts and Letters**）上發表一篇專文。隨後，我向各著名大學研究中心，提出土地改革研究計劃，以亞洲部分國家為對象。當杭廷頓看到我的計劃後，立即批准。我當然非常高興，但心中始終有一個疑問：為什麼一個美國最著名的大學，把一個最佳的研究機會，給予一個資歷最淺薄、只發表過一篇學術論文的學者？

我發表的專文，雖然渺不足道，但是象徵著我走上一條新的職業道路。除了教學以外，以發表著作為學術目標。而我開始走上這條路時，正好與我們家庭的成長巧合。我們的第二個女兒怡平（**Helen**），在一九六五年十月九日出生；第一個男孩怡康（**Michael**），在一九六六年五月二十七日出生。

在怡康出生後幾個月，我們一家五人擠進一部福特汽車（**Ford Galaxie**），後面用一個**U-Hall**，拖著全家簡單家當，開往七百多哩以外的波士頓。一路行來平安無事。後座三位兒

全家福

童，時而嬉笑，時而吵鬧，倒解除長程開車的單調無味。

第十三章

哈佛寶藏

人文薈萃

哈佛大學地處馬薩諸塞州（Massachusetts）劍橋市（Cambridge），緊接歷史名城波士頓，占地廣闊，有數不清的古典建築物，歷時數十年甚至兩百年之久。可是卻想不到，缺少辦公室。國際事務中心分散兩個處所，一個曾經是中東博物館的二層大樓，一個是由旅館改裝的辦公樓。這辦公樓周圍樹木非常茂密，整年不見天日。二樓的樓梯正對大門，你如果踏上去，它會左右搖擺，吱吱作聲歡迎你。我的辦公室在一樓，旁邊是一個野草蔓生的天井，室內有全套設施的衛生間，澡盆馬桶一應俱全，而且都管用，就是沒有床鋪。

如果哈佛的建築設施不夠用，研究方面的服務則是再好沒有：祕書、打字員、複印機，各項文物，以及遞送文件人員，隨時備用；另發有各項身分卡片，以便使用整個學校的學術資料。中心研究人員分為三類：第一類是哈佛資深教授，例如，說話有德語口音的基辛格（Henry Kissinger），有研究「跨國公司」之父稱的 Raymond Vernon，和世界首屈一指政治社會學學家的 Seymour Martin Lipset 等人。第二類是國務院、國防部、國家安全會議和援外國際總署短期訪問官員。第三類是來自各大學為期一年的研究員；我屬於第三類。第一、二類人員經常按上班時間來到中心，多半研讀文章，小半時間開會。只有第三類人員，好像是無拘無束。絕大多數的同事，不來辦公室，經常不見人影。

我則常坐在辦公桌後，有時望著天花板，不知道從何開始進行計劃，就像從前在伊大圖書館個人閱讀室一樣的手足無措。百般無奈之下，我到辦公樓西南的校園中心（Harvard Yard）逛逛，看能不能產生一點靈感。這裡是哈佛三百年前建校地區，樹木蔥郁，空氣新鮮，偶爾有微濕落葉味道，大學部的學生在四週的教室進進出出，好像每人擔負一項重要使命似的。我懷疑自己是不是屬於這個眾望所歸的高等學府。

幾度思索之後，我告訴自己是「過河卒子」，只有勇往向前。回到辦公室，拿起筆來，寫下杭廷頓對我土地改革的建議，奉之如「聖旨」一般，草擬出寫作大綱：就台灣、菲律賓、巴基斯坦、印度、伊朗、埃及、墨西哥及哥倫比亞的土改經驗，作政治分析。這個計劃就像要寫成八本書一樣的鉅大工程，需要幾年時間才能完成。有些同事覺得這簡直是瘋狂的研究計劃。但是，我不知道從哪裡來的勇氣，不顧一切困難，要進行下去。

目標既定，第一件要作的事是收集資科。一天我去到偉德恩（Widener）圖書館，是學校七十幾個分館的總部，也是代表哈佛的巨型建築。正面是一排排的碩大圓柱，站在門前是穿著像似皇家衣冠的人員，檢視進出師生。建築呈四方型大樓，每一面有半個足球場的長短。小館內的書庫分為數層，每層書架縱橫排列，十分不整齊，有時轉彎抹角，如迷魂陣一樣。小型電梯散處各層，以備上下，可是安裝在隱密地方，就怕你找到。我最初進入書庫，身處這數以百萬冊計的藏書，就像落進大海一樣，不止一次，走不出來，要請教別人，如何突出困境。過些時熟悉了環境，便帶著三明治和咖啡瓶在這裡過日子。

我當然也光顧多處圖書分館，其中我留連最多的處所，是中心緊隔壁的哈佛—燕京圖書館，據說這裡有關東亞的藏書，是全國第一。我意想不到，在這裡借的書不僅僅是有關專科學業，而且有的是可供消遣。像金庸的著作，非常引人入勝。《書劍恩仇錄》是我讀到他的作品中第一部。拳劍稱奇，情節纏綿，描寫細膩，最令我心儀的是優雅文字。從此我便是這位武俠大師的小說迷。可是要在這裡借到他的書，往往要等兩、三個月。原來，很多人平時受專科學術所困，要找一點東西舒暢心情。

兩個月後，我收集到土改資料之多，讓自己也覺得驚奇。一個在劍橋市的農業發展研究中心把這些資料編印成一本一百一十五頁的手冊，內容包括上千的專書、論文和各國政府文件。

我參加兩組定期舉行的研討會，分由國際事務中心，及哈佛—麻省理工學院政治發展小組主辦。大都在上午舉行，配有葡萄酒及乳酪，也有以晚餐方式舉行。主要講員除由兩校教授擔任外，包括他校或外國教授及專業人員。他們的講詞不時異軍突起，道出新鮮見解和特殊治學方法，令人心悅誠服。可是有時說出從沒聽過的觀念和名詞，又不禁忐忑不安。

在這些研討會中，我看到有些研究員（第三類）有同樣不安的表情，慢慢地知道為什麼在辦公樓不見他們人影。他們不是逍遙自在去了，而是四處奔忙，加緊用功。一位研究員把自己鎖在一個圖書分館的個人閱讀室，一本一本地唸堆滿一桌的書。另一位，喜歡坐在**Baskin-Robbins**店裡，一坐就是幾個鐘頭，一面把冰淇淋當飯吃，一面修改他的專文草稿。還有一位，經常徹夜坐在辦公室裡，一早離去。我只是白天在學校，往返圖書館和辦公室之間，從星期一到星期日都是如此，怪不得常常見不到他們。

我有時參加別的中心研討會，藉機認識一些別的學科人士。一次我在東亞研究中心遇到費正清（**John King Fairbank**）教授；這位身高體瘦，兩眼似乎無神的中國近代史專家，靜靜聽完我的研究計劃後，只說一句話：「那麼，我非常希望你寫出一部書，使別人無法再寫同一類的書。」他這樣的期望，令我思索很久。他的話可以應用到他自己身上，他寫過不少經典性的著作；他的**The United States and China**從一九四八年發行後，重訂、重印不曉得多少次。而我呢，只發表過一篇文章，要達到他的期望，是比摘一棵星星還難。

另外一次遇到**Simon Kuznets**，是研究國民所得的專家，也是未來的經濟學諾貝爾獎得主。他人和氣，臉上的皺紋會擠出慢而不衰的笑容，認為土地改革牽涉到的主要問題之一，就是國民所得的重新分配。他建議我使用基尼指數（**Gini Index**），去查看一個國家土改前後所得分配的差別，增加我未來著作準確性。當時我不知道這個名詞的涵意，後來瞭解了，經過明真的協助，把八個國家的這項指數，統統計算出來。

打字機上

「你喝一口吧，」我提醒他。

他瞧著我，重複兩次我的話，有點惘然。這是十月的一天，還算熱的下午，他關起門來，坐在他的辦公桌後，和我交談。一談就是一個半鐘頭。瞬時間，他眨眼微笑，喝了一口他手中拿著的可口可樂。

杭廷頓這時說，他正在寫一本書。

「是什麼書？」我問道。

「沒什麼。東拼西湊的東西。」他是說他把學術期刊上發表過的論文，和他的有些講義，整理起來，成為一本專書。書名叫做《變動社會的政治秩序》（*Political Order of Changing Societies*），以占世界土地三分之二的第三世界國家為對象，探索政治和社會變遷。他提出「制度化（**institutionalization**）」這個觀念，作為書中主題，把他的論文和講義連貫起來。結論是：如果一個第三世界國家具有堅強有力的政治制度，這個國家便會走上社會穩定和經濟發展途徑。如果沒有這樣制度，便會遭逢社會動盪和經濟衰疲的命運。（這部書在兩年以後出版，立即成為關注第三世界專業人員必讀的著作。）

在說完這本書主旨後，他談起土地改革問題。他強調政治分析的必要性，認為在第三世界，農民占絕大多數，如果一個國家不能夠動員農民納入政府體制之中，這個政府就不會持久，而動員農民的不二法門就是土地改革。他說，在過去，中國共產黨的經驗證明這一點。

在今天的越南，西貢政府為什麼在美國龐大的軍、經援助下，打不過「沒鞋穿」的越共？這是因為越共代表沒有田地的廣大農民；他們叛變是因為他們一無所有。所以，西貢政府必須在軍事行動之外，進行土改，爭取民心。

杭廷頓說，他應美國國務院邀請，明年到越南訪問，以便提出政策改新的建議。他贊成我選擇的八個國家為研究對象。聽他整個談話的語氣，我感覺出，他邀我到哈佛來，是要研判土改在美國對越南（以及其他第三世界國家）政策中，所應占有的分量。我曾經聽到別人傳言，他說我是學術界「名不見經傳」（**unknown quantity**）的年輕教授，要藉土改研究，幫我成為知名人士。

在以後的歲月裡，我曾和他多次交談，認識到他的治學態度和方法。他強調，在寫書時，絕對不要寫出超出自己所知道的東西。這正與孔子的「知之為知之；不知為不知」說法不謀而合。他練成快讀能力，往往唸的東西不是已經出版的書籍，而是別的學者即將印行的書稿。他在週末總是拿幾部書稿到波士頓他家中，或是**Martha's Vineyard**的別居中，流覽完畢。星期一回到學校後，把各書稿主旨弄得一清二楚，引用在課室或研討會上。

他在寫文章時，引用多方資料及統計數據。正如哈佛出身的其他學者一樣，他非常注意文字。他學術行文的雅緻，與紐約時報社論行文的明確，各具其妙。也像中國古典文學家一樣，他講究用對仗、平行文字，引人入勝。他寫出蜚聲國際的書籍，不勝枚舉。在這裡，只提出一部書，簡稱為《文明的衝突》（*The Clash of Civilizations and the Remaking of World Order*），是分析冷戰後期世局演變的傳世之作。在這裡，引錄其中一段詞句，以展示他的文字特色：

"The fundamental problem for the West is not Islamic fundamentalism.It is Islam, a different civilization whose people are convinced of the superiority of their culture and are obsessed with the inferiority of their [military] power."

我閱讀多本杭廷頓的著作後，覺得他寫作的內容都牽涉到重大政治問題，敘事分明透徹，而最難能可貴的事，是他的見解具有準確的預測性。最明顯的例子是，他的《文明的衝突》指出西方國家與回教國家，在文化上具有無以調和的衝突。這本書是在一九九六年出版（書中主旨曾在一九九三年**Foreign Affairs**雜誌一篇專文發表），是二〇〇一年九一一恐怖事件發生的前五年。他的著作和治學方法，對我的學業產生深遠影響，覺得好像我在打字機上打出白紙黑字，有他的影子一樣。可是我遠遠比不上他的成就。

一九六七年秋季，我回到底大，審視一年的研究成果，覺得我具有充分的書面資料，擬定完整大綱和合理創議，但是缺少實地觀察驗證與統計數據。在這樣情形下，寫出來的書，流於空論；如果出版了，也不過擠在圖書館的書架上，累積灰塵。這值得我為這個「crazy」研究方案已經花出的心血嗎？

要好好寫出一本書，勢必要到相關國家實地訪問。但是這需要三、四年時間才可完成。底大不可能讓我離職這樣久；我更無法在哈佛或者學術基金會方面，申請到相當龐大的經費。我沒有足夠的成就，讓它們認為值得一試。

上山下海

一九六八年十二月，我與另外八人乘坐一部旅行車，在台灣台南縣的山區，歧嶇路上顛簸奔馳兩個星期。我們往返於各個鄉公所之間，每一個鄉公所都鳴放鞭炮，紮上布牌，上面寫著黑色大字——歡迎戴鴻超教授來訪。

在這之前，也就是一九六七年年底，我從福特基金會申請到一學年的經費，支援我的實地調查計劃；同時哈佛國際事務中心重聘我為為期一年的研究員。我把調查的區域從八個縮小到兩個：台灣與菲律賓。這筆經費同時讓我完成多年的一個心願，履行了公費留學回台服務的義務。我在台大政治系免費教一年書；這時我同學好友張劍寒任系主任，與教育部接頭，辦好這件事。

一九六八年夏天明真帶著怡平和怡康先我到台北。秋天我和他們重聚，開始在台大上課。我們有很多機會和大舅、三舅兩家相聚，接受他們熱情款待，遊覽各處景點。他們都住在台北。

台北的市面在我一九五六年離開後，發生了很大的變化。當年最高的建築是一個五層樓的百貨公司，現在二十層的公寓，一流觀光旅館、高雅飯店，到處皆是。過去塞滿大街小巷的三輪車已被出租汽車代替。台灣的經濟在這些年繁榮起來；居民充滿喜悅心情，擠滿各式各樣的飯店。不少客人，飲酒划拳，喜笑顏開。

我問起兩位舅舅，母親在漢口的情形，怎麼經過這些年來，還沒有接她和弟弟到台灣？

他們說，母親在十多年前去香港途中不順利，一直害怕再次成行。他們面帶愁容，說是還要設法接她們出來。

在台大教書期間，我利用課餘時間設計出一個農村調查表，選定台南縣，進行土地改革和農村參政訪問調查。台南縣人口，大約九十萬，農村居民較城市者為多，就人口分布情形而論，與其他二十一縣相似。在寒假期間，我帶著四位台大政治系研究生，楊勝宗、黃煌雄、洪德旋、王耀南和政治大學一位助教研究生夏松蔭，在台南縣的十六個鄉鎮作問卷式調查；對象包括農民、以前的地主、鄉鎮公所職員；調查項目分為兩大類：各類人員對土改的觀感和參與地方選舉經驗。我們收回問卷五百五十份；大部分人員對土改反應良好。農村參加選舉率很高，平均為百分之七十（詳細結果載在後來出版的書中）。

另外我有幾點發現：各鄉鎮市面新興商店林立；小規模企業如麵粉廠和紡織廠出現在農田之旁；小型水庫也已建立起來；農會經營的儲蓄事業，比地方銀行還擁有更多資本。

在一九六九年春假期間，我前往菲律賓作同樣的農村調查。經過事先聯絡，我得到幾個相關機構的充分合作。菲律賓大學的 **Local Government Center** 和半官方的 **The Philippine Presidential Arm on Community Development, The International Institute of Rural Reconstruction** 與 **the Philippine Rural Reconstruction Movement** 協助我編印問卷，並且由他們的人員直接在全國各地進行調查，收回問卷二千一百五十五份。一般人對土改幾乎沒有印象，對參與選舉卻十分熱衷（結果也載在書中）。

這樣我便有時間，與相關的中央和地政府人員進行個人訪談。其中三人值得一提。第一位是阿奎諾（Benigno Aquino, Jr.）參議員。他年輕，兩眼有神，言談敏捷，是反對黨領袖；他邀請我到國會看他和同黨議員，批評政府當局軟弱無能，無從改善農民生活。而支持馬可仕（Ferdinand E. Marcos）總統的政府黨議員們，則指出馬可仕是一位勇敢領袖，甚至曾與一人決鬥獲勝，他不遺餘力要打敗虎克（Huk）黨，以求解除這一信奉共產主義的叛亂組織對農民的桎梏。虎克黨的根據地在呂宋（Luzon）島中部，菲律賓首都馬尼拉以北地帶。（多年後，也就是一九八三年，阿奎諾從國外返回菲律賓時，在馬尼拉飛機場被槍殺致死。一般人認為當時仍任總統的馬可仕主使其事，掀起巨大風潮，迫使馬可仕流亡夏威夷。阿奎諾的夫人Corazon，在一九八六年當選總統。她卸任後，經過一段時期，阿奎諾的兒子，Aquino, III，在二〇一〇年當選總統。）

小拉蒙．麥格賽賽（Ramon Magsaysay, Jr.）是我接觸另一位的政治人物。他的父親在一九五〇年代擔任總統，以致力農村改革獲得國際聲譽，因飛機失事身亡，沒有久居其位。他現任國會議員，也是反對馬可仕的人士，但比阿奎諾溫和，沒有一爭天下的野心。他接我到馬尼拉以北一百五十哩的碧瑤（Baguio）度週末，路上經過Zambales省，是他的選區，見到地方官員，非常熱絡，拍一下這位臂膀，和那一位說說笑笑。在一個群眾集會上，他告訴大家他在國會的工作，問聽眾有什麼事他可以幫忙。簡直和美國國會議員的選區活動一模一樣。

我們繼續北行，經過一段丘陵地帶，他微笑著說，「我們作好了準備。這裡是虎克黨根據地。」他覺察到我瞄視著我們坐的汽車座椅下放著機關槍。他並不緊張，只說有時政府官員會被綁票。

我勸他子承父風，繼續推廣農村改革，以開創新的政治局面，也可削弱甚至消滅虎克黨勢力。他說，現在的時代和環境，與過去不一樣。他沒有解釋他是什麼意思。

從碧瑤回到馬尼拉後，我乘飛機到幾百哩以南的Mindanao島。這是呂宋島以外的最大島嶼。在地處北端的Agusan Del Norte省，會見到Consuelo Calo省長。她穿著入時，性情開朗，談吐有風度，有如影星一樣；父親是中國人，自己已是祖母。家庭富有，擁有山林，出口木材到海外。她帶我走訪選區，在城市裡，她坐著賓士車，和大街小巷的居民交談；在鄉下，她徒步行走，甚至坐獨木舟在鄰河地帶訪問村民；和麥格賽賽一樣，常與別人說說笑笑，非常開心。不管在那裡，她的隨從都帶著機關槍。

一天下午，我們到達Bohol海海灘，她竟然拉起褲子走進水裡，幫助漁民，一步一步地把魚網拉到岸上，卸下亂蹦亂跳的魚。她讓我換上游泳褲，一同與漁民工作。過些時我們回到岸上，在一個漁民工作大廳裡，吃了頓海鮮大餐；然後大家圍成圓圈，隨歌聲起舞，直到紅日落海，盡興而歸。

我和這三位菲律賓官員以及其他人士訪談時，大家口頭上都支持土地改革；但是他們坦白地說，要執行已經通過的土改法案是不可能的，因為龐大園莊地主們在政府裡擁有不可撼動勢力。

一九六九年秋天我回到底大以後，以三年時間完成土地改革書稿，由加州大學出版社（University of California Press）在一九七四年出版，命名為《Land Reform and Politics: A

Compara-tive Analysis》。這部書就八個國家的經驗，分析政治因素如何影響土改的立法與實施，以及土改的政治效果。文長達五百六十五頁，包括六十多個圖表。隨後得到學術界十餘份讚賞文章，和一篇負面評論文字，認為有反共偏見。我得到如此的評價，覺得七年的心血沒有白費，十分喜悅。但是，這部書是不是附合費正清教授的期望，使別人無法再寫同一類的書呢？

要回答這一問題是很長時間以後的事了。

一九七五年，我回到碧瑤，應邀參加一個國際學術會議，研討第三世界鄉村變遷，由哈佛大學甘迺迪政治學院 John Montgomery 教授召開。他是我的舊識。我的土改一書是會中討論主題之一，我指出台灣、巴基斯坦、伊朗、埃及和墨西哥，比菲律賓、印度、和哥倫比亞較有成績。前五個國家在實施土改時，維持威權政體；後三個國家，則具有偏向民主體制，都曾通過土改法案，但沒有實施。這樣看來，如果威權政體不從事土改便罷，如果從事，便會有效果。在民主體制下，實施有效的土改，是不可能的，因為反對勢力控制著議會或者行政機關。另外我說明，有效的土改（例如在墨西哥和台灣），會大幅地增加農村收入，引導小工業在城市興起，經過一段時期的農、工增產相互激勵，引起經濟起飛、持續繁榮。

這個會議的參與者認為我的土改一書，提出充分數據和實地考察資料，作出明確合理結論，值得第三世界國家參考，而與會的美國國際援外總署官員說，他們已經把這書分發給有些總署的分支機構。

一九八二年 Montgomery 教授再度邀請我參加一項會議。這次在哈佛的甘迺迪政治學院舉行，集中討論一個題目：近年來各國土地改革經驗。我發現在一九七四年以後，有很多土改書籍出現。但是這些書籍大體上以個體國家為對象，沒有作多國比較研究；更沒有從政治角度作分析。就主題、範圍、和研究方法來說，我的書仍是獨樹一幟。

學以致用

一九六九年秋天，我們家從底大附近所租的房子，搬到一所購買的房子，在底特律西南郊的迪爾伯恩高地（Dearborn Heights）城市。這城以南是迪爾伯恩（Dearborn）市，也是密西根大學分校所在地；那時明真開始在這分校作化學系助理教授。離分校不多遠是一棟淡綠色長方形玻璃大樓，碩大無比，從十幾哩以東的底特律就可以看到。這是福特汽車公司總部。

在我們家以北一哩多的凱悅大道（Joy Road），矗起另外一個玻璃建築物，比起福特大樓，渺小不足道，可是遠較美觀；從頂層到地面呈圓形，嵌著落地明亮的玻璃板，彩色燈光從內四射而出。這是一個汽車公司的門市部。

這兩個玻璃建築物象徵著兩個強大勢力，引導我未來十幾年中學業的發展，到一個完全沒有預料的方向。由於我住家距離福特公司不遠，我結識許多福特的中層主管和美籍中國工程師。經過他們的介紹，我和底特律另外兩家大汽車公司——通用及克萊斯勒——職員，也有來往。同時我參加了密西根企業擴展會（Michigan Business Attraction and Expansion Council），是底特律及附近地區工商業人士的聯合組織。

我的福特朋友們和我說起學術研究的事，覺得我不應該坐在象牙塔裡，去思索天下大道理，是不是也應該關心實際事務，如何為美國社會人群謀福利。他們說「學以致用」不正是中國教育的目的嗎？

他們指出，在過去二十多年來，日本從一個戰敗的、破碎的島國，一下子變成世界上的第二大經濟實體，在東亞貿易稱霸，甚至向汽車王國的美國輸出汽車，這是何等耀眼的經濟演變！這才是底特律學術界應該注意的事項。

我同意他們的看法，並且特別向福特朋友們指出，我們家附近的一家汽車公司門市部裡賣的就是日本汽車，好像生意不錯。可是，沒想到他們並不十分在乎日本進口汽車，認為美國三大汽車公司對美國市場的控制固如磐石，就像直布羅陀的堅固石峰一樣。

一位福特商務職員解釋道，「日本製造的都是小型省油汽車。在一九七三年阿拉伯國家石油禁運以後，日本車在美國大有銷路。可是你等著看，石油禁運遲早會結束，日本車就會失去市場。」

果如他所料，在一九七四年禁運解除後，日本汽車真的逐漸沒有銷路，那家在凱悅大道玻璃裝潢的汽車門市部也關了門。

但是又有誰會想到，一九七九年伊朗革命引起第二次石油禁運，規模遠較第一次為大，時間遠為持久。這一下把美國汽車工業害慘了。到了一九八〇年代初期，日本進口到美國的汽車，從原來微不足道的數量，急速上升到一百七十萬輛。一份福特內部文件指出：「從一九七八年到一九八一年日本車在美國市場占有率，幾乎增加一倍。福特汽車銷售量減少四七％，克萊斯勒下降四一％，通用下降三五％。」看來，小型汽車王國的日本，對大型汽車王國的美國，造成莫大的威脅。

面對這樣的情勢，作為美國三大汽車公司大本營的底特律反應迅速強烈，立即要求國會制定法案，限制日本進口汽車。汽車聯合工會看到三十萬工人因而失業，更為憤怒。有些工人在街上砸毀日本車輛。在各個美國汽車公司停車場裡，樹起警告牌子，不准停放日本車。如果有人忽視警告，就會發現車上擋風板被打得稀碎。

然而一般人仍然買日本車，而且買的人愈來愈多。有一天下午，我在學校和 Walter Kowleski 教授談起這件大家關心的問題。他在教育學院任教，穿著入時，瞭解時事。他說，「你知道嗎，我三年前把雪佛蘭車（通用公司製造）換成日本的豐田汽車。在這三年中，一點毛病都沒有。過去嗎，我每三年都要換一次車，車子也不知道發生過多少故障。」

「是呀，Walter。很多人都有類似經驗，」我說，看他一眼繼續道，「可是日本車搶去我們工人飯碗，使我們汽車公司賠錢。它們受損失，如何再捐錢給我們學校，再送學生到我們教室裡？」

「你說的很對。可是你想想看，如果我們一直買美國公司生產的差勁汽車，美國永遠沒法和日本競爭。」

我和 Walter 談話以後沒多久，在校園散步，經過一個停車場，看到裡面零落地停放著幾部日本車。可是我想將來一定會有更多的日本車出現。那麼，將來一定會有更多的人失業。事實上，我的有些在汽車公司作事的鄰居已經失業，靠著有限的救濟金生活。救濟金完了，找不到事，怎麼辦？如果是我，我會有怎樣想法？說起來，我和明真在一九七一年入籍美國，現在面對著幾十萬的失業美國工人，過著像我鄰居一樣前途無著的生活，我能夠莫不關心嗎？

但是 **Walter** 的話也有道理。日本車愈賣愈多，固然是車省油，但也是造的比較好。這是人盡皆知的事實。所以，日本不但向美國進口車，也在美國製造車。日本的日產（**Nissan**）汽車公司，已經在美國田納西（**Tennessee**）州設立工廠，在一九八三年開始生產了。

當我翻來覆去思索這問題時，不禁想起日本當年對中國進行殘暴的軍事侵略，現在又對我入籍國家進行經濟侵略。那麼，我是不是應該像一位福特朋友所說，要為美國社會人群福利著想，盡自己所能，找出如何對付日本威脅之道？砸破他們汽車不是辦法，我決定接受他們的建議。

我想著兩個問題：日本進口車既要負擔運費又要報關稅，為什麼比美國車便宜？日本是從美國學會如何造汽車，為什麼比美國造的好？

我這時得知美國各汽車公司都設有「拆解室」，把對手公司的汽車，一一拆散，仔細研究每一零件的優點，藉以摹仿。我相信這些公司一定會把日本車進行解剖工作。但是我認為把注意焦點只放在機械方面不是好辦法，應該也放在日本「人」的方面，觀察他們如何造成優良機械。正在這時候，有幾本這方面的書發表，包括 **Robert E. Cole, Japanese**

Blue Collar；Herman Kahn, **Japan, The Emerging Superstate**；Ezra Vogel, **Japan as Number One**；和 **The New York Stock Exchange, People and Productivity**.

在唸完這些書和參考資料之後，我作出了結論：日本汽車工業的優點當然反映日本整個製造業的優點；製造業的優點則出現在日本人的經濟行為；他們的經濟行為則是受他們文化的影響。我對日本文化有所瞭解，因為我知道日本從唐朝開始到時十九世紀的明治維新，一直接受中國文化傳播，也讀過不少在這方面的書。於是我在國際政治經濟碩士班，開了一門新的課程：「日本文化與經濟」。

同時我在底特律向各方面提出日本文化如何影響經濟這一觀念，試探他人的反應。一九八二年的一天，我到法明頓希爾斯（Farmington Hills市，底特律西北郊區；我家在一九七五年搬到這裡）的一家理髮店。我是理髮師John的老顧客。他瘦高的個子，文質彬彬，戴著老花眼鏡，說話慢條斯理。他圍好圍裙，笑著說，「我剛剛唸完你在底特律新聞報（**The Detroit News**）上面寫的文章。」他指的是我發表的一篇專欄文章；題名是「日本衝擊的好處」（**The Benefits of the Japanese Challenge**）。

「你覺得怎麼樣？」我問道。

「你說的對呀。日本車是日本人造的，造得比我們的好。我們當然應該知道他們是什麼樣的人。」他轉過話題說，「你在報紙上的照片很不錯。」

在隨後的兩個星期中，我在辦公室接到許多不相識人的電話，贊成我的說法。這便鼓起我的勇氣，給美國汽車工業頭號人物——通用汽車董事長Roger B. Smith，寫了一封信，把我專欄文章的意思告訴他。出乎我意料，他回了信，贊成「運用日本人身體力行的經驗到我們的工業之中」。

一九八三年四月我到田納西州的士麥那（Smyrna）城，作幾天的訪問，看一看新設立的日產汽車工廠，在完全陌生的美國環境中如何運作。我和裝配工人（絕大部分是美國人），美國以及日本職員交談，詢問他們工作經驗。我的總體印象是：工廠裡的職員和工人非常密切合作，兩方面人員共同參加車間裡的工作小組（module），裝配車輛；他們舉行定期同桌午餐，員工彼此待遇差距不大（工人因待遇相當優厚，不組工會，不罷工）。

美國汽車工廠和日產工廠的運作不一樣。我曾經參觀過福特公司的上萬人的羅基（Rouge）工廠，在底特律西南地區。那裡的職員坐辦公桌，工人在車間裝配汽車，雙方根本很少見面，不要說互相密切合作了。工人組成工會，靠的是「集體談判」和罷工來謀求福利。

我從日產工廠回來以後，由底大資助，進行一項底特律居民電話調查訪問，將近一千人參加，查詢他們對這一地區內的日本公司的印象和態度（這時日本有三十家汽車零件供應商及研究機構在這裡運作）。調查結果刊載在底特律新聞報。

以上所說的幾件事，是為著舉行一項會議的準備工作。我從密西根人文基金會（Michigan Council for the Humanities）和美國三大汽車公司取得經費，在一九八三年五月，假底大法學院召開為期三天的「日本經濟發展的人為因素會議」，由美國及日本工商界、學術界、政府機構、商會和工會，各出人員組成二十五小組，進行討論。日本人員約占四分之一。

這個會議達成三項共識。第一，日本公司維持著家庭企業的歷史傳統，經理人員和工人就如家庭成員一樣，彼此密切合作，共享繁榮（日本有工會組織，工人也有罷工現象，但勞資雙方絕對沒有如美國一樣的嚴重對立與爭執）。表現這種合作共榮觀念是年終紅利制度（紅利是根據公司的盈利而定，約占員工收入的四分之一甚至三分之一）。

第二，日本人有節約儲蓄的習慣，儲蓄率達收入的三分之一，存在銀行或郵政局，匯成鉅大資源，以低利供給工商企業運用。

第三，日本人有好學的精神，注重學校和職業教育。這樣，員工可以獲得優良技能，便會造成優良產品。一位福特公司的高級主管**L.P. Sullivan**，曾經多次在日本觀察製造業運作情形，在這次會議說了一句警語：「日本工人在統計方面所受到的訓練比我們工程師所受到的還多。」

我們可以用通俗的話，總結日本人工業運作經驗：他們是家和萬事興，既有錢又有人，為何不會生意興隆通四海？這就是會議的參與者帶回去的共同信息。說來也許是巧合，通用汽車公司董事長**Roger B. Smith**在會議兩年後（一九八五），批准在田納西州春山（**Spring Hill**）市，設立一個土星公司（**Saturn Corporation**），採取日本工業運作方式，產出頗受好評的車輛（二〇〇九年，通用公司因經濟不景氣，縮小編制，撤銷該公司）。

這次會議讓我產生進一步研究文化與經濟關係的興趣，以台灣、香港、南韓、新加坡與日本為對象。統稱為亞洲五小龍，屬於費正清教授所謂的「中華文化區域」，注重家庭倫理關係、教育、節約和儲蓄；它們把這些觀念應用到工業方面，造成了經濟奇蹟。我編著一本書，稱為《儒家文化與東亞經濟》（*Confucianism and Economic Development: An Oriental*

Alternative?），由 Washington Institute Press 在一九八九年出版。這本書曾被普林斯敦等大學採用為補助教材，並且引起國際學術界進一步研究興趣。在同一年，我與台灣的中華經濟研究院合作，舉辦「儒家精神與東亞經濟發展會議」，由中外專家參加。我提出一篇專文，分析儒家文化中的教育與儲蓄觀念對經濟發展影響。會議各篇論文由該院集成專書在一九九五年發表。我在第二年應邀參加在南韓首爾市舉行的「亞東文化會議」，是四位主題演說者之一，提出論文「亞洲經濟價值觀新論」（New Dimensions of Asian Economic Values for the 21st Century），說明如何運用改新的儒家思想於亞洲國家的經濟發展。

（在這個會議中，我遇到一件多少是哭笑不得的事：我的《儒家文化與東亞經濟》一書，未經我准許被譯成韓文，在會場中陳列。）

第十四章

最大憾事

燭燼人失

一九七四年夏天的一日，我們全家五口為著慶祝我土地改革一書的成功問世，到紐約州的手指湖（Finger Lakes），作數日之遊。約了幾家好友一同成行，計有毛伯彥、何曼麗、羅時佶、王永和與金廣平、邱文慧三家。各家有老有小，上下共三代，一行二十二人，從底特律地區分乘汽車，浩浩蕩蕩，當天到達目的地的州立湖濱公園（Lakeside State Park），分住公園出租的寬敞而簡樸房舍。

在公園裡，小孩們游泳、釣魚、玩球；大人們打麻將、玩橋牌、談談天。晚上集聚起來一齊燒飯，什麼蔥油餅、餃子、麻婆豆腐、獅子頭都來了。我們當然要遊覽手指湖。實際上，這是由十一個南北走向，狹長形狀，平行排列的湖泊所組成；每個湖泊兩岸都是丘陵地帶，樹木蔥郁，水深澄碧（冰河時代形成）。我們只在三、四個湖邊流連一番；同時也藉機會，到附近的羅徹斯特（**Rochester**）市，參觀聞名全世界的柯達克（**Kodak**）照相機公司。

一天我的表妹張書恭前來參加我們的行列。她是我大舅張理中的女兒，曾經在底大唸過書，現在在加拿大的多倫多（**Toronto**）作事。她比我小二十歲，平時臉上帶著笑容，不太講話。但是我在傍晚帶她到公園內的樹林裡散步時，她卻打開話匣子，說起她的近來情形。她在多倫多作針灸醫生助理，非常喜歡這個臨著安大略湖（**Lake Ontario**）的城市，風光明媚，市面繁榮，居民友善。她說著，說著不講了，遲疑著是不是要繼續下去。

我問她，是不是碰到什麼問題？

「不是的。」她在林邊小徑停下腳步，望著西面樹梢上吱吱喳喳的一群鳥。我也停下來，順著她的眼光看去，只見落日的金黃色染遍天空。

她轉過臉，面對著我，然後又低頭看著地輕聲說，「大哥，我不得不告訴你，大姑不在了。」

「什麼？你說什麼？」我望著她，一陣恐懼襲上心頭。「大姑」是我母親。

她再說一遍。

突然間，吱吱的鳥鳴失去了聲音，天色退成灰暗，我嘴乾說不話來。過了一會，我問道，「什麼時候發生的事？」

「一九五五年。」

「一九五五年？」我對她大聲叫道。「你是說將近二十年以前？」

她點點頭，下巴貼在胸前。

「我那時還在台灣。」我生氣地說。「大舅和三舅為什麼沒有告訴我？」

書恭說她最近接到大舅和三舅來信，上面寫道母親在漢口去世消息。他們得到這消息很久很久了，非常痛苦，覺得自己都從漢口逃出來，卻把她留在那裡，受苦受難，以致於死。他們因為愧疚，沒法直接告訴我這個壞消息，隔了這多年才託書恭轉告我。

我回想一九六八～一九六九年在台灣時，問起兩位舅舅什麼時候會把母親和弟弟接出來。他們含糊其詞，沒有肯定答覆我。

我再問書恭，「母親是怎樣去世的？是餓死的嗎？我弟弟到哪裡去了？」

她望著我，沒有言語。最後她不得已地說道，「大姑是自殺死的，不知道原因，他們也沒說你弟弟的下落。」

我一陣暈眩，黃昏的灰色瞬間變成黑暗。過了一會，我定下神來，低頭望著小徑，思索母親為什麼出此下策。她當年在半扎，天天受明他娘要死要活的威脅，從來沒有氣餒；她時常生氣喘病，弄得精疲力盡，還不是苦撐過來；她在旱災時採紅薯葉用以糊口，而且賺了錢買地；在中日戰爭和內戰前後十二年中，她幾度離鄉背井，受盡折磨，究竟活了下來；在漢口她每天糊一千多個火柴盒子，用以為生。在所有這些災難中，她表現堅強意志和靈活心思，為什麼在最後，倒下來？

在離開手指湖前，書恭補充說道，兩位舅舅要她轉告我，母親是在農曆一九五五年七月十三日，西曆一九五五年九月九日去世，要我記著這一天。從此以後，我在每年農曆母親的忌日，都默思她的為人：像蠟燭一樣，照亮別人，灰燼為止。

回到家以後，我查看一九五五年日記，在九月三十日（西曆）中秋節這一天，我寫出一首短詩懷念母親：

遙望天邊月　可知人心意
願寄語吾母　互道平安信

那一夜我望著天空，天真地想藉著皎潔的明月把我的心思傳達過去。我充滿信心，將來會和母親重聚。雖然這希望時常落空，總覺得有下一次的機會。哪曉得，我寫詩的時候，她已不在人世。在未來的十九年，我一直存在的希望，早已幻滅，永遠無法實現。

到秋季底大開學後，我才恢復正常心情。但是決心要找出這個悲劇的真相。這時尼克森總統已經開創美國和中國關係正常化的新局面，我考慮要不要到中國一趟，可是我的反共立場是一件麻煩事。到了一九八七年，一個機會來了。我政治大學同學吳允祥，和北京的中國社會科學院有關係；經過他的介紹，社科院邀請我到中國作一個月的巡迴講演，主題是「台灣的發展經驗」。這年五月我和明真成行，事先，經過兩位舅舅探聽，找到我弟弟的下落。原來他淪落為孤兒後，由一張姓人家領養，張家住在河南息縣，兩位舅舅的祖籍所在。

當我到達北京後，我弟弟和他太太趕了幾百里的路來看望我們。他改姓張，名廷宇，身體削瘦，面黝黑，不像四十六歲的人，而像六十來歲。他揹著一袋自己種的落花生，給我們作禮物。他家有五個孩子，沒有一個上過學。

我著急問他關於母親最後一段日子的情形。他說記不清楚了。

「那時你不是十四歲了？」我既急躁又生氣地問。「怎麼會記不清楚？」

「我只知道，她之前自殺過兩次，一次跳河，一次上吊……」他哽咽著說不下去，淚流滿面。我繼續問他，母親葬身何處，他愣著眼，一聲不響。

我只好接受這個悲劇這樣結局了。我們沒有把母親從漢口接出來，乃致她在萬念俱灰心情下三次自殺，最後身亡——這是我終生最痛苦的憾事。

北京給我的講演行程，作了相當完善安排，與各地社科院洽妥接待程序，派一位趙祕書隨同照料，負擔全部費用。我的行程包括北京、西安、重慶、鄭州和上海。在每一個城市，我的聽眾來自研究機構與大專學校。大家對台灣經濟發展經驗都十分感到興趣，各城市都設有台灣研究中心。當我講起中國文化在亞洲五小龍經濟發展中所發生的作用時，更引起熱烈討論。

我和明真趁機會到我故鄉臨汝縣訪問三天。首先到了半扎，這個村子在我離開四十多年中，似乎一點變化都沒有。惟一不同的是，在街上有一個電線桿子，綁著一條牛。戴家的兩棟房子，比從前還破舊——破舊到不願多看一眼的程度。我們到父親墓上祭拜，想不到仍然在原來的一片紅薯地裡，一個土堆孤零零在那裡。我們燒了香，行了禮，在一陣悵惘中離開。

臨汝縣城裡不一樣了，商店林立，行人熙熙攘攘；從前連一座二層樓的房子都沒有，現在四層、五層的建築物到處皆是。還有一座發電廠，是比利時投資設立的。我們住在縣政府招待所，設備齊全，包括現代的衛生間，但是沒接自來水，不能用。全縣長和李、王兩位副縣長輪流作東，招待我們午餐及晚餐，並且派僑務辦公室主任張宏陪伴我們。許多客人，包括我臨汝中同學的孫錦章，接二連三拜訪我們。

我回到臨中，已經換了地址，向老師們作了簡短講話，述說在美國教書的情形。

最後願望

陪伴我們的張宏告訴我，國務院曾下命令給各縣市，將過去被充公的海外華僑私人房舍歸還給原來房主。我事先知道這命令，這次到臨汝就是要把我們的大宅院接收回來。我想了很久，有一個妥善處理辦法。張宏說，他已經作好準備，讓原來住在裡面的許多戶人家搬出去，要我去查看一下。他給我一份「落實華僑私房政策通知書」，需要在接收後，簽字送交國務院報備。

我們的大宅院有三十幾個房間，地處最繁華的中大街。當我步入這棟房舍時，卻不料，明他娘和明都已經在那裡。他們當時住在湖北省，與張宏相識多年，接到張的通知，先我到了臨汝。在一個空房裡，明他娘坐在舖著被褥的地上，明站在旁邊一聲不響。她的身體比從前萎縮許多，頭髮稀落，兩眼不便，拉著我和她坐一起，親熱地問長問短，拉住我的手一直不放開。她說，她高興不得了，我把戴家的房子要回來，我現在既然在美國落戶，就把這房子讓給明，然後她們可以搬回來住。

我瞪著眼看她，甩開她的手，簡直不能相信她說的話。她這人，在我父親下葬的同一天，把我和母親趕出家門，把我們全部傢俬扔在街上，不久把我妹妹毒死，又幾乎勒死弟弟，讓我們在恐懼之中度過了幾年。在分家時，她強迫我接受臨汝的大宅院，她就可以占據應該屬於我所有半扎的大宅院。現在她又要臨汝的房子，不是太貪得無饜了！

我站了起來，大聲說道，「不行。我另有用處，絕對不能給你們。」

她聽到我斬釘截鐵的話，滿臉失望，在第二天回到湖北去了。

可是，更出於意外的事，是張宏的態度。他和我幾次交談時，一再暗示，如果我不把這房子交給明，他會推遲交接手續到我離開以後，這樣他便可隨心所欲處理這件事。

他的心意再明白不過：把房子交給明，他有好處；交給我，他沒有。我按下忿怒之氣，當著北京社科院趙祕書的面，說道，「你現在有時間辦理交接手續，而不辦理。我會告訴國務院我懷疑你為什麼不交接的原因。」

他馬上簽字蓋章，辦好交接手續。

我告訴他處理這房子的辦法：把它賣掉，用得到的錢蓋一所圖書館，送給我母校臨汝中學，用以紀念我母親。我把這件事委托張宏的上司，李新立副縣長辦理。

三年後，李副縣長辦完這件事，在臨中校園裡蓋了一座三層樓圖書館，外牆由青綠色大理石砌成。正門處嵌上一面石牌，上面刻有我起草寫的，紀念我母親戴張端潔的文字，勉勵學生效法她進取和堅毅精神，完成學業，開展光明前途。

根據當地傳統說法，一個逝去人的靈魂是安息在她的墳墓中。母親是篤信傳統的人，圖書館的石牌，也許是她安息之所。

李副縣長寄給我有關圖書館文件和許多照片。我看到這件事妥善完成後，覺得稍微舒解我對母親的歉疚。同時也讓我回憶起一九四九年十一月一晚與她在桂林別離情景。她提醒我她教的兩個手勢，我已經牢牢記在心裡；她交給我的金銀財物，為著度過幾次災難，已經變賣用盡；她託我保管的父親勳章，仍在手中；她要我大學畢業後到美國拿博士學位，經過十二年幾度波折，總算達到目的。但是，她還要我成為臨汝縣三十萬人中的頭號人物。這是她的最後願望。如今，我實現這願望了嗎？

我回想，北京方面邀我到中國巡迴講演時，給我相當禮遇，完全不在意我過去的反共立場，我非常感激他們的好意。在臨汝時，當地政府待我如「京裡來的上賓」。給我一本《臨汝縣縣誌》，上面列出我在美國的經歷：曾任大學系主任，到哈佛大學作兩年的研究。我在縣誌上，還找不出另外一個人，具有同樣的學業成就。

我一直沒有忘記母親的最後願望。在我退休後多年，也就是二〇一六年，再度問起自己是否已實現這願望。我仔細地評估我的學業成績。我的土地改革和儒家文化與經濟發展關係兩本書，可以說是具有創見的著作。前者不但得到學界好評，又經美國援外總署分發海外機構參考。後者引起國際學術界進一步研究興趣，曾舉行兩次會議，探討同一類題目。我把李志綏的《毛澤東私人醫生回憶錄》從中文版譯成英文版的 The Private Life of Chairman Mao（一九九四年出版），是一個將近七百頁的巨大翻譯工程。

我在一九九四年退休後，繼續從事學術工作，較退休前出版更多書籍。從二〇〇六年到

戴鴻超教授新書發表會

戴鴻超教授新書發表會
——在華僑文教中心隆重舉行

北美南加州・文苑 194

戴鴻超教授新書《蔣介石與毛澤東治國之道》，於二〇一五年十一月二十二日(星期日)在洛杉磯華僑文教中心舉行，由北美南加州華人寫作協會主辦，有南加州僑界人士近百人出席，座無虛席，現場空運來美的五十本新書在一小時內全數售罄，售書收入全部捐給寫作協會當會務經費。當天正逢戴教授生日，新書發表會後，寫作協會在會場幫他慶祝生日。

北美南加州華人寫作協會主辦的「戴鴻超教授新書發表會」，因戴教授德高望重與個人的學術、文學魅力，吸引了近百位來賓走進了洛杉磯華僑文教中心的展覽室。當日，到場的嘉賓不乏教授、專家、學者以及熱愛文學的愛好者。

十一月二十二日一早，廖茂俊會長的學生義工及協會同仁，還有幾個文友已準十時到場，大家一起捲起袖子，爬高釘布條、掛海報、搬桌子排椅子、擺設來賓接待台，還有預備茶點等各項會前工

↑戴教授當場為買書的讀者簽名。

↑新書發表會會場一景。

《蔣介石與毛澤東治國之道》新書發表會

二〇一〇年，我五次前往史丹佛大學胡佛研究所，閱讀蔣介石日記以及有關中國政治文件。胡佛給予我機會和 Ramon Myers、郭岱君、林孝庭、Richard Sousa 和宋曹琍璇等研究人員，進行學術諮商；並任命我為短期研究員，參與牛津大學主辦的「中國國民政府外交研究計劃」。在二〇一五年二〇一六年，我連續出版中、英文版書籍，比較蔣介石和毛澤東統治中國經驗（《蔣介石與毛澤東治國之道》；Ruling a Quarter of Mankind, Chiang and Mao）。

另外有幾件事，也值得一提。一九七七年我與幾位朋友，創立一個小規模的留美中國學者委員會（Amerian Society of China Scholars）。我們的構想是結合一些在美國的文、史、社會科學中國學者，曾受長期中國文化薰陶，探討如何將中國文化優異之處（例如家庭倫理觀念和教育思想）推廣到美國社會之中。當時，許烺光、許倬雲、余英時諸教授熱心贊助，紛紛提出書面計劃。我是這個委員會的主要推動者，曾經向政府註冊登記，獲得免稅待遇。在一九七〇和一九八〇年代曾舉辦幾次座談會，但是以後沒有活動。這或許是因為理想過高，或許是我在學術界沒有號召能力。現在委員會仍然存在，檔案完滿，如果不是奢想的話，希望有人接班。

二〇〇二年七月，我創辦 The ELM 英文通訊月刊，為兩百多訂戶設置交換意見平台。到二〇一八年十月，已經發行二百期（最初一段時間為半月刊）。我負責全部編印工作及撰寫一百多篇有長有短文章。二〇〇四年起，我為美國的最大中文報紙《世界日報》，撰寫專欄。二〇〇八年我當選為全美中國研究協會（American Association for China Studies）會長，負責會務兩年（這是我退休十四年後發生的事，難得同事看重）。

總結來說，我認為自己不是有特殊成就的學者，如果把我學業成績打分，應該是B，最多不過是B^+。我的平平成就是困而後學的結果。換句話說，我具有從事學術研究的堅強毅力，但是不能彌補天分之不足，達到較高水準。我能有這些成就還靠另外因素，這就是美國給予我良好的學術環境。我哪能夠想到，在大學二年級還是不成才的學生，卻在伊大拿到研究助教職位，在蒙大和底大當教授，在兩個尖頂大學的哈佛及史丹佛當研究員？

我的學業成就，雖然不算優異，但是得來不易，值得珍惜（如果母親有知，也許覺得值得安慰）。從這個角度來看，我有其他的成就，也值得珍惜。應該記錄下來。

第十五章 老少情深

千古奔龍

在鼎泰豐飯店裡，他坐在我和明真對面，看著一樣一樣的菜肴搬上來，他紅撲撲的臉，綻出笑容，也不客氣地吃完一碗牛肉麵、一籠蟹肉小籠包，再加上一盤炒年糕。如果我們有時間的話，他恐怕還有更多東西下肚。一位服務員，抿著嘴，輕聲笑道，「這個老外怎麼吃這麼多！」他一個人比我們兩人吃的都多。

二〇〇四年八月的一天，我和明真開了一個多鐘頭的車，到洛杉磯去辦一件事，順便邀請 **Ben** 和我們共進午餐。事先，我向他形容從前在台灣時，是如何欣賞鼎泰豐的菜肴，個個小品，個個精緻。前些時我知道，這家飯店在洛杉磯東郊的阿卡迪亞（**Arcadia**）城開了分店；

就約Ben一同午餐；他住在附近。飯後，我們陪他去停車場拿車，他緊握著我的的手，要我慢慢地告訴他，我們用過的每一樣飯菜的中文名稱。

四年以前，也就是二〇〇〇年十一月，我在洛杉磯南郊的長堤（Long Beach）城，有一場演講，場合是西部中美友誼協會會議。我看到坐在第一排一位長者，衣著整齊，聚精會神聽我講話，但是卻時時緊皺眉頭，好像不以為然。我講的是中美關係演變，談到不少問題，自認為還算通順合題，想不出有哪些錯誤地方，讓他不滿意。我不知道他會不會中途而退。

在會後午餐席上，他刻意到我桌邊，出我意外地說出，他如何贊同我的各項觀點，並且詢問我的地址，要以後和我聯絡。他雙手遞給我他寫的一本書，贈送給我；書名是Through The Dragon's Mouth: Journey into the Yangzi River，附有中文題名《千古奔龍，長江三峽》。他簽名為Ben Thomson Cowles，蓋有高國彬的印章。

他言而有信，果然在次年春天，從他當時住的杭廷頓灘（Huntington Beach）城，開一個多小時車，南下來到卡爾斯巴德，專程來看我們。他帶來一包禮物，裡面不是食品，也不是裝飾品，而是一大堆英文剪報，包括他發表的文章。每一份都有他的評語，旁邊按上紅色印章。

Ben是一位退休的心理學家，曾經當過基督教牧師，一九一五年在肯塔基（Kentucky）州出生，隨著傳教的父母到廣東汕頭，度過童年；一九二〇年代遷居上海，在教會學校唸書。後來在美國唸大學，攻讀遠東歷史、心理學和基督教倫理思想，取得博士學位。一九四〇年再到中國，在南京金陵大學教書；一九四九年返回美國；一九八〇年代初期他率領學術團體訪問中國。

他有一個孫子住在恩西尼塔斯（Encinitas）市，在我們城以南。他老來愛孫心切，過幾個月就來看望他一次；每一次都忘不了到我們家坐坐。他到我們門口，從不按門鈴，總是敲門，大聲宣道：「老朋友來啦！」一句不夠，再來一句。他喜歡講話，不喜歡笑——不喜歡自己笑，可是喜歡逗別人笑。當他瞇著眼揚起眉毛望你時，放低聲音，一連串的話語，脫口而出，你就會轟然大笑；而他紅潤臉龐，卻如石頭一樣一無表情。他愛吃明真做的點心，總是一面吃，一面說，「哎呀，真好吃呀！」同時舔他的指頭。你如果只聽他講話，不看他的動作，會覺得他是個道地的中國人。

他每次來我們家，都坐一兩個小時。坐久了，從沙發上站起來，就有點困難。有一次，他從我家出去上車，走路有點搖晃。他瞥見我在看，說道，「不要緊。上年紀的人，腿都很僵硬。」

「那這樣好了，」我向他建議道，「你下次來，坐火車。我到附近的車站接你。」

他搖頭說道，「沒事。」他進了車門，開動引擎，伸出手臂，在車窗外搖動兩下，口中說出我聽不見的話，霎時人影不見了。

Ben 因為時常到我們家，碰到我們二女兒怡平和她的先生 **John McDevitt**。他們住新澤西州，都曾在 **Johnson & Johnson** 公司作事多年。怡平後來經營自己的企業諮詢公司；**John** 從事雕刻專業工作，很有成就。**Ben** 也遇到過我們兒子，怡康，在芝加哥作電腦工程師。他和他們非常熱絡，像似他們的老朋友一樣，把我和明真撇在一邊，不管了。我們只聽到 **Ben**

說個不停，孩子們笑個不停。等到Ben下一次和我與明真見面時，他會問起有關孩子們稀奇古怪的問題，我們無從回答。

Ben時常和我就時事問題交換意見，具有同樣見解；經常閱讀被此著作，討論彼此文稿。他的中文題名為《千古奔龍》，用英文寫的書，描述不曉得有多少個有關長江的掌故與景色，配著多幅栩栩如生的木刻畫面，在在引人入勝，是他多本著作中最具趣味的作品。一九四六年他和一位美國空軍少校，從南京搭乘一艘九十五尺長的木船，沿長江逆流而上，作十九日之遊。進入三峽後，他看到許多縴夫，排成一行，光著背，傾身向前拉著船，使盡全身力氣，與洶湧波濤搏鬥。他寫道：「他們有時候緊靠河邊拉著船，踏上山羊都難下腳的石頭。他們有時候走上石壁上挖出的小道，離江水兩百多尺高，掙扎向前。」（我的翻譯，下同。）有一天他們拉的船進入巫峽一處險境，「帶頭的人，突然向他後面約百名的縴夫尖聲吆喝。」他揮出一刀，斬斷繫在兩個縴夫的身上的繩子，那兩人「被纏在峭壁的樹技上，脫不了身，眨眼間，便掉落在滾滾洪流之中。大家都嚇壞了，一片寂靜，只聽到水波擊石的聲音。」

有一天，他們的船被土匪截下來，拉到岸邊，不准放行。Ben和他的空軍朋友上前搭訕，講來講去，居然讓土匪回心轉意，看著「洋鬼子」面子，讓大家安然離去。又一天，船上一位孕婦突然感到陣痛，哭的死去活來；這時四面一無人煙，大家束手無策。急切間，這兩個「洋鬼子」大男人，自告奮勇，當起助產婦。一個把嬰兒拉出來；另一個把肚臍管剪斷。

Ben在退休後，一直寫書，已接近完成回憶錄書稿。正當我等著看這一本書時，可沒想到他的女兒芭芭拉（Barbara）來了一封信，說，「爸爸在二〇〇四年十月二十九日去世了。」

Ben是一位樂觀而有同情心的人。他去世前兩月，我們還在鼎泰豐吃飯。他當時八十九歲，為著治療癌病，正在接受化療。他滿面紅光，精神飽滿，頭髮也沒有脫落，充滿自信地說，他可以康復。哪曉得，他沒有死在從不畏懼的癌症之上，而在無從擔心的腦溢血之上。

Ben告訴我他經常捐款給幾個慈善事業，例如Doctors without Borders、the Fellowship of Reconciliation、The Amnesty International、The Alliance for Democracy。芭芭拉在信中寫道，爸爸「真是個了不起的人，會活在許多人心中。」

我和Ben相識不過四年，按常情，不能算是老朋友。可是在這四年中，他來我們家的次數比任何別人都多，包括我們的兒女在內。他比我們幾十年的朋友知道更多我們兒女的事。而他和我在文字上的交往，比我學術界同事們更深切。他不是我的老朋友是什麼？

最終之笑

提斯代爾（Tisdale）這一家二〇〇三年耶誕節的信函，到次年二月才寄來。我急急打開看，想知道為什麼這一次的信這樣的遲。在過去三十一年中，帕翠亞（Patricia）從來沒有一次，不是把耶誕報佳音的信，準時寄來。在前十年，她寄來的是卡片；在以後的二十一年，全是很長的信。她的卡片和信函，隨著我們走，先是底特律地區，後來是波士頓、台北和卡爾斯巴德。

提斯代爾二〇〇三年的來信，在開頭像平常一樣，寫道：「我們身體很好，生活還算快樂。」接著敘述他們和兒女們一年來的情形，全家到哪些地方旅行，以及來訪的親戚朋友們。這信是帕翠亞的丈夫道格拉斯（Douglas），寫的；在結尾好像輕描淡寫地說了一句：「音樂停了！」帕翠亞在二〇〇四年一月六日因中風去世。

這個無聲而來的消息，卻如一聲響雷，震撼了我！

一九七一年的一天，一群底特律大學學生在學生活動中心，討論如何成立一個政治學學會。有些學生希望建立起規模宏大的組織，有些則認為愈簡單愈好。雙方各持己見，爭執不下。我當時在場，應大家的要求，作成立以後的學會顧問。眼看著這學會可能流產，正在想法如何調解爭執，一位默默坐在角落的女生建議道，先建立一個簡單組織，在未來一年中，看有沒有必要成立大規模的團體。她的說法明白合理，大家一致贊成，學會應運而生。

這位女生是帕翠亞，她那時隨父姓布瑞南（Brennan），政治系三年級學生。她選修不少我的課程，寫的學期論文條理分明，分為三個層次：主題、論證及資料和結論。每一篇論文都遵守規格，工整打字交出，沒有一個錯字。這樣完善的論文，還沒有出現在任何其他我教過的學生之手。

她在學校時，永遠穿著整齊，戴上耳環和其他首飾。即使在當年大學生衣著比現在遠為講究，她的衣飾和儀表在女生中，仍然特別出色。她在課餘時間，常來我辦公室討論功課。有一天，她站在我辦公室門口，一隻臂膀夾著一大堆書，對我在課堂上講的問題表示意見。她身著綠色衣裙，垂肩金髮閃閃發光，襯托出清秀面龐。

這時，我想起周敦頤所寫「蓮花」這一首詩，當中有些詞句，似乎點出她的形象：

> 中通外直，不蔓不枝，香遠益清，亭亭淨植。

從帕翠亞的裝束來看，我推想她來自富貴之家，可能僱用專業人員替她打字，說不定由司機接送上學。後來我知道這些推想只對了一部分。她來自密西根州法律界世家。父親是法明頓希爾斯市（底特律地區新興城市，比較富庶）專業法律顧問；伯父是密西根州最高法院大法官。不過她的論文是自己打的字；她自己開車上下學。

她的家規很嚴，從十一歲開始到父親的法律事務所作零工，幫忙打字，後來處理一些法律案件，遞送傳票到當事人家中。她說，多半當事人很不客氣。有的緊閉大門不理；有的用狗把他攆走；有的用掃帚趕她出門。所以她要穿著整齊，學著如何從容應對，才可得到應有的尊重。

帕翠亞在一九七二年畢業時，四年成績得到滿分（美國叫做4 Points）。在我三十三年大學教書生涯中，她是有這樣成績的兩個學生之一（另外一位是底大政治系男生。他畢業時，美國國防部主管國際電訊情報的國家安全局（National Security Agency）聘用他；事先，曾派兩位軍官，前來底大，與我和其他教授面談，調查他的背景）。她隨即考進密西根大學法學院，並且和同學道格拉斯結婚。兩年後她們畢業，搬到科羅拉多（Colorado）州執業。以後多年中，她回密西根看望父母時，到我們家短聚兩次。一次是在一九八〇年代，她帶著她母親和妹妹奧黛麗（Audrey）一同前來。我對女兒怡華和怡平說起，帕翠亞的學業怎樣的好，要她們學習她的榜樣。

在以後的歲月中，我從帕翠亞耶誕節來信中，知道她事業成功，並且生了四個孩子。她的信很長，有一封寫滿了八頁，仍然像她在底大的論文一樣，工整的打字，沒有一個錯字。近年來，信中附有彩色照片。有時候，我們全家大小傳看她的信，當中寫出她們兒女的趣事，個個都喜歡音樂，更有傑出戲劇天才。

她們的長子（小道格拉斯），一九七六年出生，在中學教書，喜歡寫詩。課餘，參加過「窈窕淑女」（My Fair Lady）、「音樂人」（The Music Man），和音樂樂隊演出。

長女莎拉（Sara），一九七八年出生，自二〇〇三年年開始操業醫師，在百忙之中，為教會唱詩班獻唱。

次女瑪吉（Maggie），一九八一出生，在紐約大學戲劇系畢業，曾在紐約市和科羅拉多州演出多場歌劇，包括「屋頂上提琴手」（Fiddler on the Roof）、「好醫生」（The Good Doctor）和「窈窕淑女」。

三女薇奇（Vicki），一九八五年出生，在中學時就已參加演出莎士比亞名劇，「麥克白」（Macbeth）和「羅密歐與朱麗葉」（Romeo and Juliet），還在「花生歌」（Found a Peanut）一劇中作導演。另外她表演現代舞蹈和爵士音樂。她生性活潑，有一次在法國旅行，把一個吉普賽人打倒在地，奪回皮包。她一到十七歲時，馬上到戲院去看一場成人級電影，不管別人是不是說三道四。

至於道格拉斯自己，他首先參加科羅拉州一家全國排名第二十的律師公司，後來成立自己的公司，業務遍及各州及國外，有一次接受一樁巴基斯坦案件，引渡瀆職的該國海軍參謀長回國。他兼任他們居住的拉發葉特（Lafayette）市長和許多慈善事業、醫院和學校董事。他雖然擔任這麼多的職務，卻忘不了和兒女共同興趣所在。曾在「安妮」（Annie）歌舞劇中擔任羅斯福總統角色；又曾在一個話劇中，飾演比爾．克林頓（Bill Clinton）總統。

帕翠亞在住家附近的丹佛（Denver）城內一家律師公司工作。公司極負盛名，在倫敦和莫斯科都有分公司。她因贏得一連串的刑事案件，成為科羅拉多州的風雲人物。她和家人關係非常密切。就我所知，她是家中惟一不善歌唱，不上台表演的人。但是，她的笑容，鼓勵言詞和靈活心思，引導她的兒女走上各自追求所好，各有所成的道路。

帕翠亞是「看不見手的」把她的整個家庭、親戚和朋友拉在一起。她們旅行時，全家出動，在加勒比海、舊金山，在歐洲都是如此。提斯代爾和布瑞南兩家的親戚們，有時參加她們行列，或者到她家相聚。耶誕節期更是賓客盈門。道格拉斯和帕翠亞在她們結婚二十五週年慶祝會時，邀請十一位外城來的朋友，一同歡聚，當中有一位日本學生來自加拿大的溫哥華（Vancouver）城。

提斯代爾家二〇〇三年年的來信，最後寫道，帕翠亞的葬禮共有五位神父主持，包括一九七二年主持她婚禮的神父，共有一千二百人觀禮。她的家人請求所有親戚和朋友們，「不要流下眼淚，而用歡笑慶賀帕翠亞的一生。」（"Celebrate the life of Patricia not with tears, but with laughs and smiles."）

帕翠亞幫助她一家人實現了美國人的崇高理想：每個人都有充分享受「生命、自由和追求快樂的」權利。我想快樂代表了帕翠亞一切，她也許帶著笑容離開了我們大家。

第十六章

新的天地

心如明鏡

二〇〇二年四月的一天，我從他住家的 Laguna Niguel 城，開車到半個鐘頭以外的 Irvine 城的一家餐館，去吃午飯（這兩個城都在南加州，在洛杉磯以南一個多鐘頭的距離）。他和他太太坐在我們車的後座，一路又說又笑，回想我們的過去，一直到一九五〇年代。當他提起還有別的老朋友們要來一同進餐時，就像中學生去看足球賽一樣手舞足蹈，興奮的不得了。可是，他突然停止說笑，向我正聲說道：「鴻超，再過一哩的樣子，碰到紅綠燈，你要向左轉，馬上右轉，就到三和飯店。不要錯過了。」

我和坐在前座的明真互望一眼，愣住了。稍早，我告訴他，我雖然曾去過三和，現在有點記不清楚路線。但是我可無論如何都不會想到，他知道怎樣走法。李序僧在七年前來南加州定居時已經瞎了眼，他從來沒見過這裡的一草一木。

我們到了餐館，他沒要人扶，下了車，同他太太露比走了進去，坐在候客處，等著我們其他朋友到來。當他們進來以後，他第一個站起來，緊握每人的手，滿臉笑容，高聲招呼。我們開始用餐後，他仍然和大家一一交談，完全不顧一盤一盤上來的菜。他戴著墨鏡，臉對著一位一位的朋友，說不完的話；他聲音洪亮，蓋過了飯店吵雜之聲。明真輕聲問我，「他是不是真的失明了？恐怕只是看東西有點模糊吧。」

「沒有的事，」我說。「序僧在二十七年前就完全看不見了。」

遠在一九六一年他因患黃斑部病變（macular degeneration，視網膜退化），左眼失明。他當時擔任中學校長，毫未氣餒，照常工作；許多他的同事根本不知道這回事。哪曉得，他在一九七五年又因同一病症，瞎了右眼。這時他四十六歲，任政治大學教育系教授。這次，他的心情大不相同，覺得「天好像塌下來了！」他埋怨為什麼一隻眼瞎了不算，又瞎另外一隻？為什麼這禍害不發生在別人身上？卻不料，禍不單行，政治大學當局認為，他不再適合在教室裡擔任教課工作，把他解聘了。他中年失業，無法再找工作；他的太太又從來沒工作過，他們還有兩位未成年的孩子需要養活。有一陣子，他過著麻木頹喪的日子，幾度都起了輕生念頭。

序僧平常聽電台廣播，有時聽英文報導的新聞，以便進修這一文字。他學會失明人的「點字書法」（the Braille System），用鍵盤打出文字，達幾百頁之多。他有時聽基督教福音廣播，雖然不信教，覺得聽聽沒有害處。有一天他聽到一段話：「耶穌……看見一個人生來是瞎眼的。門徒問耶穌說……是誰犯了罪？是這人呢？是他父母呢？耶穌回答說，也不是這人犯了罪，也不是他父母犯了罪，是要在他身上顯出神的作為來。」（基督教聖經新約，約翰福音第九章）。他幾乎從椅子上跳起來。他一直積壓在心的想法，是他自己或者他祖先作了缺德的事，上天懲罰他。他覺得這段福音講的對，瞎眼不是罪過。他心裡重擔就消失了。既是如此，他不必過著像陷入深淵的痛苦日子。不管別人是否輕蔑，一定要站起來奮鬥。

他又聽到另一段福音：「我們曉得萬事都互相效力，叫愛神的人得益處。」（基督教新約，羅馬書第八章）。他把這段話解釋為，世事有好有壞；一個人只要有信心，遇到的壞處，必有好處作補償。他沒法把眼睛恢復明亮，但可以為自己創造一個新的世界。他接受基督教為他的信仰。有了這信仰，他的新世界就可以和他信仰所能夠造成一樣的大，一樣的明亮。他覺得這段教義，和他信從儒家的「自強不息」與「學無止境」這些觀念，並無二致。

他決定要回他的工作，他找了很多人幫忙。一位是西方國家在台灣的傳教士，凱利夫人（Mrs. Kelly）；一位是盲人國際協會職員 Isabella Grant；還有一位是教育部的高級官員郭為藩。最後還找到了我，因為我認識當時的政治大學校長李元簇。大家分頭向政大說項，讓他恢復原職，都沒有成功。可是，序僧的努力奔走還是得到好結果：學校同意給他一年離職薪俸；另外教育部批准他公費留學，到美國喬治皮巴迪教育學院（George Peabody Teachers' College，在田納西州 Nashville 城），修習盲人專科教育。他在一九七七年來到美國，帶著他的十四歲兒子前來，以便照顧他日常生活；太太露比在台灣找到一份工作，留了下來。

在皮巴迪時，序僧利用「點字書法」修習課程，沒有碰到困難。他不願浪費兒子的學業，送到當地中學唸書。他自己也慢慢地學會料理生活瑣事。譬如，他能燒飯；說也不信，還能穿針引線補衣服。事後他回想，他信奉的基督教義和儒家思想，充分建立了他的自信心；他在皮巴迪的一段時間，培養了他獨立生活的能力。

一九七八年序僧取得碩士學位，回到台灣，在國立師範大學特殊教育中心擔任教授，一直教了十七年，並且出版幾本關於人格心理學與管理心理學的書。一九九五年他退休後，和太太露比搬到 **Laguna Niguel** 居住。那裡是露比父母先來定居的地方。

他告訴我，在這多年的失明生活中，從來沒有自卑或者恐懼的感覺。正好相反，他相信他開展了一個有意義的新人生。他竭盡所能，奉獻教育，改造環境，覺得他的成就，也許會讓有同樣困苦命運的人覺得興奮，值得效仿。他有位充滿愛心、耐心的太太；他的兩位成年兒子都在台灣，各有一份好工作。他身體健康，沒有高血壓、高膽固醇和糖尿病。

我和序僧在一九五三～一九五四年接受預備軍官訓練時，首度相識。在一九五四～一九五五年，我們在政治大學當研究生，朝夕相處，三餐一起，課餘乘公共汽車去看電影，晚上聊天。當我要到美國留學時，自覺學業不濟，他給我許多鼓勵。臨行前，他和我別的朋友舉辦一個盛大的歡送舞會。以後，我們不時聯絡，一直到一九九〇年代大家退休後，失去音訊。他來美後，在二〇〇二年年初得知我搬到加州，但不知道在哪一個城，曾分向加拿大，溫哥華和加州的聖荷西城方面的政大同學，打聽我的地址，沒有成功。他有一次偶然聽到我在洛杉磯廣播電台的演說，經過電台的協助，與我取得聯繫。

序僧和露比居住的**Laguna Niguel**，濱臨太平洋，氣候四季如春，到處綠草如茵，可供優閒散步，既安靜又安全。他倆非常喜歡這小城，決定再不搬家了。有一次我和明真去看望他們。我問起序僧，「你們都不開車，住在這裡，覺得方便嗎？」

「這有什麼問題！」他用力搖頭說道。「我們有時搭公共汽車。在這裡，還有一項好處。你知道嗎？我是盲人，打電話給橙縣（**Orange County**）政府；他們會派車到家裡來接我到縣裡任何地方。單程收費一塊七毛，雙程三塊四毛。」

「說起坐車，」我忍不住問道，「你記得我們那天去三和吃飯，你怎麼知道路線那樣清楚？」

「那還不容易！」他毫不猶豫地說。「從前我和內弟去過那飯店，他告訴我怎麼走法，我就記住了。」

我心想，哪有那麼容易？試想，我們具有好眼力的人，如果矇上眼睛，能像序僧一樣地，記得清清楚楚一條從沒見過的路線，到達一個沒見過的地方嗎？其實，一個盲人失去了眼力，往往聽覺以及感觸能力卻增強了。他藉這兩方面機能，辨別出一部汽車什麼時候在行進，停止，或者轉彎；什麼時候在加速或減緩。這也許是他信奉的「萬事都互相效力」這一觀念的明證吧。

我又問起一個問題：「你如果沒有失明，你想和現在的情形有什麼不同？」

他思索一會說道，「可能有很多地方不同。但是最重要的一點是，我會像過去一樣，為名和利著想。現在我放棄這兩樣東西，覺得心滿意足，沒有什麼要求。你知道佛家的一句話，『心如明鏡』嗎？這就是我現在的寫照。」他停了一下，面對著我，像盯著我似的說，「鴻超，不瞞你說，我生活在一個光明的世界之中。」

序僧和露比沒有如他們所願，在他們喜愛的美國小城，頤養天年；在二〇〇七年搬回台北，因為他們在那裡的兩位兒子，放心不下兩位已近八十歲的人，不能就近照料，替他們買了房子，接他們回去。

他到台北後，經常打電話給我，遠多於我打電話給他。我接電話時大多在書房，明真多半在起居間。雖然相隔不算近，她每次都知道序僧的電話，因為沒有別的朋友講話聲音有他一樣的大，笑聲有他一樣的多。

春風化雨

二〇一一年秋天的一日，我回允華電話說，「不行，不行，不能來！趕快告訴他。」

「我已經打了好幾次電話，他不聽，真是沒辦法。」她嘆了一口氣說。允華是我表弟譚光豫的女兒，住在加拿大的Edmonton市，剛剛接到她爸爸（她稱他為老爹）通知，要從台灣來看她，然後再來卡爾斯巴德來看我和明真。光豫那年七十九歲，在一九九〇年代曾兩次中風，幾乎使得他瘸了左腿；他心臟衰弱，有糖尿病；兩耳聽不清楚，兩眼看不清楚；最近又可能得了帕金森綜合症。八年以前，她太太馬麗江，因葛雷克氏症（Lou Gehrig's Disease）去世後，他和兒子譚誠住在台北。

「那麼，譚誠怎麼說？」我問允華道。

「他當然非常希望老爹不要來。他說，老爹不但要看你和我，還要看他在美國的學生們。我弟弟再三勸他不要來。結果老爹講了話：『就是我死在路上也要去。』表伯，你說我們還能說什麼！」

「那麼，他是來定了。」我也無可奈何地嘆聲氣。

「譚誠因為新的工作，忙的分不開身，不能陪他一道來，給他買了好幾份保險，包含一萬五千哩行程，來回兩個星期。但是這些保險，不能用在他現有的病情，只能用在行程延誤，行李損失一類的瑣碎事情。」

如前文所述，我和光豫在一九四〇時代，非常友好，一起唸書，一起玩耍。在中日戰爭時，我們吃不消在逃難中學的生活困苦，跳上火車跑回家去。戰後我們見過幾次面，到了一九四九年失去聯絡。他在那一年，冒充成年人，加入國民黨軍隊，到了台灣。他揣測我也可能自大陸前來，打聽我的消息，沒有結果。在一九五五年他因為聽覺和視覺問題，自軍中強迫退役下來。他沒有錢，連一個棲身之處都沒有，想找工作，因為他中學沒畢業，根本沒希望。在這樣窮困情形下，他突然找到了我，真是大喜望外，要我幫忙解決生活問題。可是，我那時正要到美國留學，無從著手。

在這樣百般無奈情形下，我倒想出一個法子，要他到大舅張理中家暫住。大舅那時在台灣東北部宜蘭縣工作，薪水很少；他和大妗有兩個學齡子女需要養活。但是因為與光豫父親譚青雲將軍熟悉，就接他同住，對待他像自己兒女一樣。

說來，時來運轉，光豫在宜蘭以南屏東縣空軍子弟學校，找到一份小學教員工作。他沒有教書經驗，又無學位，但是因為地方偏僻，沒有別人願意去，他才得到這個機會。就是因為這機會難得，他非常用心教了一年多。但是覺得自己程度差，居然異想天開，要到大專學校深造。可是他沒有中學文憑，哪有資格進大專？他因為是退伍軍人，便想出門路，找到軍方替他出面，勸說台北市的行政專科學校（二年制），讓他以同等學力資格，參加入學考試。他多年沒讀書，原是希望渺茫的事；可是皇天不負苦心人，他考取了。他在政專那裡結識了同學馬麗江，認為她為人精明勤學。而她呢，欽佩他努力奮鬥精神，照顧他無微不至。兩人在畢業後立即成婚，建立起一個同心向上的小家庭。

這時，他對自己的信心大為增加，要在學業方面，更上一層樓。他以政專畢業生資格，參加中國文化大學轉學考試，合格後，進入經濟系三年級。他從那裡讀起，一直拿到博士學位為止。他立即在系裡作教授，後來作系主任；再進一步，兼任文化大學教務長。

一個半聾、半瞎，中學沒畢業，孤苦伶仃的少年，經過堅苦奮鬥，躍升為成千上萬學子的導師。他這樣經歷成為文大的傳奇事蹟，也是報紙上報導的好人、好事實例。

我和光豫一直保持聯絡。我到台灣開會時，多半住在他家。麗江把她們惟一裝有冷氣機的臥房讓給我住，換上新買的被單、毛巾，擺上水珠晶瑩的鮮花。她下廚，燒出各樣菜肴，擺滿餐桌。光豫到機場來回接送，抽空陪我訪友，不在話下。

光豫和麗江每隔幾年，總要到密西根，在我們家住上幾天；有時帶著允華和譚誠一同前來。後來他們送允華到底特律大學唸書；她畢業後返回台灣。光豫每次來，見我第一面時，都忘不了鞠躬。我們有談不完的話，當然回想在中日戰爭中逃難時的頑皮舊事，怎樣坐火車逃學；戲弄房東老奶奶；看到不順眼的人，怎樣偷偷射水在他身上。每一次都談得哈哈大笑，發自心底的喜悅。在一旁聽我們講話的明真和麗江，都抱怨說，你們什麼時候才不再談這些發霉的往事呀？

一年的初秋，當我們還住在密西根州法明頓希爾斯城時，光豫和麗江來訪。我們開車帶他們到密西根北部旅行，沿著 **I-75** 高速公路北行，當天風和日麗，車輛稀少。光豫看著兩旁的蒼翠樹林，數不盡的清澈湖泊（密西根既是濱臨大湖，也有非常多的小湖，恐怕是僅次於明尼蘇達州（**Minnesota**）。他嘖嘖稱讚道：「你看看，這地方真是風光明媚；又安靜，很少看到人。不像台灣，一出門，不論是城市或鄉下，都是一大堆人。」

當天下午，我們抵達休倫湖（**Lake Huron**），離底特律兩百多哩。從這裡，我們坐渡船到麥金諾島（**Mackinac Island**），遊覽這聞名全國的風景地區。我們上岸後，坐上富麗堂皇的馬車（島上不准汽車行駛），去參觀格蘭旅館（The Grand Hotel）。這個非常宏偉的建築物漆成鮮明白色，依山岡建立，據說是美國最大的木材建造的旅館。我們站在長達六百多呎的前廊，俯首下看，但見處處花圃，四周展開平坦草地，中間有一建形雅緻的游泳池，其色淺藍，瑩瑩閃光。再往前看，從楓葉飛紅的樹稍上望見湖波，輕撫岸邊鵝卵石。

我告訴光豫和麗江，當年家喻戶曉的電影明星伊歓・蕙蓮施（Esther Williams），就在這裡的游泳池開拍鏡頭。還有其他著名電影曾在這家旅館拍攝；其中我最欣賞的一部是「Somewhere in Time」（有人翻譯為「時光倒流七十年」），劇情離奇，纏綿悱惻。光豫展眼前望，口中不停地說：「這簡直是人間仙景。」

我們回家後的第一天，玩興未盡，便到我們家附近的 Glen Oak 高爾夫球場一趟。我替光豫和麗江租了一輛高爾夫車，看我打球。當時也是晴朗的日子。麗江坐上車後，急不待地說道：「唉呀，這青天白日的天氣，多麼爽快！這裡的草地怎麼這樣平，怎麼這樣綠！我真要在這裡學打球。」說著，說著，她高舉雙臂，唱起歌來。我趕快要她小聲一點。這天晚上，麗江對我們說，如果不是譚誠在台北上學，她真想在我們家附近買棟房子，搬過來住。

光豫有時一人來看望我們，也到加拿大的 Kitchener 城去看大舅大妗（他們和女兒書恭和女婿李平同住）。當大舅在一九九一年去世後，他仍然去看大妗。有一次，他去看她時，他已經七十歲出頭，見她第一面和別離時，都跪在地上向她磕一個頭。

二〇一一年十月一日，他終於來到我們卡爾斯巴德的家。他拄著一根手杖，在家門口前碎步慢走，就像纏腳的女人一樣。我說，「光豫，怎麼，你想每一步都踩死一個螞蟻嗎？」

他扭過頭看我，說，「就是想，也不成。根本看不見。」他舉起一隻顫抖的手，繼續說，「我寫字像螞蟻趴的一樣。所以我寄給你們的耶誕卡上面，只能寫幾個字。」

我看他行動遲緩以外，一切還不錯。臉色微紅，說話有力氣。我問他，從麗江走後，怎樣過活。他說家中有外勞照顧。白天他喜歡一人搭公共汽車到台北市中心，逛逛街；在小吃店吃個午餐；或者到近郊山區看看風景。回來睡午覺，看看電視。他有兩位從前在文化大學教過的學生和他來往很密切。一位是公司老闆，在中國大陸開了幾家工廠，請他作名譽董事長，只拿薪水，不需上班。另外一位是著名的腦科醫生，照料他醫藥方面問題。

「那，你生活很好呀。有沒有交個女朋友？」我逗著他說。

「有呀！」他揚起眉毛，微笑著看我。

「真的？」

「真的。」他的微笑變成滿面笑容。「有一天我去理髮，和一位女理髮師談起了話……」

「怎麼樣呢？」

「愈談愈多。她五十多歲，丈夫時常虐待她，打她；所以和他離了婚……」

我決定不插嘴。

「她說到傷心處流起淚來；當她看到我也在流淚，就停下來不剪了。我們都哭起來，好一陣子。我以後常去看她。」他斜望我一眼，說，「就她的年紀來說，長的還不錯。一位日本商人常去她店理髮，覺得她溫和可親，要和她結婚。她不答應，但是他一直去纏她。她沒有辦法，搬回台南和兒子一起住。」

「這麼說，你和她失去了聯繫。」

「沒有。我過些時就坐火車到台南去看她。只要幾個小時就到，吃個午飯，當天回來。她也一樣，到台北看我，當天來回。」

「你們這樣來往有多久？」

「好幾年了，一直到現在。」

「那麼有沒有進一步的發展？」

「我們從來沒摸過手。」

他看著我不相信的表情，接著說，「你看，我身體這樣不好，怎麼能增加她的負擔。但是，她喜歡和我來往，隔些時見見面。」

我們把話題轉到他這一次行程。他說他在允華那裡住了幾天，覺得她和她丈夫拔勝，安頓的很好。只是 **Edmonton** 這個城冬天太冷了，到零下幾十度。之後，他到德州的達拉斯（**Dallas**）城，去看他的學生們。

「你好像每次來美國都去那裡看他們，」我說。「我從來沒問過你，他們是你在哪裡教過的學生？」

「我在屏東小學教的學生。」

「什麼？那不是你五十多年前教的學生嗎？現在還有聯絡？」

「是呀。他們有好幾位都住在達拉斯；有兩位住在附近的城市，都一起過來相聚。大家見了面，談呀，談呀，談不完。」

光豫這時說起，他在小學教書的情形。他說初到學校時，學生根本不理他。他要他們抄下他在黑板上寫的字，他們就是不用心抄。下課鈴聲一響，他們跑得無影無蹤，不給他和他們講話的機會。他們有的還背著父母逃學。他因為沒教過書，天天擔心會丟掉工作。

他想出一個辦法：在課堂上除了講解教科書外，把《三國演義》的故事，一個一個搬了上去。他借用故事，把朝代變遷、人物、史蹟、軼聞引進學生心中。他又利用《水滸傳》中的人物出生處所、生活經歷，把相關歷史、地理事實、政治和社會情況，告訴學生。他從微薄的薪水中拿出錢買糖果，分給功課好的學生多一些，一般學生也有一點。學生們本來就聽他講課津津有味，現在又有難得一見的糖果，對他完全改變態度。在課堂裡，規規矩矩抄黑板；下了課，簇擁著他說笑不停。

有些學生甚至到他住的破舊房子裡，一同在榻榻米上過夜。他時常講一些他經歷過的事件，加油加醋，引起笑聲、驚呼，直到他們睡著為止。他待他們有如子女，從不責罵，也不要他們幹活。

光豫離開屏東後，經常和他的學生們聯絡。幾十年後，大都接受高等教育。有些留學美國，待下來在企業界或工程界作事。留在台灣的學生，在每年十二月他生日時，齊集台北，在飯店聚餐慶賀。

光豫在我們家待了四天。在十月五日細雨的上午，三位他的學生從洛杉磯開車來接他。一位姓羅，住在那裡。一位姓鄧，住在休斯敦（Houston），他因先前有事，沒有趕赴達拉斯和光豫見面。還有一位姓王，住在溫哥華（鄧和王都在先一天趕到洛杉磯）。

光豫臨行時對我說，「將來我還會來看你。」

「我會去台北看你，你就不要再長途飛行來了。」我勸他說道。

「你要什麼時候來台北都行。你是我在這世界上認識最久、最親密的朋友，我一定要再來。」

他眼中噙著淚上了汽車而去。

第十七章

長命百歲

兩項蠡測

一九八九年六月我赴台灣開會，順便請光豫帶我去看他的一位朋友。這位先生五十多歲，身著藍色長衫，說話老道熱誠，在靜坐方面很下過功夫。那就是我興趣所在，向他請教。他寒暄幾句後，立即示範，表演各項動作。隨後，他要我坐在椅上，模仿他的動作。然後，他更進一步，站在我後方，幫我「用功」，得到光豫和我都認為不可能的功效。我們向他告別時，他向我說了一句無關的話：「我仔細看你的面貌，你會活到八十歲，可能更久。」

我和光豫互望一眼，愣住了。我們知道兩家父輩及爺輩兩代的人，沒人活到六十歲，不要說八十歲了。而我的父母都在五十歲前就去世了。我早年多病，人人見到我都說身體太虛弱了，能活到現在的六十歲，已經算是長壽了。要我再活二十年，比要我跳遠跳到二十公尺以外都難。

我匆匆離開台灣，沒有再去看這位先生；我覺得他示範的靜坐方式過於簡單，不能實用。他說我長壽的言語，不過是客套話罷了。我回到美國後沒有把這件事放在心上，隨後把他的名字也忘掉了。又誰會想到，這位先生的預言，後來果然應驗了。如前面所說，二〇〇九年十一月的一日，卡爾斯巴德中國人協會（CCC）舉行一個盛大的餐會，慶祝我八十歲生日。當我進入餐會時，一位坐在角落席位的朋友胡華慶，站起來緊握著我的手，高聲說道，「你會活到一百歲。」其他的朋友一起鼓掌歡呼，也有人應聲說，「你一定會，一定會！」

我登時想起光豫的朋友對我長壽的預言，知道他在靜坐方面有深厚工夫之外，也熟稔相術。我覺得有些看相的人，往往迎合顧客心理而發言，把他的話只是聽聽而已。可是，我覺得華慶的言語不同了，不是客套逢迎之詞，而是真心話。他確切相信我身體非常好——好到可以活到一百歲的程度。

為什麼我有這樣的看法？這有很多原因。首先，有不少其他人都覺得，我有遠遠超乎我年齡應有的健康。譬如：

在二〇〇〇年，我在卡爾斯巴德附近的高爾夫球場，向一位澳大利亞籍的教練，修習球藝。他看我練了一陣後，問道，「你不介意我問你多大年紀吧？」

我告訴他我七十一歲。

「這怎麼會？」他瞪著眼望我說道。「你看起來只有五十歲。」他語氣一轉，好像自說自語的講道，「那一定是東方的東西（the Oriental thing）使你這樣年輕。」

我不知道他說的東方的東西是什麼，但他總是好意吧。

以後我在打球時，我的球友任德新，時常拉著我到臨時搭配的球友們面前，問他們道，「你猜猜他幾歲？」

當他們說出比我低了二十年歲數時，他哈哈大笑，告訴了我的實際年齡，引起他們再三向我凝視。

我們在一九九九年搬來卡爾斯巴德以後的幾年中，總有十幾批外地朋友來看望我們，見面時都問我，「你的身體怎麼比從前還好？是因為加州天氣的關係嗎？」

在二〇〇九年以後，CCC的月會中，經常有人說，「我如果活到你的年齡，有你一樣的健康，就好了。」也有人問我健康的祕訣是什麼？沒等我想好如何回答時，人就走了。

我聽到如此這般的話詞，也不知有多少遍，覺得是多餘的啦，但總是很高興的聽。這些話也引起我的好奇心，為什麼別人總是稱讚我的健康，不稱讚CCC會友中和我同樣年齡人的健康。有一次我問起明真這話。

她馬上說道，「你走路快，站立筆挺（我自己並沒有這樣感覺），臉色紅潤。說話嗎，說個不停。誰這個年紀的人會像你這樣子？」

她說的話是不加思索而出；我可思索起來，要徹底瞭解我健康的真相。細想我的有些行動，的確讓我覺得有點超乎常人的耐力。在一九九九年到二〇〇九年之間，我從卡爾斯巴德開車到舊金山，來回達六次之多。每次都是一人開車，單程四百哩，經過八個小時到達目的地。最近，在二〇一六年我八十七歲時，我一人開車，來回於卡爾斯巴德和大薩爾（Big Sur）之間。大薩爾地處加州中部，背依崇山峻嶺，面臨太平洋嶙峋石岸，需經一段一五〇哩的加州一號公路始能到達。公路狹窄，一邊是海洋削壁，另一邊是落石滾滾的山坡，路線曲折崎嶇，轉彎抹角不計其數，時速減至二十哩以下。在路上駛車既艱難又危險。但是，因為這裡的風景絕頂突出壯麗，喜歡開車的人，似乎覺得不開此路，虛度一生。於是我手掌輪盤，腳控油門，時而風馳電掣，時而尖聲剎車，安然通過來回難關，有賽車者贏得預試合格一樣的愉悅。

現在，再看一下我二〇一七年體格檢查摘要報告：

日期，二〇一七年十二月十四日；出生日，一九二九年十一月十八日；年齡，八十八；身高五呎七寸；體重，一四九磅；身體值量指數（body mass index, BMI），二三．四；脈搏，五九；血壓，一三八/六二；膽固醇，一四八；三酸甘油脂（triglyceride），七三；血糖（glucose），九九（以前體檢指數，大體相同）。

這些指數並不是個個優良，但總體來說，還是不錯。再說，我沒有什麼疾病在身。在過去十年中沒有過傷風、咳嗽；我的頭暈症從一九七〇年代再沒有出現過；只是在長程走路之後感到腿痛。在二〇一六年以前我不服任何醫藥，在這以後，我服少量的 Benicar（10 mg）和 Crestor（5mg），減低血壓和膽固醇。

這樣，以一個將近九十歲的人來說，我的身體狀況是相當良好，真的有活到一百歲的可能。可是說也奇怪，一直到一年多以前，沒有人切實地問過我，是怎樣達到這樣的成就。那時一位新結交的朋友何華，提出這問題。我花了一點時間向他解釋。後來，我把自己多年的保健歷程徹底檢討一番，現在把其中詳細敘述出來。

六項運動

我在一九五〇年到台灣以後，因為覺得自己孱弱多病，開始注意身體，抽空作健身運動。我跟一位同學學會八段錦；這種中國古代傳下來的招式非常簡單，容易練習，動作和緩，不費時間，很適合我的需要。我練到一九七〇年代，轉而學習瑜伽。那時我在美國，最初有時靠朋友指點，有時看圖研進。後來馬麗江到我們家住了一陣，向我和明真述說這一運動的道理。她在台灣銀行作事，是那裡同事們組成的瑜伽班班長，在這一方面下過多年功夫，並且到過印度「朝聖」，在那裡深入學習。

她講解這一運動有幾點好處，第一是它模仿很多動物的動作，例如獅、鳥、蛙、蛇便是，符合自然原則。第二是它注重四肢伸展，適應人的身體隨年紀增長所產生的變化。這變化是人到中年以後，筋骨逐漸縮短。瑜伽緩和這一趨勢。第三是它顧及別種運動不注意的部位，例如倒立、伸舌、瞪眼、鼓肚皮、擴展手指。明真和我，根據麗江的建議，參考一些書籍，選出三套瑜伽動作，每一套有十一、二種形式，作為輪流練習依據。每週三次，每次一套。從一九八〇年代到現在，始終如一。

在一九八〇年代初期，我加上跑步運動，每天早晨跑一哩左右。出些汗，洗洗澡，覺得四肢輕鬆，頭腦清醒。我非常堅持這項運動，在不同的環境中進行。例如，冬日零下溫度的密西根州、高熱的「死亡谷」（Death Valley，在加州東部）、空氣稀薄的西藏拉薩、加勒比海遊輪甲板上、史丹佛大學校區中心的大橢圓草地等等。可是，跑步引起了腿痛，到了二〇〇七年，痛得上樓梯都必須拉著扶手，下樓梯時，大小腿僵硬不聽指揮，只好停止這一運動。（事後，一位朋友柳濟生告訴我，長年在堅硬土地上跑步會導致腿痛。已是悔之晚矣。）

在這一年，我接受謝玲華（柳濟生的太太）建議，試用按摩，減低腿痛；後來我自己練就一套辦法，應用在腿的各個部位上。這時，我在醫學書籍及網路訊息上查出來，按摩是大有好處的運動，不但可以減低腿和膝蓋的疼痛，而是對身體的其他各部位，都有效益，甚至能增強身體機能。在以後的兩年中，我逐漸設計出一個按摩系統，適用全身，從頭頂到臉部、胸部、腹部、膝部，大小腿部，直到腳底。按摩的動作很多：擦、敲、按、捶、揉、推、捏，依每一部位而定；每一動作重複七十五到二百次；整個一遍按摩動作是一千六百次，約需半個小時可以完成。每天作兩遍，共計三千二百次（動作速度快，並不如想像中的費時。但是必須使用力氣，不是輕撫慢摸了事）。從二〇〇九年起，我每天如此，沒有漏過一遍；就在旅行時，也不例外。

一九九二年一天，我突然心血來潮，想練一下靜坐，想起三年前我在台灣遇到光豫的一位朋友，他在這方修養有素，就按他的方式，試了一遍。這方式很簡單。靜坐者閉上雙眼，用腹部（不是肺部）作深呼吸；吸氣時要思念一股氣從前額經過鼻端、下巴、前胸、腹部到達鼠蹊部（或稱腹股溝）；這時開始呼氣，思念這股氣從鼠蹊部經過後背往上通達頭頂，運行一周圈。這樣周而復始，二十到三十分鐘作畢。在運作時，應想象這股氣在皮膚以內一寸之處緩緩下降（前身），再上升（後背）。靜坐者，可採坐姿或臥姿；在整個過程中，必須意從氣行，摒除雜念。根據光豫的朋友說法，靜坐者在完畢之後，會覺得上身發熱，神清氣爽，比酣睡醒來後更舒暢。

我在一九九二年試練靜坐時，一點感覺都沒有，正如我一九八九年第一次所練一樣。那時我是在光豫的朋友面前練的。當時我應他要求再作一次。他站在我後方，兩隻手掌朝向我的背部，不一會，我試到背上一股熱氣在游動。再過一會他要我停止，告訴我，他曾把他的熱氣傳遞到我身上，但是他的手掌，沒有碰到我的身體。我向站在旁邊觀看的光豫，望了懷疑的一眼。他連連點頭，說明一點不假。他朋友馬上發話了：「我練了幾十年靜坐，才有這樣的成就。這並不是每一個練靜坐的人能夠作到的。」

光豫的朋友靜坐可以使上身生熱的說法，一直留在我心裡。後來我看到紐約時報上一篇關於靜坐的報導：有一實驗室作出實驗，把有經驗的靜坐者的頭部和上身連上電極（electrodes），發現他們靜坐一段時間後，體溫果然上升（記不清楚，升高多少度）。

我從一九九二年開始練靜坐，斷斷續續幾年，沒有什麼效果。一九九九年搬到加州後，我在午夜以後兩點到三四點鐘，經常睡不著，就利用其中一段時間作靜坐。記不得在什麼確切時日，我試到了一股熱氣從前身下沉，然後上升到後背中間，就再也上不上去，不能夠達到靜坐有修養人的「小周天」境界。這以後我持續不斷練習，直到今日。每次運作後，身體都發熱，都覺身心安適。

一九八〇年代我開始打高爾夫球。這種運動有很多好處。首先，它是老少咸宜的活動，七、八歲的兒童到八、九十歲的老翁，都可一顯身手。打一場球，花上三、四個鐘頭，讓你四肢得到活動，也有充分休息時間。再說，高爾夫雖然是具有競爭意味的運動，實際上還是自己跟自己比賽，揮起桿來，可緩可疾；打出球來或遠或近，皆由自定。還有，高爾夫球場上空氣新鮮，氣溫適度（太冷太熱天氣，可以不打球），仰首前望，是碧綠起伏草地，天上白雲浮動；佇足小憩，可聆聽樹稍鳥聲爭鳴。單單這優美環境，就叫你心曠神怡。更有進者，高爾夫球桿長而球小，打了出去，如小鳥飛翔，落地時，比任何其他球類所能達到距離更遠。假如你一桿揮去，讓那個小白球落進長距離以外一個四寸直徑的小洞，你會像征服世界一樣的欣喜若狂。最後，美國是高爾夫的勝地，球場之多是世界第一，春夏秋冬都可供應；我推測，美國各球場平均收費在世界上最為低廉。高爾夫既然有這麼多好處，我便十分熱衷這運動。從密西根州到加州，我每週打兩次；每次十八洞，一直到二〇一八年，減少為每週一次。

上面所說的六項運動，對我的身體健康有不同的效益。八段錦是保健活動的入門功夫，讓我體認到，欲求身心健康，必須有定期的、有規則的、長期的四肢活動。跑步加強心肌機能，同時減低脈搏。瑜伽促進四肢靈活，筋骨張力，姿勢平衡和內心平靜。按摩除有同樣效果外，可促進血液循環，加強體內器官運作（例如，肺呼吸、胃消化；是敲、捶、揉的結果），減低關節疼痛，舒緩精神緊張。靜坐促使呼吸均勻而細長，肌肉和心情輕鬆，神智清醒。高爾夫，如前所說，是一種心情愉悅的運動。但是就我來說，也是一種挫折性的運動，因為技藝低，年歲大，視力弱，永遠是我們經常打球的七、八名球友中最後一名。可是我興趣大，覺得一次打的不好，還有下一次，便繼續奮鬥下去。現在，我保持著瑜伽、按摩、靜坐、和高爾夫四項運動，要一直作下去，到作不動為止。這其中對我最重要的一項是按摩。

總體來說，我的各項運動也有共同的健身功效：增進血液循環，因而把養分和氧氣充分供應給身體器官和肌肉，幫助排除體內廢物和毒素。同樣重要的事，是及時動員體內各種免疫細胞，防禦入侵的細菌和毒菌。

心理訓練

我在從事各項健身運動時體會到，要得到良好成效，需要配合適當心情。適當心情要靠長期的訓練才能達成。關於這一點，我想信佛經中一句話：「人為所思」。這是說，一個人的思想導致行動，行動決定自己一切。我的心理訓練的第一要務，是維持恆心，要有毅力。從事健身運動的人都肯定一項事實：不論你選擇作那項運動，必須持之以恆，才可得到效果。

我作按摩運動時，必須重複各項動作三千二百次之多，真是不勝其煩。靜坐時，雜念叢生，不能專心一意地完成運氣工夫。作瑜伽時，必須忍耐一陣一陣的筋骨疼痛。打高爾夫球時，常為不知道壞球為何而出而煩惱；最令人氣沮的事，是愈努力想打好，打的愈糟糕。在這樣情形下，我怎樣克服困難，把各種運動經年累月繼續練習下去？這就說來話長了。我瞭解自己，從兒童到青年時代最缺乏毅力，從玩遊戲到作功課，不專心一志，今天喜歡這個，明天喜歡那個，後天什麼都不喜歡。

當一九五〇年代我在台灣時，開始一項鍛練毅力的辦法，就是忍受一些痛苦而無大害的事。譬如說，我在政治大學唸書時，如果沒有完成既定功課進程，就罰自己不吃早飯。對一個曾經在香港捱過幾個月餓的青年來說，這是一種身心煎熬。但是我經常這樣懲罰自己。到了一九九四年，我在台灣成功大學作客座教授時，還用這辦法磨練自己。有一次我連續三天沒吃飯，只喝水；照常上課，挺了過來。

還有一個鍛練辦法。在一九七〇年代的一天，我從底特律大學開車回到法明頓希爾斯的家裡，路程是二十幾分鐘。當天異常熱，氣溫到一百度。我緊閉全部車窗，關掉冷氣機。到家以後，衣衫濕透，稍覺頭昏，但沒有什麼別的問題。後來又試了幾次。一九九九年搬到卡爾斯巴德後，仍然這樣鍛練。有一次（二〇一七年十月十六日），我打完高爾夫球，開車回家，路程半個鐘頭，關閉車窗和冷氣，用帶來的溫度計量出車內溫度是一〇八度。我一路沒有超速，沒有經過黃燈，到家後，除大汗淋漓外，安然無事。

另外一項增強毅力方法是記日記，從一九四八年到二〇一八年，我積存將近七十本之多（每年一本，兩本在戰爭中失落），每日晚間或第二天早晨，一定把當日重要事蹟寫下來。

再說一種有益健身運動的心理訓練，這就是如何處理煩惱心情。這也是經過長久演變才得到成效。一九五一年夏天的一日，我在台北，騎自行車到台大附近的「水源地」去游泳，一不小心在岸上失落了手錶。這錶不是好牌子，但是對一個失學，無家可歸的我來說，是一件不小的損失，讓我懊惱了好幾天。五年後的一個冬天夜晚，我從伊利諾大學圖書館回到住所的路上，又丟掉了一個手錶。我停下來，思索一陣。回想起在水源地失錶的心情，突然靈機一動，默默告訴自己：失去錶已經是一種財物上的損失，為這事而懊惱，不是又有精神上的損失嗎？這是太划不來了！我不應該懊惱，而應該高興哈哈大笑，才能把失錶一事扯平。那時我獨自站在雪地裡，真的笑出聲來。幸虧四面無人，否則別人會以為我發神經病了。

我當時立志，要記取這個寶貴經驗，以後遇到煩心問題，照章行事。可是我沒有這樣實行，因為這是知易行難的事。且說一九七〇年代的下半期，我喜歡看棒球賽。當時底特律的老虎隊（**Tigers**）全國馳名。傑克．莫里斯（**Jack Morris**）是全國知名投球手，他身高體壯，頭腦靈活，留著鬍鬚，卻有一個怪癖。當他投出「好球」封殺對方球員時，臉上毫無表情。當他投出「壞球」，讓對方跑壘、站壘時，他立即綻出笑容，拿起球來摸來擦去，好像很高興的樣子。我們這些觀眾都搖頭不解，就連廣播員也在播音台上說，他不知道，**Morris** 為何在失利時笑起來。

後來，我突然意會到他的不平常態度是怎麼回事。他是在失利時立即排除煩惱，操起快樂心情，以便在下一次投出好球，封殺對方。我的這點領悟，在心中下了一棵種子，到了二〇一一年才結出果來。當時我為著找不到一個大學書局，出版我花了六年功夫寫出一部學術性書籍，非常煩惱。不知怎的，如閃電一樣想起 **Morris** 的投球態度，連帶也想起我兩次失落手錶的不同心情。我思索後寫出一句格言：**Smile When Upset, Showing Teeth.**（「一遇煩惱，露齒而笑」。）從這年後，我一直遵行這格言，免除不少傷腦筋的事。就我的健身活動來說，這個格言，讓我平心靜氣，承受各項運動時身體上的折磨，以及精神上的壓力。

最後一種心理訓練需要更多筆墨描述一下。在一九四九年十一月我從多年來母親無微不至的照顧下，一下子在寒冷的冬天開始孤身逃命的生活。在未來的十六個月中，我首先在廣西十萬大山槍林彈雨中幾乎喪命，接著在香港從一個富家子弟淪落為挨餓難民。後來，我冒著生命危險，到了自命為「自由中國」的台灣，卻在一個黑暗斗室內喪失了自由。

在這短短十六個月中，我的生命遭受如此痛苦而劇烈摧殘，造成心靈上一種深刻傷痕：我對未來產生一種難以控制的恐懼感，永遠覺得前途多變，殘酷事件隨時會發生。我在心態上起了根本的變化。

在二十歲以前，我雖然遭逢痛苦事件，我的憂慮，我的煩惱都是短暫的，一旦事過境遷，就消除了，仍然是一個無憂無慮的孩子。到二十歲以後，我蛻變成時時憂慮的人，不但憂慮正在發生的事故，而且是未來可能發生的事故。例如，在台灣時，我考取了公費留學考試，卻害怕體格檢查失敗，又顧慮跟不上美國研究生的程度，遲遲不肯來美國。搬來卡爾斯巴德後，我仍然像從前一樣，時時感到不安。在倒車出門時，生怕撞上突然跑過車道的鄰居幼兒；開出去沒多遠，又折回來，看看爐灶有沒有熄火，車門有沒有關上。出外旅行時，非常擔心我們的房子是不是成為一片灰燼（我們搬到聖地牙哥地區後，在二〇〇三年、二〇〇七年、二〇一四年發生三次劇烈火災，多處房屋焚毀，居民傷亡慘重）。

這種不幸的心態變化，卻產在一種正面後果。

為著應對多變的未來和避免殘酷事件的發生，我慢慢地養成一個習慣：預測可能發生的變故，採取行動，尋求解決。例如，上面說到我考取公費留學，擔心不能成行，便投考外交人員考試；又如，下文中會提到，我在教學期間用盡心思從事投資活動，以求積攢資產，避免在老年時再過香港一樣的貧困生活。其他應對瑣碎變故的情事，更是不勝枚舉。

搬到加州後，我在汽車儀表檯上，放置紙片，寫出「倒車時注意小孩」警語。開車時，我一如往昔，不但要看前面的紅綠燈，而要看下個，甚至再下個的紅綠燈，以及周邊車輛及行人。從我開始開車的一九五七年到二〇一八年，我沒有遇到過一意外事件，只被開過一次交通違規罰單（一九九五年一天我開車回家，急著想看「達拉斯」〔Dallas〕連續劇，被開超速罰單）。至於折回家門，查看車門是否關閉這一舉動，始終無法免除。這種預測—行動—解決問題的習慣，讓我從一九五一年以後，再沒有遇過到災難（當然這也有幸運成分在內）。這個習慣對我的健身活動，有決定性的效益。正因為我年少時體弱多病，我在一九五〇代開始八段錦這一運動，以後逐漸一一採用五項運動，以便增強筋骨，舒展血管，加強心肌，安定心情。

從前文的字裡行間，當可以看出來，我的各項心理訓練活動，並不是依計劃，按次序，定規格，系統性的措施；更不是僅僅為著健身運動而設計的。但是要維持我的健康則是缺一則不可。

醫藥飲食

體育運動和心理訓練，是健身的必要措施；醫藥和飲食也是同樣重要。我在中國大陸與台灣時，從來沒有作過體格檢查或者看過牙醫，甚至連維他命都沒吃過。在美國的幾十年中，我信奉預防勝於治療的說法，除作定期的全身、牙齒和眼睛檢查外，並且，作過各式各樣專科測驗和檢查，包括X光線、EKG、CT掃描、超音波掃描、膀胱鏡檢查、結腸鏡檢查、MRI、PET掃描，查看身體的各個部位。我的眼膜曾經過手術整治，改良視力；我的耳朵配有最新式的助聽器。我不能不說，在醫藥方面，我已受到最好照顧。

至於飲食方面，我多年沒有注意保健措施，喜歡吃豬肉及甜點。近年來，經過醫生和明真一再勸說，已經減少食用這兩樣食品，不喝糖質飲料，食用大量蔬菜和水果。

在這裡，關於醫藥及飲食的文字，我寫的非常簡短，因為我完全聽從醫生和明真的所有安排。

第十八章

春滿大地

時報廣場

「你要去哪裡嗎？」我住在卡爾斯巴德的鄰居，Linda Pershing 斜望我一眼問道。「那地方又冷又不安全，有人會搶你，而且，除了一大堆一大堆糊裡糊塗的人群以外，你看不到什麼東西。我看你還是算了吧，不要去。」二〇〇四年十二月的一天，我告訴她我想到紐約市，去那裡的「時廣報場」（Times Squar）看新舊年交接時刻，千紅萬紫水晶球降落的一幕，這是舉國聞名的歡欣活動。Linda 多年前住在紐約，現在是加州一所大學教授。

另外還有兩個人勸我不要去。一個是我們的二女兒怡平；她曾經去過地處紐約市曼哈頓（Manhattan）區的時報廣場，迎賀新年。她說人擁擠的不得了，根本看不到水晶球。另一個是簡妮絲（Janis），她在曼哈頓作律師；她說她從來不在新年時節去那裡，人呀，車呀，亂哄哄的，沒什麼值得看。她的父母，沈約翰、許莊夫婦，是我和明真在底特律地區幾十年的好朋友。這次接受我們邀請，到美國的第一繁華大城，共度新年。

我聽到這些一致反對聲音，有點猶豫起來。另外我還有兩層顧慮。這時美國仍在二〇〇一年發生的「九一一恐怖事件」陰影之中。當年炸毀的世界貿易中心離開時報廣場只有兩三哩之遙，仍是一堆廢墟。誰能保證恐怖事件不再在紐約發生？再說，還有一個現實問題。我知道觀看水晶球需要等待六、七個小時；當地沒有廁所，我們如何忍受得了。至於說，時報廣場不安全，倒不需要考慮。我作過研究，那是過去的事。近年來，紐約市政府徹底掃黃、掃黑，加強警力，已經使這裡成為通霄達旦，遊人如織的場所。

我們和沈家夫婦在十二月三十一日到達紐約後，立即聚集在市中心大中央火車站（Grand Central Station）一家飯店共進午餐，商量要不要去時報廣場湊熱鬧。我想了一會說，我在行前已經告訴幾位朋友，要藉這個機會，返老還童，重操兒時心情，玩一玩。現在總不能讓恐怖分子嚇得動彈不得。其他問題嗎，到時候再說。我決定去。

約翰聽我說這話，也是童心大發，要和我一道去。明真和許莊沒怎麼商量就說，她們沒法熬過六、七小時不上廁所，決定晚上回旅館休息。不一會，她倆低頭細語一番，居然改變主意，也要去。於是我們在這個建築雄偉的火車站（據說是仿巴黎歌劇院格式建造，是現今世界上仍然運作的最大火車站），盤桓一陣。接著到靠北面的「現代藝術博物館」（The Musuem of Modern Art）去參觀，打發下午時間，到傍晚才能入場。

到了六點鐘，我們隨著人潮，沿著第53街西行，到了交叉的第七大道，被阻攔下來。這裡全副武裝警察，把四面八方街道全部封鎖，設立臨時關卡，把觀眾排成一行，夾在兩排鐵欄柵之內，一個個搜身檢查；檢查一批放行一批，就如擠牙膏一樣。進入第七大道後，已是人山人海，大家要轉身往南行，朝向地處第七大道和第43街交叉間的時報廣場。我們走了一個整鐘頭，才到第49街，前面的眾人擠得就像石壁一樣，無法再往前行。我們進入廣場的願望就此破滅，只能在一千五百呎外翹首企足遠望了。我們看到，第七大道兩邊也是排滿柵欄，不准人進出。在大道一旁的大樓前，掛著一幅巨大廣告，上面繪有國家廣播公司主播 **Brian Williams** 的畫像，好像瞇著眼嘲笑我們這些人，擠得死死的，不知道幹什麼。在街道另一旁，有一棟公寓大廈，在三、四樓上有兩三位稍胖女士，向群眾搖著手中的花巾，像羅密歐與朱麗葉這一歌劇的一幕一樣。我們也向她搖動手臂，大家歡呼一陣。

我們站在街上耐心等候，我看了一下四周的群眾觀，大多數的人比我們年輕一半。裡面是各色各樣的美國大眾；也有不少外國人。有一對三十幾歲的白人夫婦興高采烈地宣揚著，他們從北面的第123街，走了幾個鐘頭來到這裡。（事後得知三位俄亥俄州的居民，前一天連夜開了十一個鐘頭的車，到達時報廣場，路上錯認臨近的澤西市〔**Jersey City**〕是目的地。）有幾位穿著黑色緊貼身的皮衣褲，像來自中東地帶的年輕人，高聲快語交談，沒有人聽懂他們在講什麼。站在他們旁邊是兩位身穿著入時白色大衣和黑色皮靴的小姐，用帶著日本口音的英語，告訴大家她們剛從拉斯維加斯（Las Vagas）趕了過來。一位二、三十歲中國男士，肩頭坐著一個小孩，輕聲和她太太說話；聽到我們四人說的一個笑話，也跟著笑了起來。

這裡的群眾雖然偶爾高聲呼叫，但比起胡扯亂鬧的棒球賽觀眾規矩多了。時常有人看錶算時間，大家還算有耐心。我想，大家擠的像罐頭沙丁魚一樣，只有站著等待五個鐘頭，觀看水晶球。哪曉得，那幾位中東模樣的年輕人，互相打個招呼，突然一齊向地上坐下去，把附近的人群像波浪似的向四週推展開來。他們的行動立刻引起一部分人的效法，推呀，擠呀，也坐了下來。我們四人也不例外。我兩臂兩手後撐，盤腿而坐，仰望天空，直升機時隱時現，各色小氣球飄來飄去。當時灰雲密布；氣溫大約華氏五十幾度，並不寒冷。事實上，四週仍然站立的人群有如厚植樹林，密不透風，還有身上熱氣，斷續傳來。我偶然轉動身體，伸臂向前，看到手掌上居然毫無塵土，平日眾多車輛行駛已把街面擦得一乾二淨。

當接近午夜時，有些人戴起紙做的花邊 2005 眼鏡，有人戴上鮮艷高帽，有人哼起流行歌曲。我們開始倒數秒鐘，從十到一，大家立足遠望，緊盯著一座摩天大樓，燈光照亮如同白晝一樣。突然間人聲喧嘩，大笑不已。原來大家看錯了大樓。這時小小如豆的水晶球，已自另外一棟大樓，將要落到底層。

瞬時間萬眾歡呼，此起彼落，有人擁抱，有人接吻，有人歌唱，有人待四周欄柵拆除後，跳起舞來。同時彩色煙火迷漫天空，繽紛紙屑如雨似雪一樣降落下來。我們四人停留了很一陣子才離開；到了地鐵車站等了很久之才搭上車，馳向皇后區我們的旅館。大家在車上笑得合不攏嘴；說道，你看看，除了此時此地之外，哪有七十五萬的狂歡人群聚在一起，共同慶賀二〇〇五新年？

我說起我曾經兩次遇到過眾人聚集的大場面；可是比起今日所見，是渺小不足道了。一次是一九四九年在廣西，我看到國民黨十萬大軍山崩地裂一樣大潰敗。另一次是二〇〇四年十月三十日（也就是兩月以前），我和兒子怡康在密西根大學足球場，看到該校足球校隊在三次加時比賽後，以45對37分擊敗密西根州立大學校校隊。足球場的十一萬五千有餘的觀眾歡呼如狂。

現在，剩下一個還沒有解答的問題。我們兩家的太太們為什麼不回旅館去，也要到時報廣場，觀看這一生難得一見的快事？不是別的，是尿布呀！當明真和許莊一想到這東西，我們馬上去店裡買這救急品。一位好心的店員，把我們從兒童尿布部門，領到成人部門。我們買了一打，歡天喜地向現代藝術博物館大步走去。

一春二春

記得《往事如煙》（Summer of '42）嗎？這部當年風行一時，幾乎得到奧斯卡金像獎的電影，描述一位少年在一九四二年夏天，在一濱海度假勝地，與同伴追逐女友無著，卻遇到一位少婦，剛剛失去大戰陣亡的丈夫。他痴情暗戀；她暫時移情解憂。兩人一度繾綣，次晨各分東西。

是的。男孩子痴情追逐女孩子就像花開三、四月一樣的自然。女孩子喜歡男孩子也是常情。我記得一九七一年英國的未婚王儲到美國訪問，風靡一時。我偶然聽到一位大學女學生慎重其事宣稱：「我一定要嫁給查理王子（Prince Charles）。」

所以，當年很多人說，每一個男孩子都有一個像《往事如煙》的故事；每一個女孩子都有一個夢想的王子。這是說，每一個人多多少少都有第一春。那麼，是不是每人都有第二春？這就要看你怎樣說法了。第二春可能是成年人婚後再現羅曼史。也可能是中年人碰到機會，度過一段精神振奮，熱情洋溢的新生命。

我記得在一九八〇年代，一位匹茲堡大學榮退的朱教授，在一場會議休息時，對我們幾個比較年輕的教授說道：「你們將來計劃退休時，我建議早一點訂下日子；到時候你們可以不退休，繼續教下去，一直到不願再教為止。這是你們替自己作的一件大好事。」他掃眼一看我們後，解釋道，「一旦訂下日子，你們就會感到工作壓力沒有了；可以隨時退休，沒人能管你們；到真正退休前那一段時期，是你們的第二春。」

到了一九八〇年代末期，我想起朱教授這段話，覺得有道理，就把退休時間訂在一九九二年，但是打算繼續教下去，並且計劃在這年作一件我非常喜歡的事。說來話長，自從一九六二年我在冰川國家公園旅遊以後，觀看美國各地大自然美景，是我最熱衷的心事。從一九六二年到一九九二年，我遊覽過至少十一個國家公園。第一個是大霧山國家公園（Great Smoky Mountains National Park）。進入公園後，我和大女兒怡華和外甥女慧嫻競賽（兩人都是十歲出頭），奔向一個山頂瞭望臺。當我到達瞭望臺，她們已經在那裡一段時間，向四周群山指手劃腳觀看。公園地處林木濃郁的阿巴拉契亞（Appalachian）山麓，林中霧氣在斜陽下，兼呈紫與藍色，因以為名，是遊人最多的國家公園。我曾到過中國人熱衷的「優

美國優勝美地國家公園

勝美地」（Yosemite National Park）兩次。在那裡看到高山流水，樹石相依，曲徑通幽，雲淡風清的畫面；我才體會出，中國的山水畫不是畫家的憑空想象，而是自然真實境界。

我也到過大峽谷公園（Grand Canyon National Park）南岸兩次。第一次是和明真、怡華和怡康一道。我們看到好像天一樣大的一塊土地突然陷下看不見的深淵，震撼得說不出話來。我們四人騎上騾子，走上一條臨著懸崖削壁的「光明天使小徑」（Bright Angel Trail），一探谷底。我們在幾小時行程中，看到巨石矗立，隨著日光的移動，瑰麗色變，由黃到紅，由紅到紫；等到斜陽西垂時，再回到紅。大峽谷讓我感受到自然有不可想像的神祕和宏偉，心底產生一個念頭：我非此地來，不惜此地歸。

在過去，我觀賞國家公園，是一次一個。我一九九二年的計劃不同了，要一次旅程中觀賞美國西部所具有的「世界上聚集最多的國家公園、紀念勝地和娛樂園地」（"the world's greatest concentration of national parks, monuments and recreation areas"）。這年六月，我和明真與怡康，乘著一部租來的汽車，周遊了亞利桑那、猶他、愛達荷州和懷俄明（Arizona, Utah, Idaho, and Wyoming）各州。在亞利桑那我們遊覽大峽谷北岸，展眼南望，但見鬱乎蒼蒼，樹木成林，遮掩山石。

進了猶他後，景色一變，一體鮮紅石山，奇形怪狀，或如石林或似國會山莊或成石橋（猶他是美國國家公園最多的一州；我們觀賞七、八處之多）。也坐了遊輪在鮑威爾湖（Lake Powell）上，看不盡的相映成趣紅山綠水。到了懷俄明，我們在黃石國家公園（Yellowstone National Park）盤桓頗久，忠實噴泉（the Old Faithful）、黃石峽谷、多彩溫泉、聞名於世，不在話下。出公園後南行至大提頓國家公園（Grand Teton National Park），三數高山峻嶺，整齊排列一行，山頂白雪皚皚，山下大片碧綠草原。出公園後，我們順著公路平行南馳，展望群山，尤如游動畫廊一般。

這次遊覽十幾個國家公園之後，感觸頗深。每一個公園都有非常完備的設施，讓遊人儘情享受美景。這是多少前人花心思，花金錢所給我們後人的無價禮物。我許了一個願，將來要捐款給維護國家公園的機構（在二〇一七年已經開始，並決定在身後捐出部分遺產）。

最後目的地是傑克遜霍爾（Jackson Hole，這裡地勢偏僻，卻是懷俄明風景之區；明星和財主都有別墅在此）。這裡也是「白水飄筏」（white water rafting）的好去處；我對這種玩意所知寥寥，卻願冒險一試；怡康比我的興趣還大。於是我倆搭車到附近的斯內克河（**Snake River**）岸，買票後上了一個橡皮筏子。裡面大概有十位遊客，只在前面有空位，我們坐了上去。一位嚮導站在後方，手持兩個划槳，穩住這筏子，緩緩前進。他吩咐我們穿好救生衣，注意安全。這裡河寬水平，四面靜寂。我坐在前方，沒人擋注視線，遠處可以看到大提頓山頂白雪，近處可以察及樹稍鷹巢和林中出沒動物。正當我觀賞風景之際，河身突然變窄，亂石夾岸，水流急湍。驀時間，皮筏如箭一般向前駛去，遇到一個陡坡，栽了下去。如果不是怡康緊急呼叫，要我抓住筏內沿邊的繩索，我一定被拋進水中。但是我仍然被掀離坐位，還沒等到完全坐好，皮筏前端已陷入水中，白浪四濺，混身濕盡。說時遲，那時快，第二陡坡又來了，但是坡度稍低，沒有第一個那樣可怕。又經過一兩個小坡後，河水逐漸平穩下來。不久，我們停船上岸，坐上皮筏公司汽車回到城裡。大家買了一些公司人員在沿岸所拍的照片，看到我們驚險落水的狼狽鏡頭，大笑不已。

在傑克遜霍爾我們結束了兩個星期的行程，開了兩千多哩的車，主要是我在開。有一天我開了三八〇哩，沒吃東西。另一天，怡康在崎嶇不平的小路上開了一整夜，因為我們找不到住宿的處所。在赴機場回密西根的路上，我們說笑不停，覺得這一次大自然之旅，太值得回憶了。明真問我，「你想，你還可以再玩多久？」

「沒有止境。」

第三春天

一九九二年的大自然之旅，只是我第二春的開始。第二年我展開更大規模的行程。春天，我去密西根州東南角的荷蘭城，觀賞鬱金香廣大園地，一如荷蘭本國的園地一樣的五彩繽紛。夏天，我去聖安東尼奧市（**San Antonio**，在美國德克薩斯〔**Texas**〕州）開會，順便參觀古蹟，閱讀文件，得知美國如何取得西南的廣大土地。秋天，我在底特律大學主辦全美中國研究協會年會。在以後的一兩年中，我參加過三次國際學術會議，分別在墨西哥市、奉化和北京舉行。在中國的一段時間，明真和我在會議之後，參觀了承德的外八廟和避暑山莊，山西的五臺山和懸空寺、安徽的黃山。

在這些年間，我教書如常，毫無懈怠。學生每學期給我的教學評分，均臻上等。而且底特律大學教授協會選我為代表之一，與學校當局談判有關教學合約，經過九個月的艱辛磋商，終於簽定三年合約。我在一九九四年一月經過學校授予榮譽退休身分後，離開底大。隨即前往台灣台南市，擔任國立成功大學政治經濟研究所訪問教授。我在那裡教了一個學期，出版一部中文版的大學教科書，書名是《現代國際政治經濟學》。

在這兩三年間，我精神飽滿，心情暢快。在校教課，外出旅遊和開會，無不盡興而為。穿的襯衫，有如鬱金香一樣的鮮豔顏色；**NBA** 籃球比賽，每週兩次出現在我電視機上；高爾夫成為稱心運動，居然有野心要達到八十五桿的程度。那有多大的可能呢？就如能和世界第一高球手傑克．尼克勞斯（**Jack Niklaus**）結伴打球一樣。

這是我的第二春。

那麼人們會不會有第三春呢？我對這問題認真地想了一會。有兩個人證明第三春是可能的。一個人是史蒂芬・賈伯斯（Steve Jobs）。如果我們想，他在少年時和別人一樣，有第一春。他的第二春在一九七〇年代開始。他和史蒂夫・沃茲尼亞克（Steve Wozniak）在家庭停車房裡，創辦蘋果電腦公司；到了一九八四年他製造出劃時代的Macintosh電腦，引起全球個人電腦革命。可是他的第二春突然在一九八五年終止；蘋果公司因人事紛爭，把他擠了出去。

可是，誰又會想到十二年後，他回到將要破產的蘋果公司，重整旗鼓，挽救危亡。二〇〇五年他在史丹佛大學畢業典禮中，發表一篇感人至深的演講，敘述當時的心情。他講道，在他重返公司的兩年以前，已經患得胰腺癌這一絕症。可是，他沒有因為死亡的威脅灰心喪氣，反而接受這一病症為生命的轉捩點。他說，因為他不久人世，他要摒棄所有次等重要事務，集中精神作他最喜歡的事。他最喜歡的事，就是把iPod、iPhone、iPad這些小巧玲瓏，神奇妙用的電子工具放在成萬上億人的手中，風行全球。他在二〇一一年去世時，已奠定了基礎，讓蘋果公司在次年成為世界最富有的公司。賈伯斯得到絕症以後的時日是他的第三春。

另外一個有第三春經歷的人，是我。

二〇一二年七月的一天，我整夜不能入眠；但是第二天早晨起床後，卻是不可思議的神情爽快。當天天氣像澡堂一樣潮濕和悶熱，我打了一場十八洞的高爾夫球，居然還有餘力再打五個洞。在這以後的兩星期中，我試到充沛的體力好像要脹出來一樣。一天晚上，譚光耿和李麗君夫婦，請我和明真吃飯。我們都是伊利諾大學同學。另外還有一位同學在場，坐在我旁邊，他看了我再看，說道，「怎麼你看起來比從前還年輕，還健壯。好像有氣從你身上放射出來一樣。」

在這些天，我開車的情形也不同了。操作起來，像退休以前一樣的靈便。覺得隨時可以再來一次一九九二年一樣的大自然之旅。最令我開心的事是，我的腿完全不痛了，步伐非常輕鬆。於是我隻身一人開車到卡爾斯巴德鄰城的聖馬科斯（San Marcos），在那裡我爬上半哩高的雙峰山（Double Peak），展眼西望三、四哩外的太平洋。涼風襲來，心起一念：假想青年的我，在苦海中幾經掙扎，終於爬上岸來。

這且不說，我改除了拖延的習慣，立即實行一個格言：「能現在作的事，現在作」。我花幾天時間，把積壓一呎多厚的紐約時報統統看完；又把一部書稿的結論修改四篇，予以完功。在我家的後院裡，開始拔除雜草，修補噴水龍頭，清理魚池水藻，要錦鯉再現鮮豔色彩。

這是我的第三春。是什麼東西讓我的生命出現了第三春？是強的松（Prednisone），一種抗炎、抗風濕、抗過敏多功能的藥片。我的皮膚科醫生，開了這藥，治好了我的溼疹病。他告訴我，這藥對某些人是一種興奮劑，但是有副作用，不利正常血壓及血糖。所以他處方非常謹慎，每天食有定量，不可超過兩星期。

以後我沒有再服過這種藥片。這個短暫的第三春就此結束。

第十九章 生財大道

他的硬底皮鞋傳出快步而來的聲音；瞬時間，穿著筆挺深藍色西裝的 William Cope 走入他的辦公室，向我和明真道歉來遲了。他的辦公室設在底特律商業區的 Whittier 大樓。這是一九六八年六月一天上午，我們已經等他十幾分鐘。他說，在路上碰到別人車禍，耽擱一點時間。他住在底特律東郊的 Grosse Pointe Farms，是靠河的高貴住宅區，很多福特家族莊園都在那裡。

他迅速查看一下幾篇在辦公桌上的文件，抬頭向我說，「戴先生，今年是你教書的第七年，正是寫下你和你太太遺囑的時候。」他把文件遞給我們，要我們唸一下，看看有沒有什麼問題。因為大家事先已經詳細討論過遺囑內容，我們沒說什麼，在文件上簽了字。當我們離開時，他送我們到門口，一邊走一邊向我說，「到你退休時，你家會有二十萬美元財產，要好好處理。」

我向明真望了一眼後，對Cope乾笑著說，「你是開玩笑吧。那是我現在薪水的二十倍，我們怎麼可能有那麼多的錢？」

「我不是開玩笑，」他瞪著我說。「放心好啦，你們絕對會有那麼多的家產。」

在回家的路上，我和明真一直討論Cope的話。我們曾經把家庭經濟情形告訴他。當時我們住在學校出租的房子，是十九世紀的建築物。我們在一九六三年搬進去時，沒有錢買傢俱，因為我們在銀行的存款，只有大洋一百元。後來有一點儲蓄，可是到哈佛作研究時，貼補家用，所剩無幾。在一九六八～一九六九這一學年，我要到台灣和菲律賓繼續作農村調查，如果我們回來時不虧空，就算運氣了。至於將來，我們有三個孩子，只有怡華才上小學，要培養她們到大學畢業，還有十九年光景，用我和明真微薄的薪水來養活她們到那時，已經很吃力了。要在二十六年後我退休時，積攢二十萬美元的家產，就好像要在Grosse Pointe Farms買一棟房子還難，想都不要想。

財務危機

在一九七〇年代末期，我已近五十歲，我計算一下家庭的財務，覺得要在明真和我退休時過舒適生活，大有問題。就在這時，有一件事更使我憂心。如果明真和我失業怎麼辦。這可能嗎？

在一九七〇年代中期，底特律大學學生人數開始減少，學校的基金總額也在下降。於是學校便裁減教授。我記得清清楚楚，文理學院院長 Thomas Porter，在一次會議中宣布解聘二十五位教授。他一時哽咽說不去，因為其中有些是他多年的同事。這是創校百年以來從未發生過的事。有些被解聘的人還具有終生教授身分。但是在學校發生財務緊急狀況時，便失去這身分。

有一位失業教授年紀大，找不到工作，兩次回到學校，銷售人壽保險合約。他從一個辦公室到另一個，拜訪我們。只贏得大家的同情，沒有賣出一份合約。

我當時是政治系系主任，有很多學生上我的課，一時沒有被解聘可能。但是世事變化多端，誰能預料將來是什麼樣的情形。我如果在底大失去教職，以一個正教授身分，能在另外學校找到適當的職務嗎？如果找不到，我是不是要重唸一個學位，再找事？唸什麼學科呢？就我的年齡而論，能唸得下來嗎？

當這些問題困擾著我時，我回憶到多年前在香港白天挨餓，夜宿街頭的痛苦日子。我發誓，絕對，絕對不要再過那樣的日子。轉念一想，在這個富裕的美國，如果不能教書，總有別的法子生活。或許去開中國飯店吧。但是我們有資本嗎？我有能力冒險一試嗎？

想來想去，覺得最好的法子，是我在教書的時候，在薪水之外，另闢賺錢途徑，增加積蓄，應對意外。

這時我想起兒時聽到的一個有關賺錢的故事。一個鄉下窮困的人幾經奮鬥，發了財，可是他已成為病倒在床的老人。在彌留之際，他向全家三代大小交待一句話，就是說不清楚。急切間，他用手指，指向床旁的油燈，大家不懂的他的意思。過一會，他的兒媳婦突然會意，把油燈裡的一根燈草熄掉，讓剩下的一根照著大家。他便安然長逝。我記不起誰告訴我這個故事。只記得有個人說出這故事的道理：這老人不是在臨死的時候還是守財奴，而是告訴他的子孫，節儉是他發財的原因，希望他們保留這傳統。

我覺得如果那位老人能夠節儉致富，我也能。事實上，我們一家五口平日都很節儉。大家沒有入時的衣服；有的衣服一穿就是幾年。出去吃飯，大多去自助餐飯店；旅行時住在 **Motel 6**（汽車旅館，收費少；六元一宿）。三個孩子先後在公立的密西根大學唸書，學費低。他們打工，貼補費用。

節省可以增加積蓄，但是就我們的情形來說，增加不了多少。要賺錢，需要投資。投什麼資呢？我在法明頓希爾斯希住家時，一位鄰居，**Vincent**，是會計師，聽我談起心事，建議我去買金子。他說，經濟好壞和金價高低成反比。經濟好時，金價低，趁機買一點，積存起來。經濟壞時，金價高，如果手裡有金子，就可以靠它度過難關。「人家說金子是寶貝，不是白說的吧。」他下了定論。

Vincent 的話有道理；我在香港作難民的最後一段日子，不正是靠變賣母親的金鐲子，才活得過來嗎？於是，我一有機會就買一個、兩個金幣。什麼美國鷹（**American Eagle**）呀，加拿大楓葉（**Canadian Maple Leaf**）呀，積存了一些，算是一種生活保險金吧。

經營房產

金子是值錢的東西，但是不能產生利息，而且價格變動大。買金子不是投資生財之道。有一段時間我在盤算，買田地是不是合適投資辦法？我母親在半扎費盡心力作這件事，認為是光大門楣不二法門。這時候，我去底特律以西的農業區域，打聽這方面的行情，看過幾片農地。有些地與我當年看到 Mrs. Drew 的田地差不多大小，價錢公道，可以分期付款購買。可是幾經考慮，沒有進行這事。我在教書，沒有時間去經營。如果出租給別人，這裡的地租太低，划不來。

後來想到一個同一類的投資辦法，就是經營房產。母親曾經說，父親在世時，喜歡購置房屋，所以他有三所大宅院，一所在臨汝城裡，兩所在半扎。我和明真在底特律地區居住的前一階段，有一點這方面經驗，兩次買賣過我們自己的住房。一九六九年我們在迪爾伯恩高地以三萬二千四百五十美元買進一棟房子；一九七四年以三萬六千五百美元賣出，沒賺什麼錢。一九七四年我們在法明頓希爾斯以六萬六千美元買進另一棟住房；一九七九年以十一萬四千五百美元出售；賺了四萬八千五百美元，等於買價的七三％，是相當大的利潤（即使把通貨膨脹因素計算在內，也是如此）。

這樣便加強明真和我經營房產的興趣。正好在一九七〇年代末期，一位遠比我們有經驗的朋友何啟建，告訴我們買房出租，是值得考慮的投資事業。他在一個學院作圖書管理員，已經買了十幾棟房子，統統出租。他列舉這事業有幾個優點。首先，就有工作的人來說，只要得知其中訣竅，不需花太多時間經營，是合適的副業。其次，需要的資金少。買房的頭款，只要房價的五％到十％就夠了。就當時底特律郊區來說，一棟房子是七、八萬美元的價錢；只要四千到八千美元就可以買到，餘款可以向銀行借貸。再說，這事業利潤大，銀行貸款費用，可由租金支付。而且貸款費用是固定的；租金是隨時間而增長的。所以，出租愈長久，收入愈多。還有，美國的稅法對擁有房子的人，有特別優待（貸款減稅、折舊減稅、免除或減低資本利所得稅——這些就是需要學的訣竅了；不難學，花些功夫就會弄清楚）。

我們感謝啟建所作的及時建議和分享他的經驗，決定進行這項事業。我作了一項準備工作：參加一個晚間舉行的房地產經紀人講習班，兩個月下來，我在結業考試時得到滿分。

我和明真在一九七八和一九七九年一口氣買了六棟房子。在未來的二十年中，先出租，後出售。在報稅之後，獲得淨利三十八萬九千美元。從一九六九年到一九九九年，我們買賣自己的住房幾次，獲得淨利二十三萬一千七百美元。我們經營房產的結果，獲得六十二萬七百美元的總利潤，便把這些資金陸續放進股票市場和退休基金中。

五項策略

前面說道，從事房產事業，需要詳細知道美國的有關稅法。但是除此之外還得有一套經營策略。這共分五項：

（1）買最好、花最少。買最好是說，盡經濟能力所及，買最好的（一般說，最貴的）房子出租。好的房子比差一點的房子收穫率大（收穫率是收入資金和投資資金的比例）。我們買的六個房子，是在中等收入或收入偏高地區，而且有四棟是新建的；比低收入地區的房子，或者舊房子的價錢高的多。但是租金高，維持費用低，而且在稅法上面得到好處大。花最少是說，不僅買價要壓低，而重要的是貸款要多。換言之，讓銀行多出錢替你投資（當然，這都是有限度的）。

（2）省時間。就有工作的人來說，把房產作副業經營，不能花太多時間，以免影響正常工作。我的辦法是，買的房子大多在我家附近，一兩哩到四五哩之間，來往時間短。另外是在維修方面，採預防性措施。家庭用具、門窗牆壁，定期檢查，在發生問題前修補或者更換。這樣，既省時又少麻煩。還有，我嚴格審查租房人資格，按照法律和我定下規則辦事。情願房子空著，也不出租給不合適的人。免除與房客糾紛。

我在決心從事房產事業時，下了另一個決心，要把花在學業和事業的時間調配妥當。處理房產的時間，放在晚上和週末；利用黎明前睡不著的兩三小時，從事寫作或研究。（另外，我慢慢養成同時作兩件事的習慣，有一點幫助。譬如，在電話上和別人作生意方面長談時，運思修改文稿；開車時複習講義（不是好習慣）；上廁所時看通俗雜誌。）

（3）自經營。在經營房產時，能自己作的事自己作，不委託房地產公司代理事務，不要會計師替你報稅，廣告公司替你作廣告，信貸公司替你審查租客資格，都可以自己來。把省下的各項費用，就是你的所得。

（4）要節儉。上面說到老人與油燈故事，在這裡就是金科玉律。能省一塊錢，就省一塊錢，不要放到口袋裡，而要作再投資之用。經過一段時間，一塊錢就可能變成三塊錢，一千塊變三千塊，三千變九千塊，九千塊便足夠一項頭款。在一九七〇～一九八〇年代的底特律地區，可以買一棟像樣的房子。再進一步說，除了房屋貸款外，避免借錢支付費用。可以用信用卡買東西，但必須到期還清，不可拖欠。（信用卡的利息比房屋貸款利息高兩三倍。如有必要，可向銀行增添房屋貸款。）

（5）要享受。到了一九九〇年代初期，我們已經有點積蓄，開始享受生活。到飯店去，毫無顧慮地叫「烤里脊肉片」（**filet mignon**）這一類的菜（第一次吃這菜是在一九五九年，我通過博士學位預試時，朋友們請的客；第二次在一九八二年，我家三個孩子付的錢，為慶祝我和明真結婚週年）。坐遊船總有十幾次；到世界各地旅遊，包括七次到瑞士，看秀麗無比的雪山、碧湖和古典建築。有一次到紐約我們住進舉世聞名的華爾道夫（**Waldorf-Astoria**）旅館；最近一次再訪紐約（二〇一七年），我們在設在三十九樓的飯店晚餐，西望哈德遜河夜景，北觀帝國大廈；參觀了九處博物館，觀賞兩場歌劇和一場音樂會。

花錢作你高興的事，與節儉觀念並不衝突。節省的目的，是賺錢；賺錢的目的是用錢。如果你花時間、花精神經營房產，就要酬勞自己，讓你覺得做這件事是值得的。簡單地說，當錢財的主子，不當奴隸。

以上所提到的生意策略，在長期運用之後，對我的平日生活也有好處。譬如，我退休後到加州，仍然遵行省時間這觀念。我在遊船上修改書稿，洗碗時運思作文章，看電視時作瑜伽，開車時在紅燈前，繫鞋帶和按摩（在情況允許下）。在我熟悉人中，恐怕只有我們二女兒怡平，比我能更有效地運用時間。她的頭腦裡好像裝有 **Rolex** 手錶。

關於節儉這一習慣，我從來沒有忘記過。舉些瑣碎例子：我在二〇〇九年八十歲生日宴會時穿的皮鞋，是我在一九六〇年訂婚時買的；我的睡衣要穿到半透明時才更換，然後剪成碎布，擦拭汽車。我撰寫文稿時，在作廢紙張的空白面打字。我把用過的紙巾清洗乾淨再用（我覺得 **Bounty** 這一牌子的紙巾最耐洗、耐用）；我同樣處理麥當勞的咖啡紙杯。

我的節儉習慣，出於我意外地傳遞一部分給我們的孩子，怡康。他首次工作時，明真和我去看他。在他的公寓吃飯時，看到他把餐紙撕成兩半，供我們使用。後來他和琳達結婚，生了女兒安麗，用餐時仍是這樣，自自然然地把餐紙一分為二。

這些策略可以說是應驗了儒家的《禮記．大學》篇中一段話：「生財有大道，生之者眾，食之者寡，為之者疾，用之者舒，則財恒足矣。」

資本生財

我和明真經營房產，奠定了我們家庭經濟基礎。可是我們從未預料到，我們大部分的家產，卻有另外兩個來源：退休基金和股票。這也難怪，股票和退休基金都屬於資本財，而我們生活時間，絕大部分在美國，是世界上最大的資本主義國家。

當我在一九六二年開始在底特律大學教書時，學校規定參加退休基金計劃，每個月從薪水中扣除五％，學校補助十％，共同投入基金。後來學校准許每個教職員可以增加投入基金，以薪水五％為上限（這個計劃叫做 Teachers Personal Annuity；我在一九九五年開始參加）。所有教職員的基金，統統由一個保險公司管理。這個公司叫做 Teachers Insurance and Annuity Association and College Retirement Equities Fund，簡稱為 TIAA；有百年歷史，聲譽極佳。它經營的辦法是把基金投入股票市場，獲得利潤，再為投資。明真在密西根大學也參加 TIAA。我倆在這公司的基金累積額，是我們現在家產中的最大一部分。

我們自己也經營股票，經過證券公司買賣。這裡面有大學問。我們經過多年的磨練，有一套經營策略，分為幾項：

（1）跟大眾。當我們在一九六〇年代初入市場時，跟著大公司的股東走。這些股東人多勢眾，瞭解行情，隨著他們買賣，不能謀大利，但少風險。我們買了些像 RCA、IBM、GM、Coca Cola 這些公司股票；三十股、五十股不等。

（2）進高技。當一九八〇年代中期，高科技公司大規模出現以後，我經過幾年時間才認識出這一歷史性的產業革命，以及美國在這一方面的優越條件。從這時以後，製造業（例如汽車工業）不再是工業先進國家的經濟主力，而是運用科學技能的產業（例如各類電子工業）。在這種演變中，美國因為有領先全球的科技研究機構，便產生大量頂尖科技人才；再加上美國能夠吸收大量外國人才，美國的高科技公司紛紛出籠，勢力遍及全球。

紐約時報的一位高科技產業作家 Farhad Manjoo，在該報二〇一七年五月十一日的一篇專文寫道：“The Frightful Five: Amazon, Apple, Facebook, Microsoft and Alphabet（Google）…dominate much of the global economy.”這是說**Amazon**、**Apple**、**Facebook**、**Microsoft**、**Alphabet**（**Google**）這五家美國高科技公司，稱霸全球經濟。（也有人列舉**Facebook**、**Apple**、**Amazon**、**Netflix**、**Google**為這樣的公司，簡稱為**FANG**。）紐約時報另外一位作者湯馬斯・佛里曼（Thomas L. Friedman），在《謝謝你遲到了》（*Thank You for Being Late, 2016*）一書中，對高科技公司的現狀和未來演變有極詳盡的分析。（最近，中國高科技工業突飛猛進，有些部門的成長超過美國。總體來講，還在美國之後。）

我雖然不修習經濟，但在一九八〇～一九九〇年代負責底大的國際政治經濟碩士班事務，對高科技劃時代的影響有所瞭解。從那時到現在，我們購買了**Apple**、**Microsoft**、**Intel**、**Alphabet**、**Facebook**、**Amazon**、**Baidu**、**Alibaba**這些公司股票。就價值而論，這些股票占我們自己經營股票的四分之三。

（3）百分十。在經營股票時，不要希望在股票價錢最低點和最高點作買賣。這是因為引起市場變動的因素太多、太複雜，不容易捉摸。在股價下降和上升後百分之十以內，採取行動。

（4）留好的。大體上說，經營成績優良公司的股票價值，隨時間而上漲。保留愈久愈好。在市場大幅下滑時，沉住氣，不要慌忙賣掉。過一段時間（譬如說，五年；五年不行就十年）就會回升來。再說，我們不是經營股票的專業人員，沒有時間和能力，認定哪些股票在短期內上漲或下降，隨時買進賣出。

除了高科技公司的股票以外，我對整個美國股票市場也有信心，買了些非高科技公司股票（例如，Johnson & Johnson、Pepsi、Ford等）。美國經濟有兩項幾乎是獨一無二的優點。美國有三樣領先世界的資源：農業、礦業和技術工人；這是美國經濟長期成長的穩固基礎。此外，美國有兩個世界最大的海洋作屏障，遠離戰爭禍亂地區。因此美國股票市場是美國人也是其他國人的安全投資所在。

從長遠處著眼，這兩項優點使得美國股票市場，一直維持上揚趨勢。每次大幅下滑後，都有彈性和韌力跳上來。就道瓊斯工業平均指數（Dow Jones Indusrial Averag-es）一百年來記錄觀察，美國股票市場有四次大幅下降：一九三二、一九七四、一九八二、二〇〇八年，分別在一九三六、一九七五、一九八三、二〇一〇年彈升回來；之後都有破紀錄的成長。

家產淨值

我不時查看並記錄我們家產淨值，發現經常上漲，而且超過自己預期。Cope律師在一九六八年預估我在一九九四年退休時的家產是二十萬美元。到了一九九二年已經超過這個數額（當時是一百二十六萬六千美元，把通貨膨脹因素計算在內，等於一九六八年的三十一萬四千元。計算的依據是U.S. Bureau of Labor Statistics. https/www.usinflationcalculator）。在一九九六年是二百零三萬九千四百美元，晉入美國家庭淨值最高百分之五之中；以後我的家庭淨值迭年增長，都在最高百分之五之中。

我們有這樣的成果，一部分的原因是受我母親的影響。她教我的手勢，讓我隨時注意管理錢財。她在一九四〇年代具有強烈的擴展家產心願，啟發我在一九七〇年代開始持有同樣心願。她認為房地產是實行她心願的方式；我在開始置產時也是一樣。另一個原因是在美國這一個非常富裕國家，有優越投資環境和制度，給我置產生財的機會。還有一個原因，我們全家合作經營產業。就孩子們來說，在我們出租房屋的一部分時期中，他們幫忙處理瑣碎事務，例如裝配窗簾，照顧整修工人工作，付工人小費，洗刷牆壁等，省去我不少時間。至於明真，她年少時，沒有像我一樣受過困苦勞頓，因此沒有我一樣的迫切置產心思。但是她體會我缺乏經濟安全感，在經營房產和股票時，通力合作。

思前想後

我在退休以後，特別是最近，思索到幾個有關錢財的問題。當年母親教我，要盡能力所及，接濟至親好友。我雖然不知道她的用意，但自從一九五〇年到台灣以後，不管收入是多是少，就按她意思去做。在這些年來，先後借出去二萬六千美元，收回大半數；贈送約十五萬美元。我體會出，母親不是要我作慈善事業。她的意思是，如果我在經濟上幫助至親好友，如果我有什麼需要時，他們也會幫助我。大家便會建立起親密的關係，有福同享，有難同當。

我在撰寫這書稿時，曾好幾次考慮要不要提及處理錢財的事，甚至把這一章已寫好的草稿從書稿中刪掉。我猶豫的原因有兩點；不願意讓人誤會，我不專心學業而好利貪財；也不希望富有的朋友們，認為我班門弄斧（有四位朋友分住美國東西兩岸，都是家財萬貫之人；有兩位所住的莊園，有如明星的一般；一家莊園的價錢，比我們整個家當都要多多）。但是後來，還是把這一章（在大幅刪改之後），納入書稿。因為我願意分享我們理財經驗給別人，供給他們參考比較的機會，以便增加財富，減少困難。我深切覺得，到了我這樣年齡的人，只在乎寫出來的東西對別人有沒有益處，還管別人對我有什麼看法幹嗎？

我特別想到年輕的一代，他們在本身工作之外，不妨考慮從事房產事業。經營這事業看起來有點麻煩，花費時間。實際上並不是如此。頂多用兩個月功夫，就會把其中的各種訣竅弄清楚。在開始經營以後，如果建立起一套運作辦法，每週所花時間，就我的經驗而論，六個到八個小時就夠了。這事業的利潤，相當豐厚，可以趕得上投資股票或者退休基金上的成長。

我有兩位朋友，在這方面有超異的成就。一位在美國中西部，他擁有三十幾棟獨立房屋，全部出租；另一位在美國西海岸，出租幾百間公寓。兩人開始經營房產時，都是三十幾歲的人，都任職大專院校；幾十年後，都是千萬富翁。雖然這不是常見事例，也可表現出房產事業可能贏利的幅度，值得年輕人思考。

我們的家產，當然不能和這兩位的相比，但是，是不是可以消除我多年來的經濟憂慮？應該說是。目前，我們需要盤算如何度過夕陽西下的晚年。如果在未來仍然維持現在單家獨戶生活，有好處也有壞處。好處是房子寬敞，環境熟悉，穩私活動不受拘束；壞處是年長體衰時無人照顧，不能妥善處理家務、交通、飲食各方面的問題。所以我們考慮搬進全面照顧的退休社區，叫做Continuing Care Retirement Community。這種社區設備齊全，供應住房、膳食、失智及體衰時的照顧及末年療養。但是費用相當大：參加社區的頭款，依不同的設備情形而論，大約在四十萬美元到一百二十美萬元之間（大部分可退回）；另外，每月月費，依兩人計算，大約在六千五百～七千五百美元（每年約增加三％～四％）。這是我們目前深思熟慮的事。

最後一件我關心的事是如何回饋中國和美國。就中國大陸和台灣來說，在金錢或服務方面，我多少算有適度的回報。在美國，我在幾十年來的教書生涯中，已盡到最大努力，試圖培養有益於社會的人才。但是這個國家給予我的恩惠多於我的貢獻。因此我計劃把我個人財產的相當部分在身後捐給兩類團體，一類是教育機構，另一類是維護國家公園的組織。為著百年樹人，江山常青的目標，盡一點綿薄之力。

第二十章

兩國觀感

我的生命旅程先後在中國和美國展開，到了二〇一八年十一月十八日，經歷過整整八十九個年頭，這也是我截稿的日子。現在讓我在這裡，表達一下我對兩國的觀感。這旅程前一段的二十六年是在中國行走，後一段的六十三年是在美國度過。這樣時間上的巨大差異，使我不得不對在美國的感受多表示一些意見。

中華民國和中華人民共和國，這兩個國家稱號都有一個「華」字，形容中國是一個瑰麗國度。西起帕米爾高原，東至長白山，展出了一片大好河山。黃河長江奔騰東西，巍峨五岳雄峙南北。美國也是一個山川壯麗龐然大國，西有高聳入雲洛磯山脈（Rocky Mountains），東至蔥郁阿巴拉契群山（Appalachians）、密西西比、密蘇里（Mississippi、Missouri）等巨河通達南北，五湖資源甲天下。

兩國的自然環境還有其他相似之處。如果你把兩國地圖重疊一起，你將發現彼此幅員幾乎相等，都地處北半球溫帶。兩國首都的北京和華盛頓，在北緯度上只有一度之差：三九．五四：三八．五四；東西長度也相同。

兩國的自然環境當然有相異之處。中國三分之二的土地，是山脈和沙漠，從西部延伸到中北部地區；平原散布在其餘三分之一的土地，大多在東部。因此可耕地有限，占現在全國面積百分之十五，約二億四千萬英畝。可是中國人口眾多，自漢朝以來就是世界第一，那時粗略估計是五千七百七十萬，現在是十四億。

美國土地大多是平原，可耕地遠較中國為多，現在是九億二千二百萬英畝。美國人口在立國的一七七六年，估計是二百五十萬，在二〇一〇年是三億一千萬。就現今情形來說，中國的可耕地是美國的四分之一，卻要養活四倍於美國的人口。

中國從古代到二十世紀末期，一直是一個以農為本的國家；因為農業資源缺乏，和人口過分眾多，便不可避免地淪落為貧窮國家。在過去，碰到嚴重天災和敗壞政績，便飢民四起，動亂叢生，促動一次一次的朝代更替。

除窮要務

在二十世紀的中國，國民黨和共產黨的相互征戰，主要是為著消除貧窮所起的爭執。國民黨在一九二八年執政，在以後的二十一年中，遭受三種批評：政治腐敗、經濟失策和軍事無能。這些批評都有道理，不然的話，它怎會失去統治世界四分之一人口的權力。就國民黨的經濟政策而論，它注重工業建設，但所有成績都因抗戰喪失殆盡；而在農村方面既無土地制度改革，又無農業發展規劃，結果，國家一貧如洗。可是，國民黨在台灣，卻有嶄然一新的成就，採用一種溫和的、漸進的，農工相輔的，國際取向（進口代替、出口擴展、國際投資和技術轉移）的發展模式，在一九七〇時代前後造成經濟奇蹟，在一九八〇年代消除了貧窮。

共產黨在一九四九年開始執政，採取政治高壓和集體經濟的雙軌策略，在一九五八年發動無可饒恕的大躍進運動，導致最少三千萬人喪命；在一九六六年又掀起罪不可赦的文化大革命，摧殘文物，打殺異己。共產黨執政三十年以後，中國仍然是一個「一窮二白」局面。

誰也沒料到，共產黨在一九七八年，在經濟政策上徹底改弦更張。鄧小平提出「對內改革，對外開放」大政方針，以後採行了與台灣模式毫無二致的發展策略，結果工、農業同步高速成長，三十二年後中國晉身世界第二最大經濟實體。從二十世紀八〇、九〇年代起，中央及地方政府採取多項措施，同心協力進行「扶貧計劃」，讓七億人口在這一世紀之初脫離貧境，居有定所，食無所虞。這樣反貧的成就，是中國幾千年歷史上首次所見，規模之大凌駕任何他國之上。

就我個人來說，如果共產黨在爭取政權過程中，不採取極端暴力手段，我過去不會持有反共情緒；但是即使如此，我仍然覺得，共產黨自鄧小平改制以後的超異經濟成就和反貧成果，值得大陸人民感激，海外華人讚揚。

進一步說，我從我弟弟張廷宇的生活變遷，可以深切認識到，共產黨經濟成就如何增進平民福利。我弟弟住在河南省淮濱縣，是一個農業區域，在共產黨執政的前三十年中，沒有固定工作，平日做零工，主要是當挑夫在河邊運煤。他有五個孩子，都沒有上過學。如前文所說，當他在一九八七年趕到北京來看望我和明真時，他揹來的寶貴禮物是一包落花生。

在這之先，因為他的生活貧困，我和明真每三個月寄一次錢接濟他。可是，在二〇一四年我接到他的一封信，說起他和他妻子，每月拿到幾百元政府付予的退休金（合一百美元），而且還有簡單醫藥保險。這完全出於我意料之外，因為他從來沒有在一個工作單位作事，何來退休之有？更出於我意外的是，他在二〇一七年八月來信中說，退体金已增加四倍，約合四百美元；二〇一八月七月來信中說，退休金還在增加，約合五百美元。從美國的觀點來看，這些退休金是微不足道。但是在淮濱縣，已經足夠他們維持相當水準的生活。所以，他在信中一再表示，要我們停止寄錢。

從另一觀點來看，共產黨對於二十世紀的歷史變遷，已有相當客觀的認識，對於過去我們一些反共人士有相當的瞭解與容忍。一九八七年，北京的中國社會科學院（政府機構），邀請我在中國作一個月的訪問與講演時，給予相當禮遇與合適安排。從此以後，我多次參加中央或地方機構主持的會議，研討國際、國內和台海兩岸議題。而更使我所欣慰的事，是政府當局在文件中重視我父親的抗日事蹟，遠超於他的反共行動。二〇一五年九月我參觀北京中國抗日戰爭紀念館時，赫然看到紀念壁上，刻出戴民權為民族英雄及為國犧牲往事。在河南半扎，我曾經念書的小學，現在改為「抗日中將戴民權紀念館」。

北京抗日紀念館

中国人民抗日战争纪念館
隆重纪念中国人民抗日战争暨世界反法西斯战争胜利70周年
09/20/2015

09/20/2015

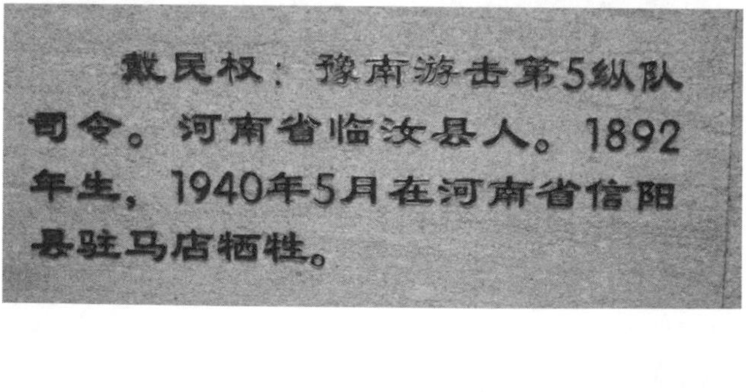
戴民权：豫南游击第5纵队
司令。河南省临汝县人。1892
年生，1940年5月在河南省信阳
县驻马店牺牲。

我為人人

我在美國生活已近三分之二的一個世紀，時常反覆思索對美國的觀感，有幾點深刻印象。首先，我必須重述，美國這片優美大地，贏得我濃厚的熱愛。我從一九五六年到達美國後，常常聽別人唱起「美麗的美利堅國」（America, the Beautiful）這首歌曲。但是一直到二〇一七年一月三十一日晚上，我才知道這歌曲的全部歌詞。當我在那晚唱這首歌時，立即有一種深切感受，這歌詞所描繪的一些景緻，不是再三出現在我的生命旅程上嗎？

「啊，美麗的廣大天空」（Oh beautiful, for spacious skies）——這不是一九六一到一九六二年我坐著火車經過蒙大拿東部的所看到「巨大天空」嗎？

「穀色飄黃」（For amber waves of grain）——這不是我在伊利諾大學唸書時，經常看到玉米田園的景色嗎？

「紫山巍峨」（For purple mountain majesties）——這不是我在遊覽大霧山國家公園所看到真實景況嗎？

「兩洋閃耀」（From sea to shining sea）——在一九六〇年代的波士頓和二十一世紀的聖地牙哥，我不是經常在東西兩洋之濱，瞻望海風掀起的白浪嗎？

從前文當中，可以看出來，最令我醉心的地方是美國的眾多國家公園。從一九六二年到二〇一五年，我觀賞過至少二十二個國家公園。它們是大自然界最宏偉的展覽，鬼斧神工造就突出地形，高山飛瀑、細水長流、驚濤拍岸，寬闊大地養育著茂密林木、芬芳花草和飛禽走獸，它們生生不息，永遠展開懷抱，歡迎人們到來，盡情享受。

Dayton Duncan和**Ken Burns**，在他們的《國家公園，美國佳作》（**The National Parks, America's Best Idea**）一書的引言中寫道：「美國國家公園的產生是本著一個觀念，有如『獨立宣言』一樣的創新。它們不是為著皇親貴胄所設立，而是為著每一個人。」這正是另一點我喜愛美國之處。美國的優美景緻是讓每個人來觀賞的。這樣的觀念反映了美國立國以來的崇高理想：人人平等是普世信仰。

試看，美國一七七六年獨立宣言寫道，為著「尊重全人類的意見」（**a decent respect to the opinions of mankind**），宣布「各人生來平等，具有生命、自由和追求幸福的權利」。林肯總統在一八六三年的解放黑奴宣言，同樣地聲稱，「依據全人類的慎思明辨」（**invoke the considerate judgment of mankind**），必須讓黑奴享受自由。美國在一八六八年通過的憲法第十四條修正案規定，「在法律治下，任何人都得到同樣保障」（**not to deny any person within its jurisdiction the equal protection of the laws**）。所有這些文件中所稱謂的「人」，指的是全世界的人，不僅是美國人。

美國還有其他歷史文件，作出同樣性質宣言，例如威爾遜總統在一九一七年所作的十四條宣言和羅斯福總統在一九四一年所作的四大自由聲明便是。以上各種典章文獻，賦予美國人一種使命感，要把自己的理想，用宣傳以及戰爭方式推行於他國。雖然有時作得過火，不管他國願意或不願意，一味堅持自己價值觀念就是普世價值觀念；但是立意善良，同時也在行動上，表現了「我為人人」（**altruism**）的精神。我們想想看，自第二次世界大戰以來，美國給予外國的人道救濟及純經濟援助（不談政治性的經援）的數額，是不是世界上首屈一指？再說，不論當今有些美國政治人物如何反對移民，美國是不是世界上接受移民最多的國家？是不是給予外籍居民（合法或非法）最多、最好福利的國家？

我個人也直接體認到美國的「為人」精神。回想到一九四〇年代，我認識的第一個美國人是吳醫生。他常年住在伏牛山深處，遭受日軍隨時襲擊危險，天天毫無懈怠地為人看病治療。我不知道他是不是一位傳達福音的教徒，這無關緊要。他是在美國出生成長的人，遠到異鄉，不顧安危，對不沾親帶故的中國人作出善舉。

我到達美國以後，在最初一階段中，美國的友誼家庭如 the Conrows、the Stanleys、the Sandersons、Mrs、Drew，對待我這一個完全陌生的人，就像自己家人一樣。伊利諾大學讓我作研究生，免除學費，給予獎學金，授予學位；哈佛大學和史丹佛大學動用人力、財力和學術資料，幫助我完成研究計劃，出版書籍；底特律大學給我最大限度自由，來分配教課與研究時間。福特基金會、密西根人文基金會以及其他公益團體，給予我幾十萬美元的資助，支援我的各項學術活動。

所有這些個人及機構對我只有幫助，沒有要求回報或補償。這都是美國給予我的恩惠。我在美國還得到其他的好處：結交許多真摯朋友（在前文中，只列舉一部分），獲得健康的身體和享受長壽的機會，以及意想不到多的家產。

我長久居住美國，也感染到「為人」的精神。我生性內向，不善交際，可是在伊大唸書時出任中國同學會會長，十分熱心為同學服務。在一九七〇年代，為著增強美國汽車工業競爭能力，針對日本對手，我進行工業調查，舉辦研討會，參觀美、日兩國工廠，開創有關日本課程，指出文化因素是日本工業高速成長的重要動力。在一九七一年及二〇〇二年，我是兩個 CCCs 的創立時的首任會長（the Chinese Cultural Club of Michigan and the Carlsbad Chinese-American Club），促進會員聯誼及中、美文化交流。我在二〇〇二年創辦《The ELM》英文月刊，為二百多訂戶設立免費電郵平台，交換經驗。

在這裡，我可以說：美國的教育促進我知識成長達到最大限度，美國的「為人」觀念促使我盡最大努力發揚服務精神。

自我中心

在我思索對美國的觀感的時候，也想到美國的許多「社會疾病」（social ills）。種族和性別歧視、槍殺事件、性騷擾事件、家庭破碎、高度犯罪率、無家可歸的人眾多和毒品泛濫等，這些都是非常明顯的問題。這最後的一個問題是當前最嚴重的危機。紐約時報在二〇一五年十月三十一日的一篇通訊中指出，「在二〇一三年八千二百六十人因海洛英死亡，是二〇〇〇年人數的四倍……總體來說，死於服毒過量的人數，比死於汽車意外事件的人還多。」

記得一九六〇年代初期，我在底特律大學教書時，一位同事與人合租一個房子。他偶爾看到那一位房客躲在衣櫥裡，不知道在幹些什麼。後來發現那位房客在那裡抽海洛英。那房客顯然覺得這是見不得人的醜事，所以才有躲躲藏藏的行為。那個人可以說是美國人稱為的「衣櫥人」（**closet person**）。但是在半世紀以後的今天，是怎樣的情形呢？很多人在底特律，在街頭巷尾公開買賣毒品。這也在其他地方，包括大小城市及鄉村，經常發生。更有甚者，許多人可以在網路上買賣毒品，經過郵局遞送。至於食用毒品（或者含有毒品成分的藥品如芬太尼，**fentanyl**）的人，更毫不隱瞞他們的行蹤，他們的面貌不時出現在報紙或電視螢幕上。美國總統設立的防止毒品泛濫委員會（**President's Commission on Combating Drug Addiction and the Opioid Crisis**），在二〇一七年十一月的一份報告，證實這一大家早已公認的事情：造成現今危機的因素很多，其中之一是大規模的海洛英和「鴉片類藥物」（**opioid**），非常容易流入食用者手中。

我覺得，除了一些人真正為著醫藥方面需要「鴉片類藥物」以外，其他為著一己的嗜好食用毒品的人們，完全是受自我中心心態所操縱。他們不認為食毒是醜行，不需躲躲藏藏，不必當著衣櫥人。他們認為剎那間的快活，是生活的最高目標。至於他們的行徑會造成他們親友多大痛苦，以及使社會如何不安，他們的態度是，用美國人俗語來說，「我才管不著。」（**I don't give a damn.**）

這種自我中心的心態固然是今日毒品危機的主要原因，也是其他社會疾病的主要原因。這種心態的出現，而且被社會大眾容忍，是因為大家認為「自由」這個社會價值遠比其他的社會價值重要。結果，自由惡化為放任思想。我們從兩個非常嚴重而普遍發生的社會疾病，很清楚地看出這一點。一個是槍枝凶殺事件。很久以前發生的事件不論；就僅從二〇一二年算起，那一年在Sandy Hook（Connecticut，康乃迪克州）小學，二十名小學生無緣無故被射殺致死；二〇一六年在Orlando（佛羅里達州）的夜總會，四十九人喪命；二〇一七年在Las Vegas（Nevada，內華達州）的音樂會上，五十九人被掃射致死；同年，在Sutherland（德克薩斯州）教會中，二十六名教徒喪生；二〇一八年在Parkland（佛羅里達州）的中學，十七名中學生死亡。這些事件中受傷的人數還沒有計算在內。再看一下其他統計資料：國會研究處（Congressional Research Service）一項報告，列出一項令人震驚數字，在二〇〇九年美國人口是三億七百萬，私人擁有三億一千萬槍枝。另外一項可怕的數字：美國每年一萬一千人死在槍口之下。

在這樣的情形下，反映民意的美國國會，卻一而再、再而三地拒絕立法限制槍枝泛濫，聽任大規模凶殺繼續下去。這不就意味著，私人擁槍的「自由」，比無辜死亡者的「生命」更寶貴，不是嗎？

另一個是性騷擾事件。近年來揭露出來的侵害婦女暴行事件，牽涉到社會各種人士，上至總統、國會領袖、最高法院法官、天主教主教、電影界和電視界頂尖人物、媒體著名主播、音樂界大師，下至家庭佣人和飯店女侍應女生。絕大多數侵害人逍遙法外，甚至任職原位；被害人遭受心理上傷害和名譽損失，甚至喪失職位。因之而興起的#MeToo Movement正說明，性騷擾人作壞事的「自由」，比受害人「追求幸福的權利」得到更多尊重。

旁觀者清

如果我的說法——自我中心是造成美國社會疾病的主要原因，或許是一己之見。那麼我們可以聽一聽，兩位視野廣闊、觀察入微的外籍人士的意見。一位是索忍尼辛（**Aleksandr I. Solzhenitsyn**），俄國籍，一九七〇年諾貝爾文學獎得主，曾在美國居住多年後返回俄國，對西方文化有深度瞭解。他在一九七八年哈佛大學畢業典禮的演說中指出：在西方，特別是美國，「破壞和濫用自由的思想充斥社會……法律制度鬆懈，不但鼓勵個人行使正當自由，而且容忍人們行使不正當自由。」他說，「當務之急，不是如何加強人權觀念，而是加強義務觀念。」

另一位是天主教教皇若望保祿二世（**John Paul, II**）。他在一九八七年九月訪問美國時，曾對一些青年聽眾發表談話。他說，「你們深以為幸住在一個自由國度……但是，如果你具有錯誤、虛假、欺騙和犯罪觀念的話，你並不能得到真正自由。」他要他們接受一種觀念：「責任是自由的一部分。」隨後，他在底特律機場作臨別演說時，唸出「美麗的美利堅國」這首歌的歌詞，接著說，「你們的優美地方，你們得到的恩惠，只有適用在『人』的身上才有意義——每一個男人、女人、小孩、移民和本國生長的人都在內……你們要平等、正義和真正自由，就要為每個人的生活著想。」

依我的解釋，索忍尼辛和教皇若望保祿二世兩人的看法，都是說，「自我中心」的思想必須由「我為人人」思想來調和，來節制。

就美國歷史來看，這兩種思想是並存的。經過相互激盪，後者會占上風，推動歷史前進。有一個重要的例證，可以說明這一現象。前面說到一七七六年獨立宣言，聲稱「個人生來平等」為立國信條，可是在十三年後製訂憲法，建立政府時，美國卻違背這信條。不但黑奴制度普遍存在，而且各州在投票通過憲法時，限定投票人為白人、男人、莊園地主和識字的人。在以後的兩個世紀中，美國打了一次殘酷的內戰（傷亡人數在美國所有戰爭中最多），解放黑奴，通過六個憲法修正案，製定多項法律，經過最高法院作出多次判例，達到今日人人有權投票的境地。

其實，美國歷史的進程有如美國股票市場的進展的軌跡一樣。前面提到，道瓊斯工業平均指數（Dow Jones Indusrial Averages），在過去一百年中，有四次大幅下降。每次隨後上漲，創立新高。美國在過去二百五十年的歷程中，時有波折；但是，每次波折之後，再會往進步方向邁進。到了今日，較之過去，是逐漸地實踐了獨立宣言的理想。

百分之五

在二〇〇九年友人為我舉辦的生日宴會上，我曾說道，與會的人都很有福氣：居住地方的環境和氣候在美國可說數一數二；身體健康可以活到八十歲以上的程度；所有的財產使用不盡。我作出結語說，「我們可以說是美國最幸運百分之五的人。」

那麼，我引用百分之五這一數字是根據什麼？當時我沒有作一說明，現在是回答這問題的時候了。我先就自己的情形來說明。

《國家地理》（National Geographic）雜誌在二〇一七年十一月這一期，刊出一篇文章，題名是「尋找快樂」（The Search for Happiness）。作者Dan Buettner指出，研究人員在「世界快樂調查報告」（World Happiness Report）中，列出六項因素：健康、財富、友誼、慷慨、信任和自由（health, wealth, friendship, generosity, trust, and freedom），促使一般人感到快樂。我希望不是自我吹噓，從一九五〇年代中期以後，我非常幸運獲得了這六項快樂因素。

我花相當多時間，研判我的健康和我的家庭財富在美國人群中所占的地位。就健康而論，我查看美國人口普查局（The Census Bureau）、社會安全處（The Social Security Administration）和西北互助保險公司（Northwestern Mutual Insurance Company，經常進行人口演變調查，作出詳細統計分析）歷年所發表的有關資料。我發現，以我現在八十九歲年紀而論，占全國男人的〇．四四％。

就財富而論，我廣泛查考聯邦儲備委員會（The Federal Reserve Board，美國的中央銀行）歷年所作的「消費者財務調查」（Survey of Consumer Finances）報告，以及其他相關資料，我家的家庭財產淨值，在一九九六年是二百零三萬九千四百美元，晉入美國最高百分之五之中；以後我的家庭淨值迭年增長，都在美國家庭財產淨值最高百分之五之中（參看©2009-2019.DQYDJ. COM就以上調查報告所作分析）。

就健康和財富而論，我可以說，我是美國最幸運百分之五的人之一。

2019 Los Angeles

至於 CCC 的友人們，我們大家平常來往密切，瞭解彼此狀況，就健康情形而論他們與我大體相似，就家庭財產來說他們遠遠超過我家，所以他們也都是最幸運百分之五的人。

十二格言

・珍惜比我們生命更長久的東西：大地。
・生活中有得有失；得為喜，失為師。
・一遇煩惱，露齒而笑。
・貫徹始終。
・能現在作的事，現在作。
・頭腦產生知識；不用是最大損失。
・保健靠運動；運動貴有恆。
・互惠生友誼；忠誠以持久。
・家始於愛，興於相互扶持。
・手中一定要有錢。
・儘己所能，享受人生。
・隨年歲增長，制定新格言。

百分之五最幸運的人：見證中美歷程 戴鴻超回憶錄 / 戴鴻超作 .-- 初版 .-- 臺北市：時報文化，2020.07
面；　公分 .-- (PEOPLE；448)
ISBN 978-957-13-8234-0(平裝)
1. 戴鴻超 2. 回憶錄
783.3886　　109007570

ISBN 978-957-13-8234-0
Printed in Taiwan

PEOPLE 448

百分之五最幸運的人：見證中美歷程 戴鴻超回憶錄

作者　戴鴻超｜**照片提供**　戴鴻超｜**副主編**　謝翠鈺｜**封面設計**　陳恩安｜**美術編輯**　SHRTING WU｜**董事長**　趙政岷｜**出版者**　時報文化出版企業股份有限公司　108019 台北市和平西路三段 240 號 7 樓　**發行專線**—(02)2306-6842　**讀者服務專線**—0800-231-705・(02)2304-7103　**讀者服務傳真**—(02)2304-6858　**郵撥**—19344724 時報文化出版公司　**信箱**—10899 台北華江橋郵局第九九信箱　**時報悅讀網**—http://www.readingtimes.com.tw｜**法律顧問**　理律法律事務所　陳長文律師、李念祖律師｜**印刷**　勁達印刷廠｜**初版一刷**　2020 年 7 月 17 日｜**定價**　新台幣 380 元｜缺頁或破損的書，請寄回更換

時報文化出版公司成立於 1975 年，並於 1999 年股票上櫃公開發行，
於 2008 年脫離中時集團非屬旺中，以「尊重智慧與創意的文化事業」為信念。